D1731083

Rainer Wick (Hrsg.)

Ist die Bauhaus-Pädagogik aktuell?

Mit Beiträgen von: Bazon Brock, Lili Fischer, Hubert Hoffmann, Anneliese Itten, Franz R. Knubel, Kurt Kranz, Rolf Lederbogen, Stefan Lengyel, Ekkehard Mai, Winfried Nerdinger, Claude Schnaidt, Hartmut Seeling, Fritz Seitz, Gert Selle, Hermann Sturm, Hans Peter Thurn, Friedrich Christoph Wagner, Pan Walther, Rainer Wick.

Verlag der Buchhandlung Walther König — Köln

Umschlagentwurf: Jürgen Gerlach unter Verwendung der schmalen Bauhaus-Grotesk von Joost Schmidt aus dem Jahr 1926.

CIP-Kurztitelaufnahme der Deutschen Bibliothek

Ist die Bauhaus-Pädagogik aktuell? / Rainer Wick (Hrsg.).
Mit Beitr. von Bazon Brock ... Köln: König, 1985.
ISBN 3-88375-038-7
NE: Wick, Rainer [Hrsg.]; Brock, Bazon, [Mitverf.]

Satz: Fotosatz Münch, Kall
Layout: Matthias Pelke, Essen
Druck: Farbo Druck und Graphic, Köln
Printed in Germany ISBN 3-88375-038-7

Inhalt

Vorwort des Herausgebers

Es gehört zur Profession des Kunstpädagogen, ästhetische Erziehung nicht nur praktisch zu betreiben, sondern sich auch theoretisch mit Funktionen, Zielen, Möglichkeiten und Konsequenzen ästhetischer Erziehung zu befassen — und zwar in Permanenz, da immer neue Fragen auftauchen, die auf Beantwortung drängen. Daß die Antworten, die gegeben werden, keine »letzten Gewißheiten« sind, macht für manchen das Ärgernis von Pädagogik im allgemeinen und von Kunstpädagogik im besonderen. Wie steht es in der Kunstpädagogik mit der wissenschaftlichen Beweisbarkeit, wo doch alles wertender Subjektivität anheimzufallen scheint, nicht nur das ästhetische Urteil, sondern auch die pädagogischen Maximen? Mag sein, daß in diesem Dilemma ein Diktum Dostojewskijs hilfreich ist: »Ich gebe zu, das Zwei-mal-zwei-ist-vier etwas Großartiges ist. Aber wenn wir schon einmal am Rühmen sind, dann muß ich doch sagen, daß Zweimal-zwei-ist-fünf sich auch nicht übel ausnimmt.«

In diesem Sinne sind auch die in dem vorliegenden Band versuchten Antworten auf die Frage nach der Aktualität der Bauhaus-Pädagogik nicht als vorhersehbares Resultat eines einfachen arithmetischen Vorganges zu verstehen, sondern als Positionsbestimmungen, deren Verschiedenartigkeit und Vorläufigkeit keineswegs von Nachteil ist, sondern für ein erneutes Nach-Denken über die Sache eher von Nutzen erscheint.

Zwei äußere Anlässe waren für den Herausgeber bestimmend, die Frage nach der Aktualität der Bauhaus-Pädagogik aufzuwerfen: nämlich erstens der 100. Geburtstag des Bauhaus-Gründers Walter Gropius, und zweitens das Gedenken an die von den Nationalsozialisten erzwungene Schließung des Bauhauses vor 50 Jahren. Beide Daten fielen in das Jahr 1983, so daß sich der Herausgeber entschloß, im Anschluß an das Bauhaus-Symposium des Bauhaus-Archivs in Berlin im März 1983 und das 3. Internationale Bauhaus-Kolloquium in Weimar im Juli 1983 ein vom *Fachbereich Gestaltung und Kunsterziehung* der *Universität Essen* ausgerichtetes drittes Symposium folgen zu lassen, das vom 8. — 10. 11. 1983 unter dem Titel »Ist die Bauhaus-Pädagogik aktuell?« im neuen *Josef Albers Museum* in Bottrop stattfand. Dafür, daß Bottrop, die Geburtsstadt von Josef Albers, dem Symposium mit den gleichsam »Bauhausgeist« ausstrahlenden Räumlichkeiten dieses Museums den adäquaten Rahmen gegeben hat, gilt mein ganz besonderer Dank Herrn Oberstadtdirektor *Bernd Schürmann* und seinen Mitarbeitern sowie dem Direktor des Museums, Herrn Dr. *Ulrich Schumacher.*

Die Auseinandersetzung mit der Frage nach der Aktualität der Bauhaus-Pädagogik fällt in eine Zeit, in der zum einen ganz allgemein ein verstärktes Interesse an der Refle-

Josef Albers Museum Bottrop, 1983 (Architekt: Bernhard Küppers)

xion von Problemen der künstlerischen Lehre bzw. der Lehre von Gestaltungsgrundlagen zu verspüren ist, in der zum anderen zu beobachten ist, daß den kulturellen Phänomenen der Zeit zwischen den beiden Kriegen gesteigerte Aufmerksamkeit entgegengebracht wird. Dies nicht oder nicht nur aus Nostalgie — für die es trotz der griffigen Formel von den »Goldenen Zwanziger Jahren« kaum eine Basis gibt —, sondern deshalb, weil es gilt, die Moderne als »unvollendetes Projekt« zu begreifen (bevor die »Postmoderne« alles zudeckt) und das aufzuarbeiten, was der russische Kunstwissenschaftler Chan-Magomedow sehr treffend als das »nichtrealisierte Erbe« jener Epoche bezeichnet hat. Dazu gehört auch das Bauhaus und seine Pädagogik, denn das Bauhaus war ja genuin eine Schule und nicht ein Stil, wie es im Feuilleton unablässig zu lesen ist. Obwohl das Bauhaus zu den am intensivsten rezipierten Kulturschöpfungen der Zwischenkriegszeit zählt, stellt sich nach wie vor die Frage nach seinem »nichtrealisierten Erbe«, vor allem seinem nichtrealisierten kunst- bzw. gestaltungspädagogischen Erbe. Inwiefern kann die Bauhaus-Pädagogik 50 Jahre nach der Schließung dieser ersten deutschen »Hochschule für Gestaltung« — wie sich das Dessauer Bauhaus zusätzlich nannte — in der heutigen Ausbildung von Architekten, Designern, Künstlern und Kunst- und Kulturpädagogen noch Leitbild sein? Was muß verworfen werden, was erscheint nach wie vor exemplarisch, ja geradezu verpflichtend?

Entsprechend der aufgeworfenen Fragestellung oszillieren die in diesem Buch zusammengefaßten Beiträge zwischen historischer Betrachtung und heutiger Problemsicht. *Ekkehard Mai* beleuchtet einige der geschichtlichen Voraussetzungen, die das Bauhaus erst möglich gemacht haben, *Winfried Nerdinger* zeigt in seiner kritischen, den Gropius-Mythos eher destruierenden als affirmierenden Untersuchung die ständigen Verwandlungen im pädagogischen Denken von Walter Gropius, und *Rainer Wick* fragt danach, was denn von der sozialutopisch gestimmten Erziehungsprogrammatik zumal des frühen Bauhauses im Zuge der späteren Bauhaus-Rezeption eigentlich übriggeblieben ist. Die Beiträge der beiden ehemaligen Bauhaus-Schüler *Hubert Hoffmann* und *Kurt Kranz* erschöpfen sich nicht in noch so interessanten Rückblicken auf die eigene Zeit am Bauhaus, sondern enthalten zahlreiche bemerkenswerte Gegenwartsbezüge bzw. Zukunftsperspektiven. Die ursprüngliche Absicht, auch die Diskussionsbeiträge in diese Publikation aufzunehmen, erwies sich leider als nicht durchführbar; die einzige Ausnahme stellt hier das Statement von *Anneliese Itten* dar, das auf einige notorische Irrtümer

bei der Rezeption der Rolle Johannes Ittens am frühen Bauhaus aufmerksam macht. *Hartmut Seeling* geht in seinem Aufsatz der Frage nach der Aktualität der Lehrkonzepte der Hochschule für Gestaltung in Ulm nach, die sich bei ihrer Gründung als einziges legitimes Nachfolginstitut des Bauhauses auf deutschem Boden verstand, und *Claude Schnaidt*, ehemaliger Dozent an der HfG in Ulm, verlängert die Traditionslinie vom Bauhaus Hannes Meyers über Ulm bis hinein in seine eigene aktuelle gestaltungspädagogische Praxis an der »Unité pédagogique d'architecture no 1« in Paris. *Fritz Seitz* analysiert die Ursachen und Hintergründe für das Scheitern der vom Bauhaus hergeleiteten Grundlehre an den Kunstakademien, *Bazon Brock* behauptet die aktuelle Gültigkeit des Bauhauskonzeptes in der modernen Kommunikationsgesellschaft. Im Hinblick auf die Kunsterzieherausbildung begegnen *Gert Selle* und *Hermann Sturm* der Bauhaus-Pädagogik mit erheblicher Reserve, obwohl gerade Selles »Schule der Sinne« gewisse Parallelen zum Unterricht eines Itten oder Moholy-Nagy am Bauhaus erkennen läßt. *Franz Rudolf Knubel* stellt unter dem Titel »Die Jahreszeiten« ein Grundlehre-Modell für Lehrerstudenten vor, das zwar bestimmte Gestaltungsideen des Bauhauses aufnimmt (beispielsweise aus Kandinskys »Punkt und Linie zu Fläche«), diese aber vor dem Hintergrund von ökologischer Krise und postindustrieller Skepsis ganz neu interpretiert. *Stefan Lengyel* denkt über Konturen einer möglichen Grundlehre für Industrial Designer nach, *Pan Walther* gibt Beispiele aus seiner Grundlehre für Fotografen, und für die Architektur präsentieren *Rolf Lederbogen* und *Friedrich Christoph Wagner* Ausschnitte aus ihren Grundlehreprogrammen. Daß ein drittes der Ausbildung von Architekten gewidmetes Referat in diesem Band fehlt, nämlich »Lernen von Le Corbusier« von *Thilo Hilpert*, bedauert der Herausgeber ganz außerordentlich. Wie unter kulturpädagogischer

Perspektive eine Gestaltungsgrundlehre aussehen könnte, die nicht produktorientiert ist, sondern auf sozio-ästhetische Prozesse zielt, demonstriert *Lili Fischer* anhand ihres Konzeptes »Feldforschung«. Über den begrenzten Radius der Frage nach der Aktualität der Bauhaus-Pädagogik hinaus erörtert *Hans Peter Thurn* zum Abschluß »Sozial-kulturelle Rahmenbedingungen der Gestaltung«, ein Beitrag, der implizit sowohl an den praktizierenden Gestalter als auch an den ästhetischen Erzieher appelliert, diese Rahmenbedingungen stärker als bisher zu reflektieren und in der Praxis zu berücksichtigen.

Zum Schluß die Danksagung — mehr als nur eine Pflichtübung. Denn dieses Buch ist, ganz in Übereinstimmung mit dem Geist des Bauhauses, ein Gemeinschaftswerk. Ich bedanke mich bei allen, die an seinem Gelingen beteiligt waren, an erster Stelle bei den Referenten, die mir freundlicherweise ihre Beiträge zur Veröffentlichung überlassen haben. Zu danken habe ich auch dem Dekan des Fachbereichs »Gestaltung und Kunsterziehung« der Universität Essen, Herrn Prof. *Ulrich Burandt*, für seine stete Bereitschaft zur aktiven Unterstützung des Projektes. Für engagierte Mitarbeit bei der organisatorischen Vorbereitung und Durchführung des Symposiums gilt mein besonderer Dank meinen Mitarbeitern an der Hochschule, Frau *Utta Koschik* und Herrn *Matthias Pelke*. Letzterer übernahm dankenswerterweise auch die redaktionelle Betreuung der vorliegenden Publikation. Dank sagen möchte ich last not least Frau *Reinhild Gaschick* vom Zentralen Fotolabor der Universität Essen für ihre Sorgfalt bei der Ausführung der reprografischen Arbeiten.

Essen, den 8. 2. 1985   R. W.

Ekkehard Mai

Zur Vorgeschichte des Vorkurses
Künstlerausbildung an Kunstakademien vor und um 1900

Die Kunstakademie im Jahrhundert der permanenten Reform, dem 19. Jahrhundert, sah sich zweimal in besonderem Maße heftiger Kritik ausgesetzt — vor und um 1800 und in den zwei, drei Jahrzehnten zwischen 1880/90 und 1910.[1] Das erste Mal entband sich die hohe als freie Kunst aus dem Verbund jeglicher Kunstfertigkeit, die vom Handwerk über die »mechnischen Wissenschaften« bis zur autonomen Malerei und Plastik reichte, das zweite Mal sah sie sich der Herausforderung einer erneuten Zusammenführung von Kunst und Leben zu einem neuerlichen Kunstverbund vermittels neuer Kunstverbände — der Sezessionen — ausgesetzt. Protagonist dieser Herausforderung war die angewandte Kunst, das Kunstgewerbe. Hand- und Kunstwerk im Zeichen der Industrialisierung und neuer Techniken, sozialen und politischen, vor allem wirtschaftlichen Wandels und völlig veränderter Bedürfnisse sahen sich in eine öffentliche, mehr und mehr staatlich formulierte Pflicht genommen. Künstlerischer Erfolg hieß vor allem soziale Akzeptanz, diese wiederum brachte wirtschaftlichen Nutzen, der letztlich mit dem Wettbewerb von Kunst und Künstlern den Wettbewerb auf nationaler und internationaler Ebene fördern und bestehen half.[2] Kunst und Wirtschaft, Staat und Öffentlichkeit mußten vor allem dort zu einer Übereinkunft finden, wo die Voraussetzung, das Vorfeld und die Basis lagen — der Vorbereitung von Kunst und Künstlern, der Gewerke und Gewerbe vermittels Schulung, Schule, Lehrern, die vor dem eigenen selbstbestimmten Bilden diesem Vorbild waren. Ort dessen war die Kunstakademie, die Kunst- und Gewerbeschulen nach sich zog und langhin geschmacksästhetisch die institutionalisierte Bildungsaufsicht führte. Vor- und Elementarschulen dienten nicht nur der Vorbereitung für die hohe Kunst, sie waren oft auch Schulen der Gewerke — in Sonntags- und in Sonderkursen, erst vereinigt, dann in Filiationen abgetrennt, und schließlich auf spezielle Handwerkszweige abgestimmt. Die institutionalisierte Fachausbildung nach Handwerk, Technik und nach künstlerischer Gattung jenseits vorindustrieller Handwerks- und Werkstatttraditionen — von der Bauakademie zum Polytechnikum, von der Elementar- und Kunstschule über die Kunstgewerbe- zur Fachhochschule — ist erst eine späte Zeugung im differenzierten System künstlerischer und handwerklicher Bildung, individueller und staatlich kollektiver Kräfte.[3] Kopf und/oder Hand, Idee und/oder Praxis — die Künstlerausbildung sah sich über hundert Jahre mit unterschiedlichem Gewicht der Frage ausgesetzt, was zu verfolgen sei — Akademie oder Werkstätte?

Handwerkerschule, Schulung auch des Handwerks durch Entwurf und Praxis oder *künstliches* Ideal einer künstlerischen Bildung nach Fächern und Motiven, die davon

11

völlig abgeschieden war, Werkstatt oder Meisterschule — das Bauhaus stellte von all dem die Synthese dar. Es war Akademie und Kunstgewerbeschule, vereinte Hand- und Kopfarbeit, Material- und Technik- mit dem Theorieverständnis, Elementar- und Meisterschule mit Produktionen frei und angewandt. Von der Elementar- zur Kunstgewerbe- und Vorkursklasse — um diese Vorgeschichte geht es hier.

1. Ausgangslage — Die Kunstakademie am Ende des 18. Jahrhunderts

Daß die Kunsterziehung Sache des Staates und von Schulen sei, ist eine späte Entwicklung. Öffentlichen und allgemeinen Status erhielt sie erst mit dem 19. Jahrhundert. Im 16. und 17. Jahrhundert, zumal in Italien und in Deutschland, aber auch in Frankreich und den Niederlanden, folgte ihre Gründung überwiegend privatem und fürstlichem Interesse.[4] Leonardo und Vasari, die Zuccari und Caracci im Mailand, Florenz, Rom und Bologna des 16. Jahrhunderts waren Gründungsväter nicht nur der Kunst- als Künstlertheorie; mit Geist und Wissen, dem Studium von Antike und Natur, mit Regel und System, kurz: der Kunst als Wissenschaft, besorgten sie auch die Entlassung aus der Zunft und ihre Graduierung innerhalb der »artes liberales«. Neben das Wissen trat so bald die Lehre und mit den Privilegien auch die Gunst bei Hofe. Der Stand der Künstler, wiewohl in der Praxis mit dem Handwerk weiterhin organisatorisch eng und streng verbunden, hatte so per Theorie und gesellschaftlichem Status eine Höherwertigkeit voraus, die entsprechend eine Arbeitsstufung und -bewertung nach sich zog. In der Idea des Entwurfes manifestierte sich die Theorie des Ideals. Die Zeichnung, das disegno, war demzufolge A und O.[5] So verstanden sich denn auch die beiden großen italienischen Akademien in Florenz und Rom

— die Vasaris mit Privileg der Medici und die von San Luca unter päpstlichem Protektorat — primär als Zeichnungsakademien, in denen es *nicht* um Malen oder Modellieren ging. Anatomie, Proportion und Perspektive, Expressions- und Modilehre mit der Theorie der Gegenstände auf der einen, Antiken- und Modellstudium auf der anderen Seite durch den Akt des Zeichnens bestimmten sie zu wesentlichen Teilen. Die eigentliche Praxis hingegen erfolgte in der Werkstatt weiterhin nach Zunftgebrauch (Abb. 1).

Das zunftgemäße Werkstattleben hielt so vor allem Verbindung mit dem Leben: der freie Künstler, überwiegend Maler, gab dem Handwerk die Entwürfe vor — Ornament- und Bildvorlagen für Tischler, Töpfer, Teppichweber und Metallarbeiter. Und überdies: Handwerk und Künstler kamen im Auftrag überein — Schloß, Kirche und Palais dankten und »danken ihre stilistische Geschlossenheit dem vorbildlichen Zusammenwirken von Baumeistern, Bildhauern und Malern mit Stukkateuren, Möbeltischlern, Bronzegießern, Goldschmieden, Seidenwebern und anderen Handwerkern«[6].

Diese wurde nun nirgendwo mehr deutlich und verwirklicht als im Frankreich Ludwigs XIV. Absolutistisch regiert und dank dem Staatsminister Colbert zentralistisch organisiert, wurde es zum Mutterland von Akademien und des Akademiegedankens überhaupt.[7] Kunst und Wissen im Dienste von Herrschaft und Wirtschaft fanden in der »gloire« des Königs überein. Erst durch das Privileg des Königs war der Künstler von allem Zunftzwang freigesetzt, war er zugleich befähigt, Hofaufträge anzunehmen. Die Mittel und Möglichkeiten dazu verschaffte ihm die Akademie, die als Kongregation von Künstlern auch Kongregation der rechten Lehre und Summe allen Wissens war. Ihre Gründung war ein Freiheitsakt von Kunst und Theorie gegenüber Zunft und Handwerksstand, die heftig Widerstand geleistet hatten. 1648 ins Leben getreten unter dem

1 Johannes Stradanus, Jan van Eyck im Atelier, Kupferstich

Protektorat Colberts und dem Direktorat Le Bruns, war sie gleich der »Académie de France«, der Bauakademie und weiteren Gründungen, etwa der Akademie in Rom (1666), Ausdruck und Mittel der einen großen Staatswerkstatt, mit der Colbert die Emanzipation vom Ausland in Kunst und Wissenschaft und die Autonomie der Staatswirtschaft mit der militärisch-politischen Vorherrschaft europaweit betrieb. Die Akademie wurde zur obersten Geschmacksinstanz, der die Aufsicht über Gewerke und Gewerbe mit eigenen Unternehmungen wie der Teppich- und Porzellanmanufaktur zugeordnet war. Alle Hofbauunternehmungen im Gesamtverband der Künste vom Louvre bis Versailles waren sozusagen akademischer Entwurf, dessen Ausführung dem Handwerk neben Künstlern übertragen war. Der Unterricht gleichwohl war nicht anders wie vordem, nur viel strikter auf System und Regel, aber auch geschichtliche Erkenntnis abgestellt: Theorie, Zeichnen, Modell- und Vorbildwesen — keinesfalls Unterricht im »Werken«, das nur praktisch in nächster Nähe des Meisters in der Werkstatt möglich war. Gegen Ende des Jahrhunderts geriet dabei die Theorie der Malerakademie zum ersten Mal ins Wanken — neben der Theorie der Zeichnung als geistigem Primat kam die Theorie der Farbe auf (Félibien/de Piles), und zwar als außerakademische Entwicklung, was letztlich in der Folge Gefährdung von Anspruch, Selbstverständnis und inhaltlichen Zielen hieß.[8]

13

2 Augustin Terwesten, Sitzungssaal der Berliner Akademie um 1700 (Zeichnung)

In Deutschland war man weit davon entfernt. Von Sandrarts »Teutscher Akademie« in Nürnberg seit 1662/74 einmal abgesehen, ging hier Berlin voran, das sich an Frankreichs Vorbild orientierte und unter Friedrich III., dem Kurfürsten von Brandenburg, 1696, vier Jahre vor der Preußischen Akademie der Wissenschaften, seine — man beachte den Titel! — »Akademie der Künste und mechanischen Wissenschaften« erhielt.[9] Mehr Titel als Ort und Anstalt einer wirklich effektiven Lehrbarkeit der Künste, war sie in einem Stockwerk über dem Kurfürstlichen Marstall unter den Linden einlogiert. »Über dem Tor des Gebäudes, in dem über den Köpfen der Pferde des Fürsten die Künstler des Landes ihre Sitzungen abhielten, ließ der schelmische Leibniz eine Tafel anbringen, auf der in goldenen Lettern zu lesen war: MULIS ET MUSIS«[10]. Immerhin zählten bald Schlüter, Knobelsdorff, Chodowiecki und späterhin Schadow zu dieser erstaunlichen pädagogischen Provinz.

Auch sie war zunächst Zeichenakademie, der Personalbestand gering (Abb. 2). Doch war ihr Auftrag sehr umfassend. Sie war das Mutterhaus der Kunsterziehung jeder Art für die gesamte preußische Provinz. Sie sollte die Künstler bilden, das Volk erziehen und Gesamtrat für den Kunstgeschmack des Landes sein. Kunst- und Handwerksfleiß sollten geübt und jedem Interessierten der Besuch ermöglicht werden, bis zu »Lectiones publici« für ausgewählte Stände. Mit Antiken, Gipsen, Kunstwerken und Bibliothek war sie nach Zeitaussagen ausgesprochen gut bestückt. In der Anweisung an den Gründungsdirektor Werner ist dessen Intendanz »über alle unsere Kunstarbeith« benannt — von der Tapete bis zur Goldverzierung.[11] Dennoch war alles wie gehabt: Unterricht in Theorie und Hilfswissenschaften, Zeichnen nach Vorlagen, Gipsen und Modellen gestuft nach Haupt- und Vorbereitungsklasse. Obwohl bald mit weiteren Kontrollfunktionen ausgestattet, verfiel sie in den weiteren Jahrzehnten mangels Geld und fürstlichem Interesse. Die Kriege des 18. Jahrhunderts waren insgesamt der Kunst nicht eben günstig. Erst mit den siebziger Jahren wurde der Gedanke einer Einheit aller Künste neu belebt. Die Kunstakademie wurde mit dem Oberbaudepartement vereinigt, um »das Schöne und Angenehme mit dem Nützlichen und Nötigen« in Zukunft zu verbinden. Vom Zeichnen sollten nicht nur Malerei, Bildhauerei, Kupferstecher- und Baukunst profitieren, sondern auch Tischler, Schlosser, Töpfer, Goldschmiede, Fayencefabriken und vieles andere.

Der Mann der Tat, dies zu verwirklichen, war der Freiherr von Heinitz, der von Friedrich dem Großen 1786 die Oberaufsicht erhielt und die Reform bis zum Statut von 1790 führte. Der Schulung des Handwerksstands galt vorzüglich sein Interesse. Modellsammlungen, Ausstellungen, Errichtung einer Vor- als Kunstschule für alle Arten von Gewerbe und eines akademischen Patents für Handwerks- und Fabrikbetriebe zur Befreiung von der Zunft sind gänzlich sein Verdienst.[12] 1790 verlautet daher im Statut, daß der Endzweck der Akademie dahin gehe, »daß es auf der einen Seite zum Flor der Künste sowohl überhaupt beitrage, als insbesondere den vaterländischen Kunstfleiß erwecke, befördere und durch Einfluß auf Manufakturen und Gewerbe dergestalt veredele, daß einheimische Künstler in geschmackvollen Arbeiten jeder Art den auswärtigen nicht ferner nachstehen, auf der anderen Seite aber diese Akademie als eine hohe Schule für die bildenden Künste sich in sich selbst immer mehr vervollkomme«[13]. Provinzialkunstschulen von Halle bis Königsberg, von Magdeburg bis Danzig folgten und waren somit handwerkliche Unterzweige der Berliner Kunstakademie.

Aber im selben Maße ihres Ausbaus der »ars una« als Universitas der Künste kam es zu Kritik und bald darauf auch Trennung der verschiedenen Zweige — der feinen von den groben Künsten, der Baukunst von der Technik, der Kunst als Lehre des Geschmacks von der Wissenschaft der Praxis. Vertreter von Kunst und Wissenschaft betrieben dies durchaus vereint. Der Künstler der Genieepoche fand sich erhaben über einer puren Handarbeit und höfisch-materiellen Zwängen. Johann Asmus Carstens (1754—1798), wie bekannt, teilte denn auch Heinitz, der ihm, dem Stipendiaten der Berliner Kunstakademie freien Aufenthalt in Rom verschaffte, nach drei Jahren, 1796, mit: »Übrigens muß ich Euer Exzellenz sagen, daß ich nicht der Berliner Akademie, sondern der Menschheit angehöre ...«[14] Reichlich ein Dutzend Jahre später, 1809, zog daraus Aloys Hirt, der Berliner Ästhetiker und Hofarchäologe, in seinem Reformvorschlag die Konsequenz. Er schied die eigentliche Kunstakademie der Maler, Bildhauer und Architekten von den bloß »Kunstverwandten«, die nach Idee und Können schlichtweg ärmer waren: »die bloßen Land-, Wasser-, Schiffs-, Militär- und Maschinenbaumeister, die Kleinbildner als Stein- und Stempelschneider; die bloßen Verzierer in Holz, in Stein, Metall und Weißwerk; die bloßen Tier-, Landschafts-, See-, Architektur-, Dekorationen-, Geflügel-, Früchte- und Blumenmaler; die bloßen Miniatur-, Schmelz-, Glas- und Pastellmaler; die bloßen Zeichner und Kupferstecher und die bloßen Kopfmaler«.[15] Es ist zu erinnern, daß einer der frühen Kritiker der Kunstakademie, Peter von Cornelius, der sich über die ledernen Akademievorsteher mokierte und gleich anderen Nazarenern den trocknen Zeichenunterricht nach stets der gleichen Weise — von Kopf und Hand zum Ganzen, vom Gips zum lebenden Modell — kritisierte, gleichwohl später als Haupt der Münchner Kunstakademie seinerseits von allen Nebenzweigen erhabener Kunstausübung als dem »Moos- und Flechtengewächs am großen Stamme der Kunst« gesprochen hat.[16] Sein Verdikt der »Fächler« hielt sich an die fünfzig

Jahre bis zu Kaulbach und zur Wende des Jahrhunderts. Und um einen Vater der modernen Kunstgeschichte zu zitieren, Karl Friedrich von Rumohr (1785—1874): »Von 1700—1800 darf man wohl annehmen, daß die Akademien von Neapel bis Petersburg, von Stockholm bis Lissabon im Ganzen an Gehalten, Unterstützungen von Gebäude-Kapital und anderen Anschaffungen und Ausgaben wenigstens jährlich 300 000 Thaler gekostet haben. Das macht in jenen hundert Jahren 30 Millionen. Was ist aber daraus hervorgegangen? . . . Will man sehen, was dabei herausgekommen ist, so suche man auf Treppen, Hausböden und anderen Magazinen älterer Lehranstalten dieser Art nach den Preisaufgaben und Aufnahmestücken, welche sich von 1700—1800 dort aufgestaut haben. Es ist ein niederschlagender Anblick, welcher auf die Vermutung führen könnte, daß so großer Aufwand zu nichts geführt habe, als Richtungen zu perpetuieren, welche wahrscheinlich aus Mangel von Abnehmern sonst ungleich früher in sich selbst wieder erloschen wären.«[17] Rumohr wird von Wilhelm Lindenschmit, einem Professor der Münchner Kunstakademie, 1887 angeführt. Lindenschmit zitiert in seinen Reformgedanken vor allem dreierlei der Künstlerausbildung alter Zeit: Anschluß an *eine* Werkstatt, *einen* Meister und die unter *einheitlicher* Leitung gemachten Naturstudien.

Werkstattgedanke und der Gedanke von der Einheit der Künste im gestuften System der Ausbildung — dies bestimmt vor allem die preußischen Reformen seit 1809 bis um die Mitte des Jahrhunderts, bis zu den »Grundbestimmungen für die Verwaltung der Kunstangelegenheiten im Preußischen Staate« aus der Hand Franz Kuglers[18], Preußens erstem Kunstreferenten. Es war Schinkel, der große Baumeister, Staatsbauintendant und Gegenspieler Hirts, der zum Wortführer und Anwalt der Akademie als »großer Staatswerkstatt« wurde — auch wenn sie nicht zu verwirklichen war. Schinkel verwarf »die Ab-

theilungen in Klassen mit abgeschlossenen Materien, so wie die damit zusammenhängenden Examina wegen Classenversetzung. Dagegen wünscht er für Architekten, Maler und Bildhauer große Räume zu Werkstätten eingerichtet. Dort sammelt jeder der zwei für jedes Fach gewonnenen ausgezeichneten Männer die Schüler um sich. Sie studieren und arbeiten in seiner Werkstatt, wo er selbst beständig seine großen Werke unter ihren Augen schafft und sich nach und nach aus ihnen Gehülfen erzieht«[19]. Schülerkonkurrenzen, Preisaufgaben, Ausstellungen, Museumsunterricht und Fortsetzung der Werkstattgemeinden in Erholungsstunden ebendort vervollständigten das Gemeinschaftsideal einer ganzheitlichen Erziehung. De facto ergaben sich neue Gliederungen zwischen Bau- und Kunstakademie und der Kunst- und Gewerkeschule. Mit den von Schinkel und Ernst Beuth herausgegebenen »Vorbildern für Fabrikanten und Handwerker« installierte sich 1821 überdies das Technische Institut Ernst Beuths, das 1827 zum dreiklassigen Gewerbeinstitut erhoben wurde und die unerläßliche Einheit vor allem von Baumeistern und Bauhandwerkern garantieren sollte. Ihm folgten bis 1838 allein zwanzig Provinzialgewerbeschulen, wohingegen die als Rest verbliebene Kunst- und Gewerkeschule der Akademie — so 1830 — »zunächst der Geschmacksbildung der Handwerker gewidmet ist, nicht um diese von ihren Gewerken abzulenken, sondern sie für dieselben geschickter zu machen«.[20] Es blieb beim Reißen, Handzeichnen und Bossieren von Ornamenten. Damit setzte eine — im übrigen auch verwaltungsmäßige — Dualität im Vor- und Kunstschulbereich für die Gewerbekunst ein, die ursächlich für allen späteren Dualismus und Konkurrenzwettbewerb bis nach der Jahrhundertwende ist, als die Kunstakademie immer noch den Vor- und Elementarunterricht neben der Kunstgewerbeschule betrieb, letztere aber darüberhinaus bis zur Meisterwerkstatt analog den Meisterateliers der Kunstakademie dieser den Aufbau abgesehen hatte. Der Kunstschul- oder Elementarunterricht, ob in München, Düsseldorf, Dresden oder Berlin, hieß vor allem Grundeinweisung, »Reinlichkeit und Richtigkeit der Zeichnung« (Düsseldorf 1831) nach Vorlagen.[21] Das Ornamentstudium und die Vorlage- und Vorbildpraxis über das Instrument der Zeichnung als Muster praktischer Werkausführung bestimmte so den Inhalt und die Lehre vor allem für die Handwerkskunst, von der die freie Invention vor allem der freien Künste langhin abgehoben war. Eine Veränderung darin verdankte sich erst einem Impuls seit London 1851 — der Kunstgewerbebewegung nach der Weltausstellung von 1851.

2. Von Fünfzig bis Achtzig — Die Kunstgewerbeschule

Schinkels ebenbürtiger Nachfolger als Architekt, Theoretiker und Lehrer von Kunst und Kunstgewerbe war Gottfried Semper. Er bedachte mit der politischen auch die Sozialfunktion der Kunst und hob auf königlichen Auftrag — der Königin Victoria und ihres deutschen Prinzgemahls — über die Weltausstellung 1851 das erste Kunstgewerbemuseum nebst Schule aus der Taufe — das South Kensington Museum.[22]

Die Weltausstellung war von Prinz Albert im Gedanken der Völkerversöhnung und einer enzyklopädischen Wettbewerbsüberschau aller Nationen über ihren technischen, wissenschaftlichen, wirtschaftlichen und kulturellen Leistungsstand ins Leben gerufen worden.[23] Gemessen an England schnitten Deutschland und Frankreich nicht eben günstig ab. Folge jedenfalls war, daß europaweit Kunst und Handwerk, Wissenschaft und Industrie einer neuen Erziehung und Zucht bedurften, daß mehr denn je die Kunst im Handwerk nunmehr auch staatliche Protektion erfuhr. Semper entwarf einen »Unterrichtsplan für die Abteilung für Metall- und Möbeltechnik am Department of Practical Art«, aus dem sich dann South Kensington speiste. Semper griff organisatorisch im System des Unterrichts auf die Werkeinheit von Kunst und Handwerk in Gestalt der Lehrwerkstatt zurück und orientierte sich damit letztlich nicht nur am Vorbild früherer Geschichte, sondern auch der Meisterateliers der hohen Kunst. Es war in Deutschland z. B. Wilhelm von Schadow, der dies mit dem Reglement von 1831 mit Elementar-, Vorbereitungs- und Meisterklasse zum Vorbild späterer Reformen werden ließ. Es war letztlich nazarenisches und damit Mittelalter-Erbe. Lehren und Lernen gemeinschaftlich, am Vorbild und über Zeichnen, Modellieren, Komponieren in Ton, Gips, Wachs, Metall und anderen Materialien — und dies mit Rückbezug auf »Urformen« und deren geschichtliche Entwicklung, auf den Gesamtverband der Künste und ihren gesellschaftlichen Nutzen[24] — alles dies macht Sempers Theorie und angewandte Lehre zum Vorbild nicht nur aller weiterer Kunstgewerbelehre, er schuf damit auch die dem 19. Jahrhundert angemessene Fassung eines Gesamtverbands der Künste in einem »Bauhaus« schon zu seiner Zeit. England als das Land der »industrial revolution« zeigte sich den Plänen aufgeschlossen und schuf den Prototyp der neuen Kunstausbildung, ehe Wien auf dem Kontinent seinerseits die Avantgarde vertrat.

Aber nicht nur Semper — viele andere traten auf den Plan, die seit der Mitte des Jahrhunderts hohe und angewandte Kunst verbinden wollten und die Notwendigkeit erkannten, Kunst und Künstlerausbildung dem Leben wenn schon nicht politisch und sozial, so doch wirtschaftlich immer enger anzuschließen. So hatte schon Franz Kugler, wie erwähnt, »Über den Pauperismus auch in der Kunst« 1845 ausgeführt, »daß zwischen Kunst und Handwerk ein breiteres Übergangsmoment geschaffen werden muß, daß in diesem, d. h. dem Kunsthandwerk, die mittleren Kunsttalente eine höchst angemessene und glückliche Sphäre finden würden ...«[25] 1867 heißt es denn auch vom preußischen Minister von Mühler in einem Handschreiben an den König »wie die Förderung des Kunstfleißes und die Verbreitung guten Geschmackes in allen Zweigen der Gewerbethätigkeit ein wichtiger Gegenstand der öffentlichen Fürsorge in jedem civilisierten Staate ist und wie insbesondere in Preußen ein Wetteifer mit dem Vorgehn anderer Länder, namentlich Englands und Frankreichs, und nach der Stellung, welche Preußen in und für ganz Deutschland einnimmt, für die Pflege derselben ein Mehreres und Ausreichendes zu geschehen habe, als bisher der Fall gewesen.«[26] Sieht man zur gleichen Zeit auf München, so hat ein »Promemoria« mit heftiger Kritik an der Münchner Kunstakademie durch den Akademiedirektor Kaulbach 1864 dahingehend Resonanz gefunden, daß er der Herausforderung durch die angewandte Kunst Widerstand entgegensetzte: »Nach unserer Ansicht ist eine Blüte der Kunstindustrie bedingt durch die Pflege der Kunst um ihrer selbst, um der Schönheit willen; denn nur, wenn in ihr das Ideale Gestalt annimmt, kann sie zum Vorbilde für das Leben werden ... Darum können wir auch nicht zu einer Reform der Akademie rathen, welche in einer neuen Einrichtung die Kunst und die Industrie vermählen soll, wie das Promemoria will ...«[27] Die Spezialisierung und Ausrichtung auf bestimmte Handwerkszweige sei nicht ihr Teil.

Die Frage »Akademie oder Werkstätte?« wurde im Zuge der Weltausstellungen und einer freien neben der akademischen Kunst seit den fünfziger Jahren virulent. Stimmen zuhauf ließen sich zitieren: Der Karlsruher Lehrer und Professor am Polytechnikum Johann Heinrich Koopmann z. B., dem »Schaffen wichtiger ist als Lehren«, der Berliner Hermann Grimm, der neben dem Zeichenunterricht in einer ersten Stufe vor allem die Grundlagen der technischen Bildung betont

haben wollte, der Kölner August Reichensperger, für den »nur der praktische Meister den Künstler zu bilden vermag« oder der Anonymus des »Organs für christliche Kunst« von 1858, der die Entstehung der »akademischen Kunst« fern vom Leben und die Ohnmacht des Handwerks gegenüber der Maschine beklagte und schließlich »die innere Hebung des Gewerkes durch eine gediegene Ausbildung derer« forderte, »die als Meister gelten und den Stand nicht nur nach außen, sondern auch in der Werkstätte vertreten sollen«[28].

Mit der steigenden Forderung nach einer Reform der deutschen Kunstschulen, die sich gegen die nationalökonomisch notwendige Geschmackshebung des Handwerks in der Konkurrenz zur Industrie immer noch zu wehren schienen, wurde vor allem England mehr und mehr zum Vorbild, das überwiegend auf den Weltausstellungen im Kunstgewerbe triumphieren konnte. Und dies trotz allenthalben neu entstandener Kunstgewerbeschulen, -museen und -vereine z. B. in

3 Standlampen nach Entwürfen von A. Endell, J. Berchthold, Fa. J. Zimmermann & Co., Vereinigte Werkstätten München (Die Kunst 1902)

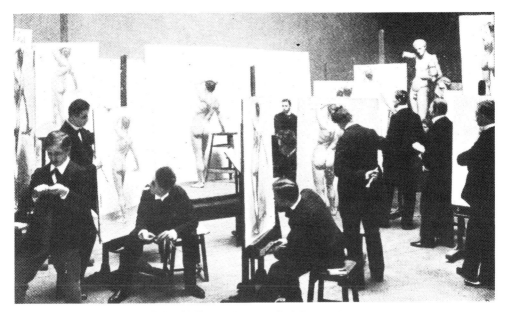

4 Oberlichtsaal der Akademie in Berlin, Akt-Zeichenklasse des Prof. Friedrich (um 1895)

5 Akademie in Berlin, Compositionsübungen im Landschaftatelier des Prof. Bracht (um 1895)

München, Nürnberg, Karlsruhe, Dresden, Leipzig und Berlin. Zwar wurden auf diese Weise die alten Arbeitsformen wiederentdeckt und der eigenen Zeit zugeführt — Schmiedekunst, Holzschnitzerei, Metalltreiben etc. —, dennoch urteilte Muthesius in der Rückschau (1922): »Der kunstgewerbliche Unterricht jener Jahrzehnte ist das treue Spiegelbild der Verhältnisse im Gewerbe. Die Kunstgewerbeschulen lehrten die verschiedenen geschichtlichen Stile, das Ornament war der wesentliche Unterrichtsgegenstand. Die Arbeit spielte sich auf dem Papier ab. Draußen wiederum arbeiteten die Handwerker und die Industrie nach den Entwürfen eines besonderen Zeichnerstandes, dessen Ausbildungsstätte die Kunstgewerbeschule war.«[29] (Abb. 3).

Schon Semper hatte Material, Zweck und Form als die Leitprinzipien künstlerischen und kunsthandwerklichen Schaffens angesprochen, dennoch beschränkte sich der *Kunst*anteil lediglich auf Dekoration und Ornament als zeichnerischem Musterstück in geschichtlicher Entlehnung. Erst mit »Ende der 70er Jahre erkannte man die zwingende Notwendigkeit, die Fachschulen durch Verbindung mit Lehrwerkstätten zu beleben und dem Geiste der Stilnachäfferei zu entziehen«[30]. So hatte man in Berlin 1875 ein neues Statut der Akademie eingeführt, mit dem u. a. Schülern der Anschluß an die Werkstatt eines Meisters erleichtert werden sollte (Abb. 4, 5). Wenn so Meisteratelier und Lehrwerkstatt auch in den hohen Künsten zur Anwendung kamen, um auf diese Weise neben der klassischen Kompositionsausübung vor allem auch eine Materialienkunde zu verbinden — technischen Malunterricht hatte inzwischen auch München einzuführen begonnen —, so war doch immer noch die Kunst- und Gewerkeschule von der Akademie getrennt und seit 1869 sogar mit einer eigenen Organisation und einem eigenen Direktor versehen. Es bedurfte erst einer wirklich neuen Bewegung mit Ende der 80er

Jahre, um hier für Änderung zu sorgen. Eine Reihe autodidaktischer, oder von der Malerei her kommender bahnbrechender Kräfte sorgte für einen Umschwung im Verhältnis von freier und angewandter Kunst und für neue Wege auch in der Künstlerausbildung durch Entwurf und Werk in einer Hand.

3. Von William Morris zum Bauhaus — Werkstatt und Werkschule

Morris (1834—1896) war der Begründer und das Haupt der arts-and-crafts-movement, ohne die die deutsche Kunstgewerbebewegung nicht zu denken ist. Er kam, wie später viele deutsche Kunstgewerbler, von der Malerei. Er war der »Preraphaelite Brotherhood« verbunden, die zwischen einer literarischen Romantik in christlich-ethischer Deutung und zeitgenössischer Sozialkritik und -utopie auf dem »gothic revival« von Pugin d. J. bis John Ruskin fußte.[31] Die Einheit von Kunst und Handwerk und deren Verwurzelung in Volk und Leben ließ mit den stilistischen Erscheinungen auch die Organisationsform des mittelalterlichen Kunstbetriebs zum Vorbild werden. Morris' Ziel war die Kunst von Leuten für Leute als Kunst für alle, Zelle des sozialen Lebensentwurfs die Werkstatt, in der Morris autodidaktisch die dekorativen Künste ausüben lernte. Glas, Porzellan, Möbel, Tapeten, Stoffe, Schmuck zählten zu seinem Gestaltungsbereich (Abb. 6). Und was die Muster anging, so trat an die Stelle geschichtlicher Vorbilder nunmehr das Vorbild der Natur. Sie vor allem erkannte man auch in Deutschland als den eigentlichen Wegbereiter einer neuen Form an. Und sie erwuchs zudem mehr aus einer freien Kunstbewegung als aus Kunstgewerbeschulen.

Das entscheidende Jahrzehnt wurden die neunziger Jahre.[32] Sie standen im Zeichen einer Kritik am herkömmlichen Kunstbetrieb, an den Akademien und Ausstellungen, der Gründung von Sezessionen und des aufkommenden Jugendstils, an dessen Spitze sich Männer wie Olbrich, Paul, Endell, Riemerschmid, Behrens, Pankok und Obrist zu stellen begannen. Und neben das englische Vorbild, von dem bald Muthesius in preußischen Diensten aus London berichten sollte (seit 1896), traten insbesondere auch Belgien und Frankreich z. B. mit Van de Velde und Guimard. Symptomatisch unter vielem ist, daß sich die Münchner Zeitschrift »Kunst für Alle« seit 1892, dem Jahr der Sezession, der neuen Richtung angenommen hatte. Hatte sie ihren »kritischen Maßstab nur an die Schöpfungen der Malerei und Bildhauerei etc. angelegt, so will sie künftig die gleiche künstlerische Betrachtungsweise auf die Erzeugnisse des Kunstgewerbes zur Anwendung bringen.« 1897 war — von draußen kommend mit Künstlern wie Van de Velde, Riemerschmid und Dülfer — zum ersten Mal die angewandte Kunst gleich-gültig, wenn auch nach Umfang nicht gleichwertig, neben der freien im Glaspalast ausgestellt worden.[33] Nach der Überwindung des Historismus zeichnete sich außerhalb der Kunst- und Kunstgewerbeschulen auch die Überwindung des Naturalismus ab — in der freien wie angewandten Kunst (Abb. 7, 8). Schon Julius Lessing, Direktor des Berliner Kunstgewerbemuseums, hatte 1894 als aufmerksamer Beobachter konstatiert: »Man hat gegen das verständnislose Weiterschleppen des historisch überlieferten Ornaments das Naturstudium als Schutz angerufen . . ., aber ihre eigentlichen Formen erhalten sie (die Geräte, der Verf.) aus der Zweckbestimmung, aus dem Material und aus der Technik«[34]. Eine »organische« Kunstauffassung hielt zunächst Einzug, die mit den Namen Hans E. von Berlepschs, August Endells, Hermann Obrists und Wilhelm von Debschitz' verbunden ist (Abb. 9). »Formkunst«, wie August Endell leicht emphatisch in seinem Aufsatz »Möglichkeit und Ziele einer neuen Architektur« umschrieb, war das neue Bestreben (Abb. 10). »Denn *formale* Gebilde sind

das Ziel aller dekorativen Kunst, nicht aber stilisierte Pflanzen und Tiere. Entwickelt frei aus den Formen, setzt Linie an Linie, Fläche an Fläche, je nach dem Charakter, den ihr erzielen wollt.«[35] Von Berlepsch, ebenfalls einer der neuen Kunstgewerbler in München, erklärte sich seinerseits gegen das schematische Schulsystem der Kunstgewerbeschulen, die jetzt im Grunde analog den Akademien als retardierend betrachtet wurden.

Eine Konsequenz der Entwicklung waren die 1897 ins Leben gerufenen *Vereinigten Werkstätten für Kunst im Handwerk* in München,[36] die sehr bald durch die Einrichtung von Lehrwerkstätten hervortraten und in Dresden, München und auf anderen Ausstellungen beträchtliche Erfolge verbuchen konnten. Freilich blieb diesem privaten Zusammenschluß oben genannter Künstler und Handwerker zunächst eine Förderung seitens Staat und Fabrikanten versagt. *Die Lehr- und Versuch-Ateliers* von Wilhelm von Debschitz und Hermann Obrist, 1902 ins Leben getreten, waren gleichfalls ein privates Korrektiv gegenüber einer unzureichenden Kunstgewerbepolitik in München.[37] Dies um so mehr, als sich weder Kunstakademie noch Kunstgewerbeschule den Zielen der neuen Bewegung anschließen mochten. So hatte Peter Behrens 1902 mit seiner Eingabe um Errichtung einer Meisterklasse für angewandte Kunst weder an der Münchener Akademie noch an der dortigen Kunstgewerbeschule bzw. an der Nürnberger Kunstgewerbeschule Erfolg. Die Akten mit Stellungnahme und Gutachten der Direktoren zeigen entschiedene Vorbehalte und Vorurteile gegenüber der ganzen, für kraus und unklar gehaltenen Kunstgewerbebewegung.[38] Andere Erfahrungen sollte Henry van de Velde in Weimar machen, der nach dem Darmstädter Modell der Künstlerkolonie ein kunstgewerbliches Seminar bzw. eine Kunstgewerbeschule zur Hebung von Handwerk und Industrie errichten sollte. Eröffnet am 1. April

7

6

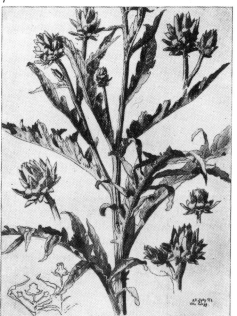

6 Druck von Möbelstoffen in Merton Abbey der Arts-and-Crafts-Bewegung, 1911

7 H. E. von Berlepsch, München: Pflanzen-Studie (Deutsche Kunst und Dekoration, 1898/9)

8 H. E. von Berlepsch, München: Eisenbeschläge (Deutsche Kunst und Dekoration, 1898/9)

8

9 Silber- und Schmuck-Arbeiten der Werkstätte der Lehr und Versuch-Ateliers, Hermann Obrist und Wilhelm von Debschitz, München (Die Kunst 1903/04)

1908, ging dem ein längeres Vorspiel voraus. Die großherzogliche Kunstschule hatte Bedenken, das Handwerk entschieden Mißtrauen und Vorbehalte parat.[39]

Ohne Zweifel zum Zentrum kunstgewerblicher Reformbewegungen in Fragen der Ausbildung wurde die Errichtung von *Lehrwerkstätten*[40]. So hatte von Debschitz eine Methode des Kunstunterrichts gefunden, worin die Naturform auf Gesetz und Wirkung vorbildend untersucht wurde, um dann in Fachwerkstätten nach Technik, Material und Form umgesetzt zu werden. Der Entwurfsprozeß sollte eine Aufgabe »bequem, brauchbar, zweckentsprechend, technisch-materialentsprechend zu normalen Preisen ausführbar« machen.

Ähnlich verfuhr Peter Behrens, der, von Darmstadt kommend, 1903 zum neuen Direktor der seit 20 Jahren bestehenden Kunst-

gewerbeschule in Düsseldorf ernannt worden war.[41] Der Unterricht umfaßte Auffassungszeichen, Naturstudien, Kompositionsübungen, Modellieren, Zeichnen nach verschiedensten Gegenständen figürlicher und ornamentaler Art, Werken und Schülerkonkurrenzen (Abb. 11, 12). Auch Hans Poelzig, 1899 als Lehrer für Stilkunde an die Kgl. Kunst- und Kunstgewerbeschule Breslau berufen, richtete Werkstätten für Tischlerei, Gießerei und Metalltreiben ein und hielt Vorlesungen zu einer »Materialstillehre«[42]. Hier wie in den kunstgewerblichen Fachschulen einer bestimmten Gewerberegion, ob nun Krefeld (Textil), Wuppertal, Aachen, Frankfurt oder Hamburg, wurde die Ausstellung der eigenen Arbeit ebenso zum Erziehungsinstrument über die Mauern der Anstalten hinaus wie die mögliche, oft erwünschte unmittelbare Praxis der Umsetzung durch Ge-

23

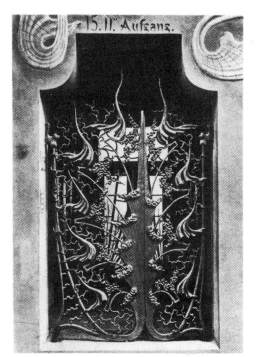

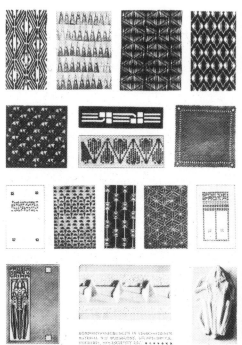

10 Eingangsgitter im Hof-Atelier Elvira, München, von A. Endell

11 Kompositionsübungen der Vorbereitungsklasse der Kunstgewerbeschule Düsseldorf, Lehrer: Maler Josef Bruckmüller (Die Kunst 1903/04)

werbetreibende.[43] Die Lehrwerkstättenfrage spielte im Verband der deutschen Kunstgewerbe-Vereine alsbald eine wichtige Rolle, und Reflex ist u. a. ein Erlaß des preußischen Handelsministeriums vom Dezember 1904, wo die ausdrückliche Empfehlung dazu gegeben wird.[44] Der Betreiber dieser Dinge war Hermann Muthesius gewesen. Architektur, Kunstgewerbe und Technik in einer »Allgemeinschule für das Gesamtgebiet der angewandten Kunst« schwebte ihm als »Ziel der Zukunft« vor. Solchen Zielen folgte auf praktisch-gewerblichem Gebiet der Innendekoration und Produktgestaltung die Vereinigung des Deutschen Werkbundes, der 1907 ins Leben trat und dabei langhin stark nationalideologischen und sozialreformerischen Perspektiven verhaftet war.[45] In der Frage und Reform künstlerischer Ausbildung schlug die Stunde der Konsequenz aber erst nach dem 1. Weltkrieg in der allenthalben propagierten und mehr oder weniger realisierten Idee von vereinigten Schulen für Kunst und Kunstgewerbe — in Berlin, Breslau, Karlsruhe und Düsseldorf.[46] Das *Bauhaus* zog daraus reformerisch die stärkste und wichtigste Konsequenz. Von der Vorschule ausgehend, war man bei der Werkschule angelangt.

24

12 Kunstgewerbeschule Düsseldorf: Klasse Fachzeichnen, Lehrer M. Benirschke (Die Kunst 1903/04)

Anmerkungen

1 Vgl. E. Trier, Die Düsseldorfer Kunstakademie in der permanenten Reform, in: E. Trier (Hrsg.), Zweihundert Jahre Kunstakademie Düsseldorf, Düsseldorf 1973, S. 203 ff.; E. Mai, Kunstakademien im Wandel. Zur Reform der Künstlerausbildung im 19. Jahrhundert. Die Beispiele Berlin und München, in: H. M. Wingler (Hrsg.), Kunstschul-Reform 1900—1933, Berlin 1977, S. 22 ff.; W. Waetzoldt, Die Entwicklung des kunstgewerblichen Unterrichtswesens in Preußen, in: Deutsche Rundschau, Nr. 22, 1918, S. 231 ff. und Nr. 24, 1918, S. 376 ff.; ders., Gedanken zur Kunstschulreform, Leipzig 1921; ausführliche Literaturangabe zuletzt bei E. Mai, Vom Werkbund zur Kölner Werkschule. Richard Riemerschmid und die Reform der Kunsterziehung im Kunstgewerbe, in: W. Nerdinger (Hrsg.), Richard Riemerschmid. Vom Jugendstil zum Werkbund, München 1982, S. 39 ff.

2 Immer noch grundlegend: H. Waentig, Wirtschaft und Kunst. Eine Untersuchung über Geschichte und Theorie der modernen Kunstgewerbebewegung, Jena 1909; vgl. auch C. J. Fuchs, Volkskunst und Volkswirt-
schaft, in: Kunstgewerbeblatt N. F. XVIII. Jg., 1907, S. 19 f.; W. Sombart, Kunstgewerbe und Kultur, 1908; M. Stürmer (Hrsg.), Herbst des alten Handwerks. Zur Sozialgeschichte des 18. Jahrhunderts, München 1979; K. H. Kaufhold, Fragen der Gewerbepolitik und Gewerbeförderung, in: E. Mai, H. Pohl, S. Waetzoldt (Hrsg.), Kunstpolitik und Kunstförderung im Kaiserreich, Kunst im Wandel der Sozial- und Wirtschaftsgeschichte, Berlin 1982, S. 95 ff.

3 Vgl. W. Waetzoldt, a. a. O.; ders., Die deutsche Kunsterziehung der Zukunft, in: Der Tag, Berlin, vom 8. 1. 1920; Kunstgewerbe. Ein Bericht über Entwicklung und Tätigkeit der Handwerker- und Kunstgewerbeschulen in Preussen, hrsg. vom Bund der Kunstgewerbeschulmänner, Berlin 1922; neben verschiedenen Denkschriften über die Entwicklung des technischen Unterrichtswesens und der gewerblichen Fortbildungsschulen in Preußen seit spätestens 1878/9 u. a. E. von Czihak, Das gewerbliche Unterrichtswesen, in: J. Hansen, Die Rheinprovinz 1815—1915. Hundert Jahre preußischer Herrschaft am Rhein, Bd. 2, Bonn

1917, S. 57 ff.; F. Schnabel, Die Anfänge des technischen Hochschulwesens, in: Festschrift anläßlich des 100jährigen Bestehens der Technischen Hochschule Fridericiana zu Karlsruhe, Karlsruhe 1925, S. 1 ff.; K. Düwell, Gründung und Entwicklung der Rheinisch-Westfälischen Hochschule Aachen bis zu ihrem Neuaufbau nach dem Zweiten Weltkrieg, in: M. Klinkenberg (Hrsg.), Rheinisch-Westfälische Technische Hochschule Aachen 1870/1970, Stuttgart 1970, S. 19 ff.

4 N. Pevsner, Academies of Art. Past and Present, Cambridge 1940; M. Rabinovszky, Die Kunstakademien und die Gesellschaft ihrer Zeit, in: Acta Historiae Artis, tom. 1, 1953, fasc. 1—2, S. 3 ff., u. a.

5 Vgl. u. a. W. Kemp, »... einen wahrhaft bildenden Zeichenunterricht überall einzuführen«. Zeichnen und Zeichenunterricht der Laien 1500—1870. Ein Handbuch, Frankfurt a. M. 1979, bes. Kap. III (mit Lit.).

6 W. Waetzoldt, a. a. O., S. 235.

7 Vgl. N. Pevsner, a. a. O., S. 82 ff. mit älterer Lit.

8 Vgl. u. a. B. Teyssèdre, Roger de Piles et les débats sur le coloris au siècle de Louis XIV., Paris 1957; J. Thuillier, Doctrines et querelles artistiques en France au XVIIe siècle: Quelques textes oubliés ou inédits, in: Archives de l'art français, XXIII, 1968, S. 125 ff.

9 Vgl. zuletzt E. Mai, Die Berliner Kunstakademie im 19. Jahrhundert. Kunstpolitik und Kunstpraxis, in: E. Mai, S. Waetzoldt (Hrsg.), Kunstverwaltung, Bau- und Denkmalpolitik im Kaiserreich, Berlin 1981, S. 431 ff. (mit Lit.).

10 W. Huder, 275 Jahre Preußische Akademie der Künste, Mitteldeutsche Vorträge 1971/I, hrsg. vom Mitteldeutschen Kulturrat e. V., Troisdorf 1971, S. 7.

11 Vgl. H. Müller, Die königliche Akademie der Künste zu Berlin 1696—1896, 1. Teil: Von der Begründung durch Friedrich III. von Brandenburg bis zur Wiederherstellung durch Friedrich Wilhelm II. von Preußen, Berlin 1896; vgl. insbesondere die Vorrede zur Ausstellung der Berliner Kunstakademie von 1802, Wiederabdruck in: H. Börsch-Supan (Bearb.), Die Kataloge der Berliner Akademie-Ausstellungen 1786—1850, Berlin 1971, Bd. 1.

12 Über Heinitz vgl. den Nachruf im Katalog der Akademieausstellung von 1802, a. a. O.; sowie W. O. Henderson, The State and the Industrial Revolution in Prussia 1740—1870, Liverpool 1958; B. Mundt, Die deutschen Kunstgewerbemuseen im 19. Jahrhundert, München 1974; u. a.

13 H. Müller, a. a. O., S. 185 (Reglement).

14 K. L. Fernow, Carstens, Leben und Werke, hrsg. und ergänzt von H. Riegel, Hannover 1867, S. 133.

15 Denkschrift über eine Gesammt-Organisation der Kunst-Angelegenheiten. Im Auftrage des Preuss. Kultusministeriums zusammengestellt von Fr. Eggers, in: Deutsches Kunstblatt, Nr. 30, 1851, S. 235.

16 E. von Stieler, Die königliche Akademie der Künste in München, München 1909, S. 72.

17 W. Lindenschmit, Gedanken über Reform der deutschen Kunstschulen, in: Die Kunst für Alle, II. Jg., H. 9, 1887, S. 130 f.

18 F. Kugler, Grundbestimmungen für die Verwaltung der Kunst-Angelegenheiten im Preussischen Staate, Berlin 1859.

19 F. Eggers, Denkschrift, a. a. O., S. 242.

20 W. Waetzoldt, a. a. O., S. 245.

21 Vgl. Kat. d. Ausst. »Die Düsseldorfer Malerschule«, Düsseldorf 1979, S. 209 ff. als Beispiel für den Unterrichtsaufbau an deutschen Kunstakademien.

22 Vgl. B. Mundt, a. a. O.; G. Semper, Wissenschaft, Industrie und Kunst und andere Schriften über Architektur, Kunsthandwerk und Kunstunterricht, Neue Bauhausbücher, hrsg. von H. M. Wingler, Mainz 1966; u. a.

23 Vgl. U. Haltern, Die Londoner Weltausstellung von 1851. Ein Beitrag zur Geschichte der bürgerlich-industriellen Gesellschaft im 19. Jahrhundert, Münster 1971.

24 Vgl. u. a. B. Mundt, Theorien zum Kunstgewerbe des Historismus in Deutschland, in: H. Koopmann, J. A. Schmoll gen. Eisenwerth (Hrsg.), Beiträge zur Theorie der Künste im 19. Jahrhundert, Bd. 1, Frankfurt a. M. 1971, S. 317 ff.

25 F. Kugler, Kleine Schriften und Studien zur Kunstgeschichte, Bd. 3, Stuttgart 1854, S. 555.

26 Zentrales Staatsarchiv Merseburg, Geheimes Zivilkabinett, 2.2.1. Nr. 20415, Bl. 5—11.

27 Bayer. Hauptstaatsarchiv München, Abt. I, MK 14095, Schreiben vom 18. 3. 1864; vgl. auch E. von Stieler, a. a. O., S. 134 ff.

28 J. H. Koopmann, Die deutschen Malerakademien, in: Deutsches Kunstblatt, Nr. 19 ff., 1857; H. Grimm, Die Akademie der Künste und das Verhältnis der Künstler zum Staate, Berlin 1859; Anonymus, Akademie oder Werkstätte?, in: Organ für christliche Kunst, XVIII. Jg., 1858, S. 145 ff.

29 H. Muthesius, Die Kunstgewerbe- und Handwerkerschule, in: Kunstgewerbe. Ein Bericht über Entwicklung und Tätigkeit der Handwerker- und Kunstgewerbeschulen in Preussen. Hrsg. vom Bund der Kunstgewerbeschulmänner, Berlin 1922, S. 3.

30 W. Waetzoldt, Preußische Kunstpolitik und Kunstverwaltung (1817—1932), in: Reichsverwaltungsblatt und Preußisches Verwaltungsblatt, Bd. 54, Nr. 5, 1933, S. 84.

31 Vgl. N. Pevsner, Pioneers of Modern Design, Norwich 1960 (zuerst erschienen 1936); A. Boe, From Gothic Revival to functional form, Oslo 1957; G. Naylor, The Arts and Crafts Movement, London 1971; u. a.

32 Vgl. G. Moeller, Die preußischen Kunstgewerbeschulen, in: E. Mai, H. Pohl, S. Waetzoldt, a. a. O. (Anm. 2), S. 113 ff.

33 Vgl. H. E. von Berlepsch, Endlich ein Umschwung!, in: Deutsche Kunst und Dekoration, Bd. 1, 1897/8, S. 1 ff.; A. Endell, Möglichkeit und Ziele einer neuen Architektur ebd., S. 141 ff.; J. Müller-Meiningen, Malerei im Glaspalast, in: Der Glaspalast 1854—1931. Kat. d. Ausst. Münchner Stadtmuseum, München 1981, S. 144 ff.

34 J. Lessing, Neue Wege, in: Kunstgewerbeblatt, NF VI, H. 1, 1895, S. 3.

35 A. Endell, a. a. O., S. 144.

36 Die Vereinigten Werkstätten für Kunst im Handwerk zu München, in: Deutsche Kunst und Dekoration, Bd. VIII, 1901, S. 428 ff.

37 H. Obrist, Die Lehr- und Versuch-Ateliers für angewandte und freie Kunst, in: Die Kunst, Bd. 10, VII. Jg., 1904, S. 209 ff.; H. Schmoll gen. Eisenwerth, Die Münchner Debschitz-Schule, in: H. M. Wingler (Hrsg.), a. a. O. (Anm. 1), S. 68 ff.

38 Vgl. die Beiträge von T. Buddensieg, K.-P. Schuster im Kat. d. Ausst. »Peter Behrens und Nürnberg, Nürnberg 1980; Bayer. Hauptstaatsarchiv München, a. a. O. (Anm. 27), März 1902.

39 Vgl. K. H. Henry van de Velde. Sein Werk bis zum Ende seiner Tätigkeit in Deutschland, Berlin 1967.

40 Kunstgewerbeschulen und Lehrwerkstätten, in: Die Kunst, Bd. 10, 1904, S. 326 ff.; Nachrichten über die preußischen Kunstgewerbeschulen. Zusammengestellt gelegentlich der mit der 3. Deutschen Kunstgewerbeausstellung in Dresden 1906 verbundenen Ausstellung preussischer Kunstgewerbeschulen, Berlin 1906.

41 H. Board, Die Kunstgewerbeschule zu Düsseldorf, in: Die Kunst, Bd. 10, 1904, S. 409 ff.; P. Behrens mit einer Stellungnahme zur Umfrage über »Kunstschulen«, in: Kunst und Künstler, Jg. V. 1907, S. 207; jüngst G. Moeller, Peter Behrens und die Düsseldorfer Kunstgewerbeschule 1903—1907, in: Kat. d. Ausst. »Der Westdeutsche Impuls 1900—1914. Kunst und Umweltgestaltung im Ruhrgebiet. Düsseldorf — Eine Großstadt auf dem Weg in die Moderne«, Kunstmuseum Düsseldorf, Düsseldorf 1984, S. 33 ff.

42 Vgl. E. Scheyer, Die Kunstakademie in Breslau und Oskar Moll, Würzburg 1961; Kat. d. Ausst. »Poelzig, Endell, Moll und die Breslauer Kunstakademie 1911—1932«, Berlin 1965.

43 In den Zeitschriften »Die Kunst«, »Innendekoration«, »Kunstgewerbeblatt« und »Kunst und Handwerk« findet in den Jahren 1910—1912 noch einmal eine intensive Diskussion der ganzen Frage von Kunst, Handwerk und Unterricht anläßlich der Vorstellung der verschiedensten Kunstgewerbe- und Fachschulen statt.

44 s. Anm. 40

45 Vgl. hierzu J. Campbell, Der Deutsche Werkbund 1907—1934, Stuttgart 1981.

46 Vgl. N. Pevsner, a. a. O., S. 276 ff.; W. Waetzoldt, a. a. O. (Anm. 1, 1921); E. Mai, a. a. O. (Anm. 1)

Winfried Nerdinger

Von der Stilschule zum Creative Design —
Walter Gropius als Lehrer

Rückblickend auf sein langes Leben, erklärte Walter Gropius Mitte der 60er Jahre einmal stolz, er habe seine grundsätzlichen Anschauungen, bis auf kleine Details, niemals
ändern müssen. Obwohl objektiv sein Leben
und Denken von zahlreichen gravierenden
Einschnitten und Wandlungen gekennzeichnet ist, hatte er subjektiv damit sicher recht,
denn über die Jahrzehnte hatte er es verstanden, seine zentrale Grundidee einer
neuen »Einheit« zuerst immer wieder umzu-
formulieren und den neuen Zeitumständen
anzupassen und dann, seit den 30er Jahren,
immer allgemeiner und damit letztlich auch
aussageloser zu fassen. Seine begriffliche
Indifferenz ging am Schluß soweit, daß er,
der immerhin 1919 eine Kunst für den freien
Volksstaat gefordert und den Bodenbesitz
das Grundübel der Zeit genannt hatte, in seiner Goethepreis-Rede 1955 nicht einmal
mehr Demokratie als politisches Phänomen
verstanden wissen wollte.[1] Seit 1945 predig-
te er nur noch sein Schlagwort von der »unity
in diversity«, der Einheit in der Vielfalt, die er
so allgemein auffaßte, daß für ihn alle früheren Ideale darin integriert waren. Dieser psy-
chologisch leicht verständliche Vorgang, einer durch Selbstkorrekturen erhaltenen und
stilisierten Persönlichkeitsidentität, führte jedoch zu Um- und Neuinterpretationen seiner
Frühzeit, die ihren Niederschlag im offiziellen Gropius-Bild der Nachkriegszeit fanden.[2]
Jede Art der Darstellung von Gropius' Ideen

bis 1930 geht deshalb fast zwangsläufig
fehl, wenn sie sich auf den späteren Gropius
stützt.[3] Im folgenden wird darum das pädagogische Programm von Gropius in seinen
Wandlungen ausschließlich aus jeweils zeitgenössischen Dokumenten rekonstruiert.[4]

Gropius' erstes Schulkonzept sind die »Vor-
schläge zur Gründung einer Lehranstalt als
künstlerische Beratungsstelle für Industrie,
Gewerbe und Handwerk«[5], die er Anfang
1916 aus dem Felde nach Weimar schickte,
als er vom dortigen Ministerium ernsthaft als
Nachfolger Henry van de Veldes in Erwägung gezogen wurde. Seine Ideen einer Ver-
edelung der Maschinen durch Künstler, die
den toten Produkten Leben einhauchen, sowie die Konzeption von Entwurfsateliers in
Vereinigung mit Lehrwerkstätten waren seit
Muthesius und dem Deutschen Werkbund
Allgemeingut. Der Abschluß einer Handwerkslehre war für ihn selbstverständliche Voraussetzung zur Zulassung; die Ausbildung sollte sich auf das klar umrissene Bezugsfeld
Kaufmann — Techniker — Künstler ausrich-
ten, wobei nach Gropius durch die Zusammenarbeit mit dem Fabrikanten die »Energie
und Ökonomie des modernen Lebens«[6],
d. h. also letztlich die reinen Wirtschaftlich-
keitsinteressen, von selbst zu exakt geprägten Formen und klaren Kontrasten ohne Ver-
brämung führen sollten. Mit genau diesen
Begriffen hatte Gropius in seinen Schriften
seit 1911 die Form eines zukünftigen »monu-

28

mentalen Stils« einer modernen Industriegesellschaft beschrieben, für den er mit der Werkbundfabrik in Köln 1914 ein erstes Beispiel setzen wollte. In direkter Anlehnung an Alois Riegel, den er genau studiert hatte und mehrfach zitierte, suchte Gropius wieder jene gesellschaftliche und künstlerische Einheit, aus der heraus sich das Kunstwollen seiner Zeit in einem neuen Stil ausdrücken konnte. Gropius steht hier ganz in der Denktradition des 19. Jahrhunderts.[7]

Tiefster Beweggrund aller Überlegungen von Gropius sind dabei zweifellos Nietzsches Kulturkritik an der Stillosigkeit des 19. Jahrhunderts und dessen Forderung nach einer neuen Kultur und nach einem neuen Stil: »Kultur ist vor allem Einheit des künstlerischen Stils in allen Lebensäußerungen eines Volkes«, wahre Kultur ist deshalb »Einheit des Stils«[8]. Genau in diesem Sinne proklamierte Gropius deshalb in seinem Schulprogramm eine »glückliche Arbeitsgemeinschaft« aller Werkkünstler wie in den mittelalterlichen Hütten, die aus »gleichgeartetem Geist heraus« und »in Ehrfurcht vor einer gemeinsamen Idee«[9] ihr Werk verrichtet. Und der Schlußsatz lautet: »Mit der Wiederbelebung jener erprobten Arbeitsweise (Bauhütte), die sich der neuen Welt entsprechend anpassen wird, muß das Ausdrucksbild unserer modernen Lebensäußerungen an Einheitlichkeit gewinnen, um sich wieder in kommenden Tagen zu einem *neuen Stile* zu verdichten«. Das erste Schulkonzept ist also ein vorwärtsgerichtetes Programm — im Gegensatz zum »zurück«[10] des Bauhausmanifests von 1919 — für eine Stilschule, für eine Lehr-Werkstatt des neuen kommenden Stils. Nur von hier erklärt sich auch das von Gropius seit ca. 1911 zur Schau gestellte Sendungsbewußtsein: seine Ideen sind nicht sonderlich originell, aber er fühlte sich berufen, die von Nietzsche aufgezeigte »Möglichkeit einer deutschen Cultur«[11] durch die Erfindung eines neuen monumentalen Stils in die Wege zu leiten, wodurch er im Sinne der »Unzeit-

gemäßen Betrachtungen« zum großen Erzieher der Deutschen geworden wäre.

Niederlage und Wirtschaftsdepression sowie Revolution und Republikgründung vertieften einerseits die Sehnsucht nach einer »neuen Kultur«, andererseits konnten und mußten die Ziele und Mittel völlig neu gefaßt werden. Die Leitidee einer Einheit als Basis von Stil wurde auch dem Programm des von Bruno Taut gegründeten Arbeitsrats für Kunst im November 1918 vorangestellt, aber nun hieß es »Kunst und Volk müssen eine Einheit bilden.«[12] Wie die meisten Mitglieder im Arbeitsrat waren auch Taut und Gropius davon überzeugt, daß das Industriezeitalter für Deutschland vorbei sei, die Zukunft konnte aus ihrer Sicht nur im Handwerk liegen, deshalb lautete auch ihre zweite Forderung nach Einheit von Kunst und Handwerk wie im Mittelalter. Entscheidend für diese Rückwendung war ihre Erkenntnis, daß Industrie und Kapital den Krieg verschuldet hatten: »Nicht der Militarismus, sondern der Kommerzialismus ist daher die Quelle und der Ursprung dieses Krieges.«[13] Nur in einer Abwendung vom Materiellen und in einer Wendung nach innen, zum Geistigen, als dessen höchster Ausdruck die Gotik, die Kathedrale stand, konnte wieder eine »deutsche Kultur« aufgebaut werden. Gropius forderte deshalb nach der politischen eine »geistige Revolution«[14], hin zu einer Kunst als »kristallisierte Gottesvernunft«. Die Gotik, als das vollkommene ideale Zeitalter deutscher Kultur, wurde zum ständig beschworenen Leitbild und Symbol der Rettung vom Untergang in den Monaten zwischen Niederlage und Republikgründung, ganz im Sinne von Oswald Spenglers »Untergang des Abendlandes«, der literarisch-intellektuellen Sensation des Jahres 1918. Dessen Darstellung des faustisch-germanischen Geistes — Gegenpol des Materialismus —, der die ideale Hochblüte der Gotik erschaffen hatte, überlagert den nietzscheanischen Kultur- und Einheitsbegriff und lieferte die Kompensation zur Nachkriegswirklichkeit.[15]

Auch Gropius' Gotik-Germanenbegeisterung, die Welterklärung aus dem Begriffspaar spirituell-materiell sowie die Verdammung der romanischen Akademien, denen die germanische Volks- und Handwerkskunst entgegengesetzt wird, basieren alle auf den Schlagwörtern von Spengler.[16] Anfang 1920 erklärte auch die gesamte Bauhausschülerschaft, sie ringe »nach jenem Geiste unseres Volkes, der in der Gotik lebte ... und der unser Volk aus dem Abgrund emporführen kann und wird.«[17] Während jedoch Tauts ähnliche Vorstellungen relativ konkret mit politischen Erwartungen verknüpft waren[18], nach deren Scheitern er sich vorläufig zurückzog, suchte Gropius in einer fast spiritistischen Wendung einen Neuaufbau über kleine »verschworene Gemeinschaften«, über eine Bauloge; bezeichnenderweise zitierte er in seiner ersten Bauhausrede an die Studenten Goethes pädagogische Provinz:[19] Der Architekt, »der Meister vom Stuhl«[20], sollte die gleichgesinnten Werkleute aller Berufsgattungen um sich versammeln, um im Geiste der mittelalterlichen Bauhütten, in einer »neuen Lebens- und Arbeitsgemeinschaft«, den »Freiheitsdom der Zukunft«[21] vorzubereiten.

Diese Vorstellungen sind die Basis des Bauhausmanifests vom April 1919. Vieles davon wurde zuerst von Bruno Taut in seinem »Architektur-Programm« vom Dezember 1918 und in der Schrift »Für die neue Baukunst« vom Januar 1919 vorformuliert und von Gropius einfach übernommen, da es ihm »tief sympathisch und aus meinem Geiste«[22] erschien. Die Unbeschwertheit, mit der er fremde Ideen übernahm, zeigt sich auch an seinem Umgang mit Otto Bartnings »Unterrichtsprogramm« vom Januar 1919, das im Arbeitsrat zirkulierte, in der SPD-Zeitschrift Vorwärts veröffentlicht und in der ersten Publikation des Arbeitsrats 1919 von mehreren Künstlern als anerkannte Grundlage für die Umwandlung aller Kunstschulen zitiert wurde.[23] Gropius behandelte

dieses Manuskript fast wie einen eigenen Text, indem er Überschriften einsetzte, ihn teilweise umformulierte, anstückelte oder Begriffe Bartnings wie »Ehrenrat der Meister« in »Rat der Meister« umwandelte.[24] Auf der Grundlage und genau nach der Gliederung von Bartnings Programm entwickelte er dann selbst einen sogenannten »Unterrichtsplan für Handwerker, Architekten und bildende Künstler«[25]. Alle sollten zuerst ein Handwerk erlernen, das nach Bartning »das Kernstück des werktätigen Volkes« war, »der Boden, in dem die spekulativen Techniken wie die freien Künste wurzeln«. Gropius ging aber in seinem unveröffentlichten Manuskript noch einen Schritt weiter, indem er einen »Entwicklungslehrgang« aufstellte, der für Handwerker, Architekten und bildende Künstler gleichartig von Kind, Lehrling und Geselle zum Meister führen sollte, und von da zu einem Rat der Meister, aus deren Mitte wieder der Bauminister der Staatsregierung gewählt würde, der die Interessen von Handwerkern *und* Künstlern zu vertreten hätte, ohne eigene Einspruchsmöglichkeit gegen die unabhängigen Räte der Meister in den verschiedenen Bezirken.

Diese einheitliche Struktur korrespondiert dem auf der Weimarer Nationalversammlung heiß umstrittenen Programm der Einheitsschulen und reflektiert damit letztlich eine grundsätzliche Aufgabenstellung nach der Revolution, nämlich den Versuch, eine neue gesellschaftliche Einheit, quer durch die Klassenstruktur, durch die Erziehung zu einer neuen Gemeinschaft in allen Bereichen zu erreichen.[26] Erst vor dem Hintergrund dieser zahllosen Schulreformbestrebungen, -diskussionen und -proklamationen am Beginn der Weimarer Republik, erhält auch das Bauhaus den richtigen Stellenwert. Die Einheit von Kunst und Handwerk, Kunst und Volk, die Suche nach dem »Einheits-Kunstwerk« wie es im Bauhausmanifest heißt, sind letztlich nur Teilaspekte der allgemeinen neuen Gemeinschafts- und Einheitsbegeisterung. Als Gropius 1920 sein Schulprogramm vor dem Thüringer Landtag verteidigen mußte, konnte er eine ganze Liste von Reformprogrammen zitieren von Theodor Fischer, Fritz Schumacher, Debschitz, Bosselt und Bruno Paul bis zu Richard Riemerschmid, die alle Einheitskunstschulen auf handwerklicher Grundlage forderten.[27] Dieses Argument wurde später umgedreht und gegen ihn gewandt, denn als die Völkischen das Bauhaus 1924 schließen wollten, erklärten sie, es sei nur eine Kunstgewerbeschule wie jede andere auch, und Gropius hatte ziemliche Mühe, die Besonderheit des Bauhauses zu erklären.

Das erste Bauhausprogramm vom April 1919 verkündete zwar ein neues Glaubensbekenntnis für die logenartige Vereinigung und stellte die Werkstatt, deren »Dienerin die Schule ist, in der sie eines Tages aufgehen soll«[28], in den Mittelpunkt, die Lehre war jedoch relativ konventionell dreigeteilt in handwerkliche, zeichnerisch-malerische und wissenschaftlich-theoretische Ausbildung. Letztere beschränkte sich de facto auf etwas Anatomie und einige Kunstgeschichtsvorlesungen, während das zeichnerische Programm anfänglich geradezu akademisch das ganze Spektrum vom Stilleben bis zum Ornamententwurf umfassen sollte. Erst im Laufe des Jahres 1920 entwickelte Gropius ein Konzept, um die handwerkliche und künstlerische Ausbildung zu integrieren. Da es keine Lehrer gab, die *beides* beherrschten, sollten ein Handwerksmeister und ein »freier Meister« jeweils auf den Schüler einwirken, der jede Arbeit vor Beginn mit beiden zu besprechen hätte. Im September und Oktober 1920 rügte Gropius jedoch mehrfach im Meisterrat[29], daß dieses Zusammenwirken »bislang illusorisch« gewesen sei, weshalb er in einer Revision des Lehrplans eine halbjährige obligate Vorlehre einführte, die aus einem Vorkurs von Johannes Itten und einem Unterricht im Werkzeichnen bestand, den Gropius theoretisch und Adolf Meyer praktisch lehrten. Für alle höheren Semester wurden aus demselben Grund ein obligater Formunterricht von Georg Muche sowie Vorträge von Gropius über Raumkunde eingeführt.

Schon Bartning hatte das Werkzeichnen betont und in einem Manuskript über »Zeichnen und Werktätigkeit«[30] von 1919 verlangte Gropius: »Im ganzen Schulaufbau darf kein Zeitraum geschaffen werden, in dem Zeichnen und Werk(tätigkeit) als Sprache verschwindet«. In einer weiteren Studie über die »vorbereitende Lehre der Jugend im Schreiben und Zeichnen«[31] entwickelte er seine Auffassungen über Kunsterziehung: »Die Kunst hat mit der Schule nichts zu tun. Versuche, dem Kinde künstlerische Wirkungen und Gefühle durch Lehrmethoden zu vermitteln, berauben es eines entscheidenden Lebensereignisses, nämlich der spontanen Entdeckung der Kunst. Ebenso wie vorzeitiger Bibelausdruck dem heranwachsenden Menschen ein entscheidendes religiöses Erlebnis oft für immer verdirbt.[32] Wichtig in beiden Dingen ist die Einwirkung des Elternhauses auf das Unterbewußtsein der Kinder, sie kann aber niemals Gegenstand einer Methode sein. Zeichnen und Schreiben sind wesensverwandte Tätigkeiten der Hand aus gleichem Ursprung. Zeichenunterricht darf keine größere Wichtigkeit einnehmen als Schreibunterricht, sondern beide sind miteinander zu verbinden (von hier erklärt sich die Auflistung von Schreibunterricht im Bauhausmanifest). Gleichsam spielend soll der Unterricht ohne Normen und Vorbilder die persönliche Eigenart der Hand in jedem Kinde stützen und entwickeln mit dem Endziel einer natürlichen Niederschrift in Wort und Bild.« Wenn die freie Kinderzeichnung dann an einem bestimmten Entwicklungspunkt an der graphischen Raumdarstellung scheitert, soll im Zeichenunterricht die »charakteristische Ansicht der Dinge« allmählich vorgeführt werden, indem sie auf typische Grund-

Stunden-Plan

Winter-Semester 1921/22

	Montag	Dienstag	Mittwoch	Donnerstag	Freitag	Sonnabend
8-2	Werkstatt	Werkstatt	Werkstatt	Werkstatt	Werkstatt	Werkstatt und Vorunterrecht
3-5	Klee	1.Gruppe Schreyer	1.Gruppe Werkzeichn.			Formunterricht
5-7		2.Gruppe Schreyer	2.Gruppe Werkzeichnen	Abendakt	Abendakt	Itten Analyse
8-9	versch. Vorträge	Abendakt	Abendakt			

Stundenplan am Bauhaus, Wintersemester 1921/22 (aus: Wingler, Das Bauhaus, S. 61)

formen zurückgeführt und verstandesmäßig als Werkzeichnung mit Lineal, Winkel und Zirkel dargestellt wird. Auf gleiche Weise sollte »im Anschluß an Ostwald verstandesmäßig in den Aufbau der Farbwelt« eingeführt werden. Spielerisch würde die sich entwickelnde Form- und Farbenphantasie dann zur rhythmischen Gestaltung gehoben und »am Werkstück als Flächengliederung und Ausdrucksbetonung angewandt«. Der Werkzeichenunterricht am Bauhaus[33] zielte deshalb einerseits auf eine allmähliche Entwicklung einer objektivierten Darstellungstechnik von der einfachen Grund-Aufrißtechnik zur objektbezogenen Isometrie, dem bevorzugten Darstellungsmittel der gesamten Bauhauszeit, bei der sich eine sinnlichräumliche Wirkung mit unmittelbarer Meßbarkeit der Größen vereinigte (Gropius sah in der Isometrie das Gegenstück zur »akademischen Perspektive«). Andererseits vollzog sich im Werkzeichnen der Übergang von der rein darstellerischen Entwurfstechnik zum Modellbau für alle räumlichen Gebilde von Gebrauchsgegenständen bis zu Bauwerken.[34] Seit 1925 hieß dieses Fach dann Werkgrundlehre, unterteilte sich in Werkübungen sowie Projektions- und Werkzeichnen und bildete während der gesamten Bauhauszeit das praxisbezogene Gegenstück zur meist nur bekannten Formgrundlehre innerhalb der Vor- bzw. Grundlehre.[35]

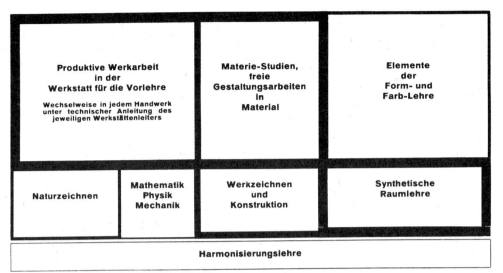

Produktive Werkarbeit in der Werkstatt für die Vorlehre Wechselweise in jedem Handwerk unter technischer Anleitung des jeweiligen Werkstättenleiters	Materie-Studien, freie Gestaltungsarbeiten in Material	Elemente der Form- und Farb-Lehre
Naturzeichnen	Mathematik Physik Mechanik	Werkzeichnen und Konstruktion · Synthetische Raumlehre
Harmonisierungslehre		

Lehrplan des Bauhauses (aus: Staatliches Bauhaus 1919—1923, S. 12)

Trotz dieser neuen Einführung in das Bauhaus-Lehrsystem funktionierte die Zusammenarbeit zwischen Handwerks- und freien Meistern noch immer nicht, wie Gropius im März 1921 feststellen mußte.[36] Die einzelnen Werkstätten wurden deshalb konsequent an jeweils einen Werk- und Formmeister aufgeteilt, wobei Gropius die Tischlerei übernahm, die er bis 1925 leitete. In dieser Neuerung steckte der Grund für gravierende Auseinandersetzungen am Bauhaus. Zum einen verlangten die Werkmeister nun Gleichberechtigung mit den Formmeistern sowie Sitz und Stimmrecht im Meisterrat. Ihre Forderung wurde von den Künstlern (Gropius, Itten) ziemlich rüde als »unbillig«[37] abgewürgt, und so entstand das bezeichnende Paradox, daß am Bauhaus zwar ständig von Handwerk und Werkstätten geredet wurde, die Werkstattleiter jedoch von allen wichtigen Entscheidungen ausgeschlossen waren. Zum anderen kam es erst durch die Fixierung von Itten auf *eine* Werkstatt zur Konfrontation von dessen völlig unterschiedlicher Schulkonzeption mit Gropius' Auffassungen. Schon im Oktober

1921 entstand zwischen Gropius und Itten ein Streit darüber, ob die Schule eine Verdienstquelle für den Staat sein dürfe, was Itten völlig ablehnte, während Gropius das Aufgehen der Schule in den Werkstätten als Endziel aus dem Bauhausmanifest zitierte.[38] Im Dezember 1921 wandte sich Gropius gegen Ittens Lehrmethode, die ihm nicht zum Handwerk zu führen schien.[39]

Der eigentliche Streitpunkt in diesen Auseinandersetzungen war jedoch die enge Verflechtung von Gropius' privatem Architekturbüro mit den Bauhauswerkstätten, die zu dieser Zeit fast sämtliche Aufträge von hier erhielten. Gropius erklärte, das Bauhaus stehe und falle mit der Bejahung oder Verneinung der Auftragsarbeiten, nur so könne es sich mit der realen Welt auseinandersetzen und damit den Grundfehler aller Kunstakademien überwinden. Der Streit brach offen aus, als Gropius auch Ittens Werkstatt für die Arbeiten seines Büros am Theater in Jena einsetzte, obwohl Itten seit Monaten ein anderes Programm ausgearbeitet hatte.[40] Im Dezember 1921 hielt Gropius eine Rede

33

gegen die Romantik individueller Arbeiten am Bauhaus und plädierte für Kontakte zu Industrie und Werkarbeit, worauf ihm Itten mitteilte, er habe alles Interesse am Bauhaus verloren und ziehe sich auf seine »romantische Insel« zurück.[41] Damit war der in der Literatur häufig hochgespielte Streit schon zu Ende;[42] Itten gab Vorkurs, Formunterricht und Werkstätten weitgehend ab und unterrichtete bis zu seinem Ausscheiden nur noch ihm ergebene Jünger. Die von Gropius erzwungene Wendung des Bauhausprogramms von der Bauloge zur praxisorientierten »Produktivwerkstatt« — die Werkstätten sollen »typische Einzelstücke als Leitbilder für Handwerk und Industrie schaffen«[43] — ist nur vor dem Hintergrund der allgemeinen wirtschaftlichen Besserung und damit von Aufträgen für Gropius' Privatbüro zu verstehen. Bis zu Gropius' Ausscheiden vom Bauhaus, wurde die Ausstattung nahezu sämtlicher Bauten seines privaten Architekturbüros über die Bauhauswerkstätten abgewickelt, die dafür wie Zulieferfirmen bezahlt wurden. Die ästhetischen und pädagogischen Diskussionen um die Bauhauslehre müssen deshalb immer im Zusammenhang mit dieser materiellen Basis gesehen werden.

Im Laufe des Jahres 1922 konkretisierte Gropius die Aufgabe der Versuchs- und Lehrwerkstätten, deren Ziel es sein müsse, Normen zu schaffen, die dann zur Vervielfältigung und produktiven Erzeugung dienen sollten. Durch neuen Kontakt mit der Maschine, für den er Anfang 1923 die Formel »Kunst und Technik eine neue Einheit« fand[44], sollten die zum größten Teil unterversorgten Studenten in die Lage versetzt werden, ihren Lebensunterhalt zu verdienen. Zumeist wird auch in dieser Phase der materielle Aspekt übersehen und sie wird nur im Hinblick auf die formal-ästhetische Auseinandersetzung mit van Doesburgs De Stijl-Ideen behandelt[45], die sicher von gewissem Einfluß waren, denen das Bauhaus aber ein eigenes, ähnliches Programm ent-

gegenstellte. Die neue Satzung vom Juni 1922 bestimmte: »Während der ganzen Dauer der Ausbildung wird auf der Einheitsgrundlage von Ton, Farbe und Form eine praktische Harmonisierungslehre erteilt, mit dem Ziele, die physischen und psychischen Eigenschaften des Einzelnen zum Ausgleich zu bringen.«[46] Diese praktische Harmonisierungslehre unterrichtete von 1921—1924 Gertrud Grunow, deren Bedeutung sowie deren Einfluß auf Gropius und andere Meister bislang weitgehend übersehen wurde, obwohl Lothar Schreyer sie in seinen Erinnerungen, das geistige Zentrum des Bauhauses nannte.[47] Ihre Lehre[48] geht davon aus, daß das oberste Gesetz, auf dem jede Ordnung aufgebaut ist, das Gleichgewicht ist. Farben, Töne und Formen stehen demnach in einem ursprünglichen, harmonischen Verhältnis zueinander, das bei allen Menschen gleich ist. Die Harmonisierungslehre ist dann eine Art erzieherisches Mittel, um dem Menschen wieder eine ursprüngliche Wahrnehmung zu lehren, damit er anschließend aus seinen natürlichen Kräften heraus in Harmonie mit der Welt-Gleichgewichtsordnung gestalten könne. Gertrud Grunow lehrte jedoch keine ahistorisch archetypische Harmonie, sondern betonte, daß jede Zeit ihre eigenen Ausdrucksformen habe — sie war für die Maschine — deren Gestaltung als »lebendige Form« zu einem »Erblühen großer universeller Kunst« führen müsse.

Damit wurde Gropius' Einheitslehre in einer Art anthropologischer Wende auf das Individuum in seinem Verhältnis zur Welt konzentriert. Während Gropius bisher vom Einheitskunstwerk, vom großen Bau gesprochen hatte, aus dem die Erneuerung erfolgen sollte, schrieb er in seiner programmatischen Einführung zum Bauhausbuch von 1923: »Der beherrschende Gedanke des Bauhauses ist also die Idee der neuen Einheit, die Sammlung der vielen Künste, Richtungen und Erscheinungen zu einem unteilbarem Ganzen, das im Menschen selbst ver-

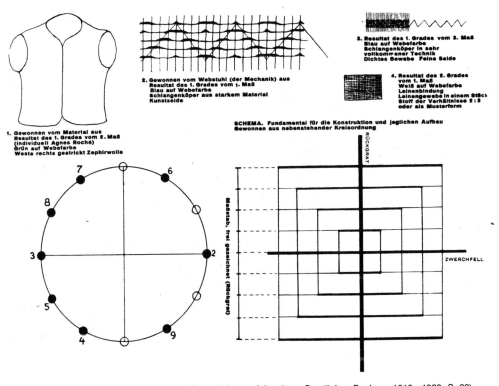

Gertrud Grunow, Beispiel und Schema der Harmonisierungslehre (aus: Staatliches Bauhaus 1919—1923, S. 22)

Within the figure:

3. Resultat des 1. Grades vom 3. Maß
Blau auf Webefarbe
Schlangenköper in sehr
vollkommener Technik
Dichtes Gewebe Feine Seide

4. Resultat des 2. Grades
vom 1. Maß
Weiß auf Webefarbe
Leinenbindung
Leinengewebe in einem Stück
Stoff der Verhältnisse 2 : 3
oder als Musterform

2. Gewonnen vom Webstuhl (der Mechanik) aus
Resultat des 1. Grades vom 1. Maß
Blau auf Webefarbe
Schlangenköper aus starkem Material
Kunstseide

1. Gewonnen vom Material aus
Resultat des 1. Grades vom 2. Maß
(individuell Agnes Roché)
Grün auf Webefarbe
Weste rechts gestrickt Zephirwolle

SCHEMA. Fundamental für die Konstruktion und jeglichen Aufbau
Gewonnen aus nebenstehender Kreisordnung

RÜCKGRAT

Maßstab, frei gezeichnet (Rückgrat)

ZWERCHFELL

ankert ist und erst durch das lebendige Leben Sinn und Bedeutung gewinnt.«[49] Gropius' ganzer Beitrag repetiert scheinbar bekannte Sätze aus dem Bauhausmanifest, ist aber ständig durchsetzt mit neuen Begriffen und Gedanken, wie künstlerischer Raum, Gleichgewicht, schöpferisches Organ etc., die von Gertrud Grunow übernommen sind. Am Schluß entwickelt er sogar aus diesem Denksystem eine Definition vom Wesen des neuen Baugedankens: »Eine neue Statik der Horizontalen, die das Schwergewicht ausgleichend aufzuheben strebt, beginnt sich zu entwickeln. Die Symmetrie der Bauglieder ... schwindet ... vor der neuen Gleichgewichtslehre, die die tote Gleichheit der sich entsprechenden Teile in eine unsymmetrische aber rhythmische Balance wandelt. Der neue Baugeist bedeutet: Überwindung der Trägheit, Ausgleich der Gegensätze.« Zwei Leitbegriffe von Gropius' Bauhauslehre in den folgenden Jahren, die Einheit von Kunst und Technik sowie die Wesenserforschung der Dinge vor der Gestaltfindung stehen somit in direkter Abhängigkeit von Gertrud Grunows Harmonielehre.[50]

Dieser umfassende Hintergrund verlor sich jedoch allmählich mit zunehmender Konsolidierung der Wirtschaft, wachsenden Aufträgen und engerer Zusammenarbeit mit der Industrie. Meinte Gropius noch 1922/23, die Künstler werden die Maschine »von ihrem Ungeist erlösen« und »in den Dienst ihrer Idee zwingen«[51], so schrieb er 1926 von

35

semesterplan

	1. semester	2. semester	3. semester	4. semester	5. semester u. folg.
1 architektur a. bau b. inneneinrichtung	*vermittlung der grundbegriffe der werkstattarbeit* — allgemeine einführung: a) abstrakte formelemente, b) analytisches zeichnen (ca. 2 std); werklehre material-übungen (ca. 12 std); allgemeine fächer: a) darstellende geometrie, b) schrift, c) physik oder chemie, d) gymnastik oder tanz (fakultativ) (ca. 4/2/2/4 std)	*einführung in die spezialausbildung* — praktische arbeit in einer bauhauswerkstatt (ca. 18 std); vorträge und übungen: a) primäre gestaltung der fläche, b) volumen raumkonstruktion (ca. 2/2 std); allgemeine fächer: a) darstellende geometrie, b) fachzeichnen, c) schrift, d) physik oder chemie (ca. 2 std) — für fortgeschrittene: baukonstruktion ca. 4 std, statik ca. 2 std, übungen ca. 2 std	spezialausbildung, prakt. arbeit in einer werkst. 18 std. a. bau: baukonstr. 4 „, statik 4 „, entwurf 4 „, veranschlag. 2 „, baustofflehre 2 „ — b. inneneinrichtig: praktische arbeit in einer werkstatt, mit entwerfen, detaillieren, kalkulieren. 36 std. fachzeichnen 2 „	entwurfsatelier mit anschließender baupraxis — praktische arbeit wie im 3. semester 18 std. gestaltungslehre, fachzeichnen, fachwissen *(spezialausbildung unter bevorzugung der theorie)*	wie im 4. semester — wie 4. semester selbständige laboratoriumsarbeit in der werkstatt 36 std.
2 reklame			einführung in das werbewesen, untersuchung der werbemittel, praktische übungen	wie im 3. semester und einzelvorlesungen über fachgebiete	selbständige mitarbeit an praktischen werbeaufgaben
3 bühne			werkstattarbeit, gymnastisch-tänzerische, musikalische, sprachliche übungen	werkstattarbeit, choreographie, dramaturgie, bühnenwissenschaft	werkstattarbeit, selbständige mitarbeit an bühnenaufgaben und aufführungen
4 seminar für freie plastische und malerische gestaltung			korrektur eigener arbeiten nach vereinbarung, selbstwahl der meister, praktische arbeit in einer werkstatt 18 std.	wie im 3. semester ohne werkstatt	wie im 4. semester

Semesterplan des Bauhauses 1926/27 (aus: Wingler, Das Bauhaus, S. 133)

den Werkstätten nur noch als den Laboratorien, in denen »Modellkonstrukteure«, in Kenntnis maschineller Werkmethoden und fabrikmäßiger Vervielfältigung, »aus der Eigenart der Maschine« Modellstücke entwickeln, die eine »eigene Echtheit und Schönheit«[52] besitzen. Die Wesenserforschung eines Gegenstandes bestand nur noch darin, daß er »seinem Zweck vollendet dienen« soll, d. h. er mußte nur noch »seine Funktionen praktisch erfüllen, haltbar, billig und 'schön' sein«. Mit der Übersiedlung des Bauhauses nach Dessau verschwand die Harmonielehre aus dem Lehrplan[53], die Ausbildung wurde konsequent auf eine »neue Werkgesinnung«[54] ausgerichtet, die Gropius in den »Grundsätzen der Bauhausproduktion« definierte: »Entschlossene Bejahung der lebendigen Umwelt der Maschinen und Fahrzeuge. Organische Gestaltung der Dinge aus ihrem eigenen gegenwartsgebundenen Gesetz heraus ... Beschränkung auf typische, jedem verständliche Grundformen und -farben. Einfachheit im Vielfachen, knappe Ausnutzung von Raum, Stoff, Zeit und Geld.« Die Suche nach Einheit, Gemeinschaft und Harmonie war aufgegeben zugunsten eines Laboratoriums — Gropius' Lieblingswort dieser Zeit — für moderne wirtschaftliche und standardisierte Formfindung; die Gesetze von Industrie und Wirtschaft wurden nicht nur unbefragt anerkannt, sondern galten als Gradmesser des Zeitgeists, den es zu gestalten galt. Anstelle des ursprünglichen Ziels, eine Einheit als Basis für eine neue Kultur zu erreichen, war eine

Ästhetisierung und z. T. Fetischierung von Technik, Maschine und Fortschritt getreten. So inspizierte Gropius 1926 die Werkstätten und verfaßte darauf eine seitenlange Kritik über die dortige Ineffektivität und den Schlendrian und forderte zum Schluß Disziplin wie in seinem Büro oder am Bau.[55] Als Gropius im Februar 1928 das Bauhaus verließ, besuchte er mit dem Besitzer eines der größten Berliner Baukonzerne für drei Monate die USA. Bis 1932 waren dann seine neuen Leitbilder für Architektur und Städtebau die rationalisierte amerikanische Bauwirtschaft und die Fließbandproduktion der Ford-Automobilfabriken, deren Effektivität er als leuchtendes Beispiel an den Beginn aller seiner Architekturvorträge in diesen Jahren stellte.[56] Der gesuchte Zeitgeist hatte sich endgültig auf Amerikanismus im Sinne von Fordismus und Taylorismus verengt.

Als Gropius dann 1937 auf den Entwurfslehrstuhl der Architekturschule an der Harvard Universität berufen wurde und seine Architekturkonzeption vorstellen sollte, knüpfte er in seinem ersten Vortrag an sein früheres Amerikaerlebnis an.[57] Noch immer war

Ausbildungsschema nach Gropius' »Essentials for Architectural Education« 1937

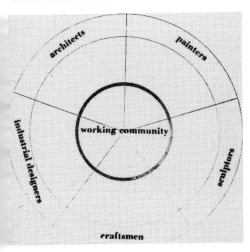

er fasziniert von der Perfektion und Größenordnung der amerikanischen Bauindustrie, er wollte jedoch nicht als ausschließlicher Vertreter von Rationalisierung und Mechanisierung gelten und erklärte deshalb, strukturelle Ökonomie und funktionale Perfektion seien nur eine Seite der Gestaltung, erst die vollendete Harmonie der technischen Funktionen und der (Architektur-)Proportionen erzeuge Schönheit und befriedige die menschliche Seele. Diesen allgemeinen Harmoniebegriff, nur noch ein verkümmerter Rest von Gertrud Grunows Lehre, entwickelte er etwas ausführlicher 1939 in seinem Vortrag »Blueprint of an Architect's Education«,[58] der die Essenz seiner Harvardlehre enthält. Zur Erreichung dieser Harmonie müsse erst wieder eine gemeinsame »visuelle Sprache« erlernt werden, dazu brauche man einen »Generalnenner der Gestaltung«. So wie die Musik sich innerhalb eines Notensystems ausdrücke, habe es in früheren Zeiten etwa mit dem goldenen Schnitt auch einen optischen Schlüssel als Generalnenner für jede Gestaltung gegeben. »Auf der Basis biologischer Tatsachen« (physischer wie psychischer) müsse nach einer chaotischen Epoche endlich wieder ein gemeinsamer Ausdruck gefunden werden. In einer Modifikation des Bauhauslehrgangs schlug Gropius vor, über gestalterische Grundübungen, Versuchswerkstätten und engem Praxisbezug wieder Architekten mit Blick auf das Ganze und nicht kunsthistorisch verbildete Spezialisten auszubilden. Künstlerische Intuition, Erkenntnis der Gegenwartskräfte in einem Generalnenner der Zeit und Blick auf das Ganze resultierend in einer totalen Architektur waren Gropius' Schlagworte und Heilmittel gegen die von ihm nun besonders bekämpfte »gebaute Archäologie«.[59] Aus Kunstwollen sowie Stil- und Volkseinheit war ein Generalnenner der Zeit, aus einer kosmischen Harmonisierungslehre war das »creative design« geworden. So konnte er auch schon 1937 schreiben, »die Einheit aller schöpferischen Arbeit«[60] sei die Grundkonzeption und Idee des Bauhauses gewesen, womit die Uminterpretation der eigenen Geschichte einsetzte.

Gropius behauptete später, er hätte mit seiner Lehre, die noch ganz in der Beaux-Arts-Tradition befangene amerikanische Architektur und Architektenausbildung revolutioniert.[61] Das stimmt insofern, als er zweifellos der einflußreichste Architekturlehrer der Nachkriegszeit war, denn dem Lehrprogramm von Harvard schlossen sich allmählich fast alle übrigen Architekturschulen in den USA an, eine einführende Gestaltungslehre für Architekten und Künstler wurde überall Allgemeingut und Gropius' Schüler dominierten in den 50er Jahren die Hochschul- und Architekturszene.[62] Historisch gesehen begann die Diskussion um eine Reform der Architektenausbildung allerdings lange vor Gropius. Seit Ende der 20er Jahre wurde das kontinentale »Neue Bauen« in den amerikanischen Architekturzeitschriften diskutiert; mit dem Philadelphia Savings Gebäude 1932 von Howe und Lescaze setzte dann die moderne Architekturbewegung an der Ostküste ein.[63] Entschiedenster Propagator der Moderne in den US-Schulen war Joseph Hudnut, seit 1933 Dekan der Columbia Architekturfakultät, wo er die ersten Reformen durchführte.[64] Als er 1936 Dekan in Harvard wurde, sah er eine Chance, die Ausbildungsstruktur entscheidend zu verändern, da der gesamte Lehrkörper überaltert war.[65] Hudnut holte Gropius nach Harvard, aber nur unter seiner Führung konnte das Curriculum schrittweise modifiziert werden. Die historischen Fächer wurden abgebaut, Baupraxis wurde Pflicht, die moderne Formgebung aus dem »Geist des Maschinenzeitalters« zog ein.[66] Hudnut betonte jedoch immer, daß keineswegs eine europäische, sondern die amerikanische Architektur- und Erziehungstradition im Zentrum der Ausbildung stünde. Als 1941 alle amerikanischen Architekturschulen in einer Sondernummer

der Zeitschrift des Architektenverbandes die ihnen zugrundeliegende Philosophie erläuterten, schrieb Hudnut, die Philosophie Harvards sei tief verwurzelt in New England und sei vollendet ausgedrückt von Ralph Waldo Emerson, worauf er nur einen kurzen Abschnitt aus dessen Essays zitierte.[67] Bei der älteren Architektengeneration stießen Gropius' z. T. recht großspurig vorgetragenen Erziehungskonzepte häufig auf mitleidiges Lächeln,[68] und er wurde darauf hingewiesen, daß diese Ideen längst bei Emerson, Thoreau, Adams, W. James oder Dewey nachzulesen wären. In späteren Vorträgen zitierte Gropius dann auch aus deren Schriften. Die Studenten nahmen seine Lehre dagegen weitgehend begeistert auf: Abwendung von der Geschichte, Praxisbetonung, der Architekt als intuitiver Schöpfer, als Masterbuilder, all das kam den seit langem diskutierten Wünschen entgegen. Allerdings vermißten viele Studenten eine soziale Komponente, ein soziales Engagement in seiner Lehre und besonders kritisiert wurden seine zahlreichen Millionärsvillen, die er an der Ostküste baute.[69] Diese soziale Kritik verlor sich bald nach Kriegsende, und der amerikanische Architekturpapst Vincent Scully hat mit seiner Kritik insofern recht, daß vom Neuen Bauen in Amerika nur die formale Hülle, letztlich nur der Glaskasten übrigblieb.[70] Somit ist es nicht verwunderlich, daß sich in einer neuen Rückbesinnung auf amerikanische Traditionen zuerst gerade die erfolgreichsten Schüler von Gropius, wie Paul Rudoph oder I. M. Pei, von ihm lösten, und daß heute ausgerechnet die Graduate School of Design in Harvard das Zentrum der Postmoderne ist, in dem Gropius' Name, wenn überhaupt, dann nur mit einer gewissen Ironie genannt wird.[71] Der ziemlich militant vorgetragene Traum von der Totalgestaltung im Teamwork aus dem Geist des Maschinen-Zeitalters wurde vom subjektivistisch zersplitterten Spiel mit der Geschichte abgelöst.

Anmerkungen

1 Walter Gropius, Apollo in der Demokratie, Mainz und Berlin 1967
2 bes. Siegfried Giedion, Walter Gropius — Mensch und Werk, Stuttgart 1954; J. M. Fitch, Walter Gropius, New York 1960; die neueste Gropius-Biographie von Reginald Isaacs: Walter Gropius — Der Mensch und sein Werk, Berlin 1983, Bd. 1, befindet sich auf dem Niveau eines Lore-Romanes, die Aussagen zur Architektur sind nicht nur häufig falsch, sondern von einer geradezu erschreckenden Unbedarftheit.
3 zu einem Gropius aus historischer Sicht vgl. Wolfgang Pehnt, Gropius the Romantic, in: Art Bulletin 1971, S. 379 ff.; Karin Wilhelm, Walter Gropius Industriearchitekt, Braunschweig 1983; Winfried Nerdinger, Gropius' Beitrag zur Architektur, in: 100 Jahre Walter Gropius, Bauhaus Archiv Berlin 1983, S. 17—41
4 Auch der bislang einzige Ansatz einer Darstellung von Gropius' Pädagogik unterscheidet noch nicht genug die Entwicklung von Gropius' Denken: Adalbert Behr, Architekturtheoretische und kunstpädagogische Auffassungen von Walter Gropius in den zwanziger Jahren, in: Wissenschaftliche Zeitschrift der Hochschule für Architektur und Bauwesen Weimar 1968, S. 609—619
5 Abdruck in Hans M. Wingler, Das Bauhaus 1919—1933, Bramsche 1968, S. 29—30
6 Wingler, Bauhaus, S. 30
7 vgl. W. Nerdinger, Walter Gropius — totale Architektur für eine demokratische Gesellschaft, in: Jahrbuch der Zentralinstituts für Kunstgeschichte, München 1984 (im Druck)
8 Friedrich Nietzsche, Unzeitgemäße Betrachtungen, zit. nach Dietrich Schubert, Nietzsche — Konkretionsformen in der bildenden Kunst 1890—1930, in: Nietzsche Studien Band 10/11, 1981/82, S. 278—327, Zitat S. 294
9 Wingler, Bauhaus, S. 30, dort auch folgendes Zitat
10 dort heißt es: »wir müssen zum Handwerk zurück«
11 Schubert, Nietzsche — Konkretionsformen, S. 294; die Verbreitung dieser Idee findet besonders über Avenarius und die Zeitschriften Kunstwart und Dürerbund statt; vgl. G. Kratzsch, Kunstwart und Dürerbund, Göttingen 1969; auf die Vermittlerrolle von Peter Behrens wird hier nicht eingegangen.
12 Flugblatt des Arbeitsrates: Ein neues künstlerisches Programm, in: Bauwelt vom 18. 12. 1918
13 Walter Gropius, Baugeist oder Krämertum, in: Der Qualitätsmarkt vom 31. 1. 1920, Sp. 2 (Zitat nach Ku Hung Ming, Der Geist des chinesischen Volkes und der Ausweg aus dem Krieg)
14 Walter Gropius, Baukunst im freien Volksstaat, in: Deutscher Revolutions-Almanach für das Jahr 1919, Hamburg und Berlin 1919, S. 134; so auch Bruno Taut, Ein Architekturprogramm, Berlin 1919, Wiederabdruck Katalog Arbeitsrat für Kunst 1918—1921, Berlin 1980, S. 85 ff.
15 Oswald Spengler, Der Untergang des Abendlandes, Bd. 1, München 1918, vgl. Herbert Schmädelbach, Philosophie in Deutschland 1831—1933, Frankfurt/M. 1983, S. 186 ff., dort Analyse der polaren Begriffspaare als Denkfiguren Spenglers
16 Auf der Tagung in Bottrop bestätigte der Bauhäusler Hubert Hoffmann die große Bedeutung von Spengler für das Bauhaus; sogar Mies van der Rohe, der sich sonst nichts aus Büchern machte, hätte ihn häufig zitiert. Auch Itten verwies in seinen Schriften später auf zwei Grunderlebnisse, den 1. Weltkrieg und Spenglers Buch.
17 Erklärung der gesamten Schülerschaft 1920, in: Die Werkstatt der Kunst 1920, Heft 21, S. 19
18 vgl. Ian Boyd Whyte, Bruno Taut — Baumeister einer neuen Welt, Stuttgart 1981, bes. S. 99 ff.
19 Handschriftliches Manuskript im Bauhaus-Archiv Berlin
20 Gropius (Anm. 14), S. 135
21 Walter Gropius, Das Ziel der Bauloge, Masch. schriftl. Manuskript im Bauhaus-Archiv Berlin
22 Walter Gropius an Karl Ernst Osthaus am 2. 2. 1919, Karl-Ernst-Osthaus-Archiv Hagen Kü 347/290
23 Ja! Stimmen des Arbeitsrates für Kunst, Berlin 1919, S. 70, 71
24 Ein Exemplar mit den handschriftlichen Eintragungen von Gropius im Bauhaus-Archiv Berlin. Bartning schrieb darüber später an Hartlaub: »An meinem Schreibtisch z. B. hatte Gropius mit mir in großen graphischen Schematen und lapidaren Grundsätzen den Lehrplan eines 'Bauhauses' aufgestellt. Ich war dann ein viertel Jahr lang krank im Schwarzwald. Als ich zurückkehrte war das Bauhaus in Weimar gegründet«. Vgl. Jürgen Bredow/Helmut Lerch, Materialien zum Werk des Architekten Otto Bartning, Darmstadt 1983, S. 39
25 Handschriftliches Manuskript im Bauhaus-Archiv Berlin, danach auch folgende Darstellung
26 vgl. Konrad Haehnisch, Neue Bahnen der Kulturpolitik, Stuttgart-Berlin 1921; Adolf Grimme (Hrsg.), Kulturverwaltung der Zwanziger Jahre, Stuttgart 1961; Manfred Abelein, Die Kulturpolitik des Deutschen Reiches und der Bundesrepublik Deutschland, Opladen 1968
27 Landtagsverhandlungen, 83. Stenographenprotokoll vom 9. 7. 1920, S. 1887 f.
28 Bauhausmanifest in Wingler, Bauhaus (Anm. 5), S. 39—41 danach folgende Angaben
29 vgl. Meisterratsprotokolle im Staatsarchiv Weimar vom 30. 9. und 13. 10. 1920 nochmals am 15. 3. 1921 sowie den Stundenplan für das WS 1921/22 in Wingler, Bauhaus (Anm. 5), S. 61

30 Masch.schriftl. Manuskript im Bauhaus-Archiv Berlin

31 Masch.schriftl. Manuskript im Bauhaus-Archiv Berlin, danach folgende Zitate

32 Dieser Gedanke ist von Bartning direkt übernommen (vgl. Anm. 24)

33 einige Seiten mit handschriftl. Notizen von Gropius zum Werkzeichenunterricht im Bauhaus-Archiv Berlin

34 Walter Gropius, Idee und Aufbau des Staatlichen Bauhauses, in: Staatliches Bauhaus Weimar 1919—1923, Weimar-München 1923, S. 14 f.

35 vgl. Wingler, Bauhaus (Anm. 5), S. 118 f.; Lehrplan 1925

36 Umlauf an den Meisterrat vom 15. 3. 1921, Staatsarchiv Weimar

37 Meisteratsprotokoll vom 7. 4. 1922

38 Meisterratsprotokoll vom 1. 10. 1921

39 Meisterratsprotokoll vom 9. 12. 1921

40 vgl. Der Fall Itten, Bauhaus-Archiv Berlin 7/12, Schreiben vom 9. 12. 1921

41 wie Anm. 40, Schreiben vom 10. 1. 1922

42 W. Rotzler, Johannes Itten, Zürich 1972; gründliche Darstellung bei Marcel Franciscono, Walter Gropius and the Creation of the Bauhaus, Urbana Illinois 1972

43 Gropius nach Meisterratsprotokoll vom 18. 9. 1922

44 Vortrag von Gropius: »Die Mitarbeit des Künstlers in Technik und Wirtschaft«, vgl. Bericht in der SPD- und Gewerkschaftszeitung Volk vom 17. 2. und 23. 2. 1923

45 vgl. z. B. Kenneth Frampton, Modern Architecture, New York — Toronto 1980, S. 125 f.; St. von Wiese, Laßt alle Hoffnung fahren! Bauhaus und De Stijl im Widerstreit, in: Bauhaus-Archiv Berlin, Sammlungskatalog, Berlin 1981, S. 264—270

46 vgl. die Satzung im Anhang zum Meisterratsprotokoll vom 26. 6. 1922

47 Lothar Schreyer, Erinnerungen an Sturm und Bauhaus, München 1966, S. 102; vgl. auch Cornelius Steckner, Hatte das Bauhaus doch eine Theorie?, in: Kunstchronik Februar 1983, S. 56 f.; hier wird ohne Kenntnis der zahllosen historischen Wurzeln des Bauhaus-Gedankenguts die Harmonisierungslehre von G. Grunow zum Fundament des Bauhauses seit 1919 erklärt

48 Gertrud Grunow, Der Aufbau der lebendigen Form durch Farbe, Form, Ton, in: Staatliches Bauhaus Weimar 1919—1923, Weimar-München 1923, S. 20—23, danach folgende Darstellung

49 Walter Gropius, Idee und Aufbau des staatlichen Bauhauses, in: Staatliches Bauhaus Weimar 1919—1923, Weimar-München 1923, S. 7—18, Zitat S. 9, folgendes Zitat S. 15

50 vgl. Walter Gropius, Der Baugeist der neuen Volksgemeinde, in: Die Glocke 1924, S. 311—315, bes. S. 312 zur Wesensforschung; hier zeigt sich aber auch schon eine gewisse Ablösung von den Ideen G. Grunows

51 Gropius, Idee (Anm. 49), S. 16; vgl. W. Gropius, Die Tragfähigkeit der Bauhaus-Idee, in: Wingler, Bauhaus (Anm. 5), S. 62 f.

52 Walter Gropius, Grundsätze der Bauhausproduktion, in: Vivos voco, August 1926, S. 265—267

53 Schon 1924 heißt es in einem Meisterratsprotokoll, die Harmonisierungslehre würde keine Ergebnisse bringen

54 Gropius, Grundsätze (Anm. 7) danach folgendes Zitat; eine Variante des Aufsatzes erschien als Einleitung zum Bauhausbuch Neue Arbeiten der Bauhauswerkstätten, München 1925, S. 5—8, Zitat S. 6

55 Bericht Gropius vom 21. 1. 1926, Bauhaus-Archiv Berlin

56 vgl. Nerdinger, Gropius (Anm. 3), S. 29 f.

57 Walter Gropius, Architecture at Harvard, in: Architectural Record, May 1937, S. 8—11; s. a. W. Gropius, Essentials for Creative Design, in: Octagon, July 1937, S. 43—47

58 Walter Gropius, Training the Architect, in: Twice a Year, 1939 Nr. 2, S. 142—151; deutsch in: Walter Gropius, Architektur, Frankfurt/Main 1955, S. 40—54, danach folgende Zitate

59 Walter Gropius, Not Gothic but Modern for Our Colleges, in: New York Times Magazine vom 32. 10. 1949, S. 16—18

60 Walter Gropius, Essentials for Architectural Education, Veröffentlichung des Museums of Modern Art, New York 1937

61 E. V. Meeks, Foreign Influences on Architectural Education in America, in: The Octagon, July 1937, S. 36—42, bes. S. 37; Charles Burchard, Gropius at Harvard, in: Journal of Architectural Education, Autumn 1959, S. 23—25; D. D. Egbert, The Education of the Modern Architect, in: Octagon, March 1941, S. 5—12, bes. S. 9

62 Wingler, Bauhaus (Anm. 5), S. 198 ff.

63 vgl. bes. William H. Jordy, American Buildings and their Architects, Bd. 4, New York 1976, S. 87—164; Neufert und Schindler hatten das Neue Bauen längst an der Westküste bekannt gemacht

64 Columbia Changes her Methods, in: Architectural Forum, February 1935, S. 162—167

65 vgl. Joseph Hudnut, Architecture Discovers the Present, in: the American Scholar, 1938, Nr. 1, S. 106—114

66 vgl. Graduate School of Design — Courses of Instruction, Harvard University 1936 ff.; eine differenzierte Darstellung der Umstrukturierung am GSD wird vom Vf. vorbereitet

67 Philosophies Underlying the Teaching in Our Schools of Architecture, in: Octagon, February 1941, S. 5—37, s. S. 17: »The philosophy which governs the teaching of architecture in the Graduate School of Design at Harvard is deeply rooted in the culture of New England and is admirably expressed by Ralph Waldo Emerson in his essay on Self-Reliance.«

68 vgl. Speaking of Conventions, in: Octagon, July 1937, S. 48—54, s. S. 51

69 Studentenpamphlet, An Opinion on Architecture, Harvard/Cambridge 1941 (1 Exemplar in der Bibliothek der Graduate School of Design), Wiederabdruck in: Andrea Oppenheimer Dean, Bruno Zevi on Modern

Architecture, New York 1983, S. 97—106

70 Vincent Scully, How Things Got to Be the Way They Are Now, in: The Presence of the Past, Ausstellungskatalog Venedig 1980, S. 15—20

71 So wurde z. B. ausgerechnet R. Venturi von der Fakultät ernannt, für 1982 eine der seit 1958 stattfindenden Gropius Lectures am GSD zu halten, vgl. HGSD News, Summer 1982, S. 7

Rainer Wick

Rezeptionsgeschichtliche Randbemerkungen zur Bauhaus-Pädagogik

1

Bei der Durchsicht neuerer Publikationen zur sog. *Grundlehre*, die von Hochschulen bzw. Fachhochschulen für Gestaltung, von Architekturfakultäten an Technischen Hochschulen und Universitäten und von ähnlichen Instituten herausgegeben werden, fällt — ebenso wie bei entsprechenden Ausstellungsrundgängen — regelmäßig auf, daß die abgebildeten bzw. ausgestellten Studienarbeiten oft unverkennbar in der Tradition dessen stehen, was in den Jahren 1919—1933 am Bauhaus in den verschiedenen Vorkursen bzw. den vertiefenden Veranstaltungen zur »Formlehre« stattfand. Zuweilen wird in theoretisierenden Begleittexten ausdrücklich auf diesen Traditionszusammenhang hingewiesen[1], häufiger aber scheint man sich der Bauhaus-Lehren als einer kulturellen Selbstverständlichkeit zu bedienen, ohne über ihren ursprünglichen Sinn und Zusammenhang nachzudenken und ohne ihre heutigen Möglichkeiten und Grenzen zu überprüfen.

Diese Rekurse auf die Bauhaus-Pädagogik fallen in eine Zeit, in der der Stern des Bauhauses — trotz zahlreicher neuerer Publikationen zum Thema — offenbar nicht mehr ganz so strahlend leuchtet wie einst und in der Gropius schon längst nicht mehr nur als Held der Moderne gefeiert wird, sondern in der man ihn immer häufiger zum Hauptsündenbock für die Auswüchse der modernen Architektur zu stempeln sucht.

Sowohl in der aktuellen Architektur als auch im neueren Design scheint das Bauhaus durch den Höhenflug der sog. *Postmoderne* wenn nicht ausgespielt, so aber doch erheblich an Autorität eingebüßt zu haben. Seine über rund ein halbes Jahrhundert nahezu unangefochtenen Maximen einer funktionalen, sachlichen und ornamentlosen, von historischen Entlehnungen freien und dem Maschinenzeitalter gemäßen Gestaltung sind im Begriff, außer Kurs zu geraten, und es ist zu fragen, ob sich damit nicht zugleich auch die Bauhaus-Pädagogik von selbst erledigt. Die neue, den Bauhaus-Prinzipien zuwiderlaufende Gestaltungsauffassung eines Alessandro Mendini beispielsweise propagiert den endgültigen Abschied von bisherigen Leitbildern: »Adieu, geschmackvolles Projekt; nur durch Umkehrung erhält man Qualität. Adieu, kohärentes Projekt: die Norm ist, inkohärent zu sein ... Adieu dem Projekt im allgemeinen: über das Projekt siegt das Leben.«[2] Eine derartige »Philosophie« der Verneinung und des Verzichtes auf Perspektive, auf Utopie, bedeutet aber offensichtlich das genaue Gegenteil dessen, was die Bauhaus-Pädagogik genuin auszeichnet. Denn die Bauhausprogrammatik war im Kern eine Erziehungsprogrammatik von utopischer Qualität — Utopie gemeint etwa im Begriffsverständnis Karl Mannheims oder im Sinne der Sprachregelung Ernst Blochs als »konkrete Utopie«. Darzustellen ist im folgenden, was es mit dieser Utopie auf sich hatte und was aus ihr geworden ist. Dabei kann an dieser Stelle angesichts der Tatsache, daß die Bauhaus-Pädagogik ein Phänomen von globaler und nach wie vor anhaltender Ausstrahlung ist, nicht der vermutlich ohnehin vergebliche Versuch einer lückenlosen Aufarbeitung ihrer Rezeptionsgeschichte gemacht werden. Beabsichtigt ist vielmehr, punktuell zu verdeutlichen, wie das Erziehungsprogramm des Bauhauses im Geschichtsprozeß verwässert und z. T. bis zur Unkenntlichkeit verstümmelt wurde.

Walter Gropius, »Meisterhaus« in Dessau (Einzelhaus Gropius), 1925/26

2

Bauhaus — das sind im Bewußtsein des gebildeten Laien flache Dächer, strenge Kuben, große Glasflächen, Stahlrohrmöbel, das ist funktionales Gerät, kühle Sachlichkeit, rigorose Rechtwinkligkeit, kurz, das ist ein Stil. Bereits hier begegnen wir einem folgenreichen Mißverständnis, das den Blick auf das eigentliche Ziel des Bauhauses trübt. Denn es ging am Bauhaus nicht so sehr um die Etablierung und Durchsetzung eines neuen Stiles, eben des oft zitierten »Bauhausstiles«, sondern um die Formulierung eines über die Stilfrage weit hinausweisenden neuartigen Existenzentwurfes. — Um mich hier klar mitzuteilen: Ich stimme mit Winfried Nerdinger überein, wenn er die das 19. und frühe 20. Jh. kennzeichnende Suche nach einem »Neuen Stil« auch für Gropius und mithin für das Bauhaus geltend macht. Dennoch bin ich der Überzeugung, daß sich die Vielfalt dessen, was am Bauhaus tatsächlich geschah, kaum unter dem Homogenität oder Kohärenz suggerierenden Stilbegriff subsumieren läßt. Ein solcher Stilbegriff würde sowohl die großen individuellen Unterschiede zwischen den einzelnen Bauhausmeistern einebnen, als auch die Veränderungen in den Gestaltungsauffassungen von der Bauhausgründung bis zur Institutsschließung im

Walter Gropius, Bauhausgebäude Dessau, 1925/26 (Nordwestecke des Werkstattflügels, Brücke und Eingang zur Berufsschule)

Jahr der Machtübernahme durch die Nationalsozialisten unberücksichtigt lassen. Insofern teile ich die Einschätzung von Walter Dexel, der das Gerede vom »Bauhausstil« als »bequemes Klischee«, als »unerlaubte Simplifizierung« und als »Mythos« entlarvt hat.[3] Das Bauhaus als Existenzentwurf — was ist damit gemeint? Gegründet 1919 nach der Katastrophe des Krieges, in einer politisch, ökonomisch, gesellschaftlich und moralisch unvorstellbaren Krisensituation, zielte das Bauhaus primär auf den ästhetisch gestimmten Entwurf einer sozialen Utopie und auf erste Gehversuche in Richtung ihrer Realisation. Es war die Utopie einer besseren Zeit, einer neuen, auf dem Harmoniegedanken beruhenden, von Dissonanzen freien, brüderlichen Gesellschaft, und der »Große Bau«, der im Gründungsprogramm von 1919 ausdrücklich als Fernziel Erwähnung fand, war das Symbol dieser utopischen Sehnsucht. Vorbild dieses »Großen Baues« war — nicht so sehr im formalen, sondern eher im geistigen und sozialen Sinne — die gotische Kathedrale, an deren gemeinschaftlicher Errichtung im Mittelalter Architekten, Maler, Bildhauer, Handwerker und als Laien Vertreter aller sozialen Schichten beteiligt gewesen waren. Nun wäre es aber zu kurz gegriffen, würde man die Idee des »Großen Baues«, deren geistige Herkunft mit der Nennung des Architekten Bruno Taut und dem Hinweis auf die Aktivitäten des Arbeitsrates für Kunst nur angedeutet werden kann, auf den Gedanken der kollektiven und solidaritätsstiftenden Errichtung architektonischer Symbole der gerade erwähnten, herbeigesehnten neuen Gemeinschaft beschränken. (Tatsächlich war an den gemeinsamen Bau von als Versammlungsräumen dienenden sog. Volkshäusern gedacht.) In letzter Konsequenz meinte der »Große Bau« mehr, bezog er sich auf die Schaffung einer neuen, humaneren, sozial gerechteren Gesellschaft, auf die Errichtung einer neuen *sozialen Architektur* also.

Die Einsicht allerdings, daß in Deutschland nach der gescheiterten Novemberrevolution des Jahres 1918 eine derartige soziale Architektur nicht ad hoc in einem gewaltigen Kraftakt nach dem Modell der Großen Sozialistischen Oktoberrevolution möglich war, zwang zu der Erkenntnis, daß das gesetzte Ziel nur evolutionär, und das heißt vor allem, durch *Erziehung*, erreichbar sei. Hier liegt der entscheidende Schlüssel zum Verständnis der Bauhaus-Pädagogik, und es läßt sich zeigen, daß diese Erziehungsutopie der Heranbildung eines »neuen Menschen« für eine »neue Gesellschaft« (bzw. als deren Voraussetzung) das Denken am Bauhaus über alle äußeren und inneren Verwandlungen hinweg fast durchgängig begleitet hat — von der in ihren Zielformulierungen oft schwärmerisch-pathetischen Gründungsphase über die Konsolidierungsphase mit der für sie typischen Technik- und Industrieorientierung bis hinein in die Direktionsphase Hannes Meyer 1928—1930. So stellte Schlemmer 1921 fest, daß das Bauhaus in ganz anderer Richtung »baue« als erwartet, nämlich in Richtung »Mensch«[4], und Moholy-Nagy schrieb in seinem 1929 erschienenen pädagogischen Programmwerk »Von Material zu Architektur« unmißverständlich: »Nicht das Objekt, der Mensch ist das Ziel.«[5] Erst ab 1930, unter der Leitung von Mies van der Rohe, wurde dieses seinem Anspruch nach umfassende Erziehungskonzept auf den Radius einer am Leitbild der Berufstüchtigkeit orientierten Fachausbildung für Architekten und Designer reduziert.

Doch noch einmal zurück: vor dem Hintergrund des gerade skizzierten Konzeptes des »Großen Baues« wird einsichtig, daß zumal das frühe Bauhaus als Zusammenlegung einer Kunsthochschule und einer Kunstgewerbeschule mehr war als die praktische Umsetzung eines in der damaligen Kunstschulreformdebatte geläufigen Desiderates, sondern daß es sich selbst als so etwas wie die Ur- oder Keimzelle einer neuen zukünftigen

Sozialordnung ohne Klassenantagonismen verstand. Dem Ziel der *sozialen Synthese* hoffte man, mit den Mitteln der *ästhetischen Synthese* näherzukommen: durch Aufhebung der »klassentrennenden Anmaßung, die eine hochmütige Mauer zwischen Handwerkern und Künstlern«[6] errichtet hatte, d. h. durch Einebnung der Unterschiede zwischen »hoher«, freier und »niederer«, angewandter Kunst und durch solidarisches Zusammenwirken von Künstlern und Handwerkern an den Bauaufgaben der Zukunft ohne eigenbrötlerisches l'art pour l'art, und längerfristig — und das ist besonders bedeutsam — durch *Erziehung eines neuen Gestaltertypus*, der das schöpferische Potential und die ästhetische Kompetenz des Künstlers mit der Fähigkeit des Handwerkers zur alltagspraktischen Problembewältigung in einer Person zu vereinen in der Lage war. Dem entsprach folgerichtig jenes bekannte integrative didaktische Modell, das eine innige Verzahnung oder Vernetzung von künstlerischer und handwerklicher Lehre vorsah. Und ebenso folgerichtig war der Schritt, 1925 mit der Übersiedlung des Bauhauses von Weimar nach Dessau das konfliktträchtige duale Leitungssystem mit je einem »Formmeister« (Künstler) und einem »Handwerksmeister« aufzugeben und die Leitung der Werkstätten nun den ersten Repräsentanten dieses neuen Gestaltertypus zu übertragen, nämlich jenen, die — am Bauhaus ausgebildet — über die erforderliche künstlerische *und* handwerkliche Doppelqualifikation verfügten (Herbert Bayer, Marcel Breuer, Hinnerk Scheper, Joost Schmidt, Gunta Stölzl).

Man mag sich fragen, was denn dies alles mit der Rezeptionsgeschichte der Bauhaus-Pädagogik zu tun habe, eine Frage, die wie folgt beantwortbar ist: erst wenn man sich den aus einer ganz spezifischen Zeitsituation erwachsenen ganzheitlichen, auf Synthese zielenden Ansatz des Bauhauses erneut und in aller Deutlichkeit vor Augen führt, lassen sich die Verkürzungen und Ver-

fälschungen, die die Bauhaus-Pädagogik im Laufe ihrer Rezeptionsgeschichte erfuhr, erkennen. Denn schon in den 20er und 30er Jahren und mehr noch nach 1945 stand eher die Frage der Verfügbarkeit einzelner Partikel der Bauhauslehre etwa für den schulischen Kunstunterricht oder die Frage ihrer Variationsfähigkeit in der Künstler- und/oder Designerausbildung im Mittelpunkt des Interesses; d. h., ein ursprünglich sorgfältig konstruiertes, komplexes Ganzes wurde leichtfertig dissoziiert und in einen Selbstbedienungsladen umfunktioniert, aus dem man dieses oder jenes nach Belieben mitnahm. Gunter Otto hat diese Problematik in aller Deutlichkeit erkannt, als er kritisch gegenüber all jenen Kunstpädagogen Position bezog, die mit aus dem Bauhaus »hergeleiteten kunstunterrichtlichen 'Lehrgängen' ... versuchen, ausschnitthaft das System des Bauhauses zu spiegeln — und damit nicht nur eine Reihe gegenwärtig bedeutsamer künstlerischer Phänomene (verfehlen), sondern auch und gerade den 'Plan' des Bauhauses, dessen innere Systematik eben nicht in 'Ausschnitten' erfaßt werden kann.«[7]

In diesen Argumentationszusammenhang gehört nicht nur die Feststellung, daß von dem kühnen, utopischen Gesellschaftsentwurf des frühen Bauhauses im Zuge der späteren Bauhaus-Rezeption kaum mehr Notiz genommen wurde (von Ausnahmeerscheinungen wie etwa der frühen HfG Ulm abgesehen), sondern daß es zu dem merkwürdigen Mißverständnis kommen konnte, den *Vorkurs*, und zwar in erster Linie in seiner von Itten geprägten Form, aber auch in Albersscher Ausprägung, gewissermaßen »als die Gesamtsubstanz der 'Bauhausmethode' überhaupt zu betrachten.«[8] Diesem Mißverständis unterliegt selbst ein so profunder Bauhaus-Kenner wie Otto Stelzer, der in Verkennung der eigentlichen und soeben kurz umrissenen Zielsetzung des Bauhauses feststellt: »Mit dem Vorklassen-Gedanken steht und fällt die gesamte Bauhaus-pädagogik.«[9] Ohne den für das Bauhaus institutsstrategisch hohen Rang des Vorkurses zu leugnen, ist doch relativierend festzuhalten, daß das als duales System entworfene didaktische Modell des Bauhauses — Integration von Form- und Handwerkslehre — und die damit institutionell formalisierte künstlerisch-handwerkliche Doppelqualifikation für das Bauhaus mindestens ebenso bedeutsam war wie die Vorlehre, die im Bauhaus-Gründungsmanifest überhaupt noch nicht auftaucht und die, von Johannes Itten eingeführt, zunächst keine andere Funktion hatte als die, »alle Schüler, die ein künstlerisches Interesse zeigten, für ein Semester provisorisch aufzunehmen. Der Name Vorkurs bezeichnete also ursprünglich weder einen besonderen Lehrstoff, noch bedeutete er eine neuartige Lehrmethode.«[10]

Bevor etwas näher auf die Rezeption der Bauhaus-Vorkurse einzugehen ist, scheint es zunächst angebracht, noch eimal zum *Handwerk* und damit zur einen der beiden Komponenten des dual konzipierten didaktischen Modells des Bauhauses zurückzukehren. Vor dem Hintergrund der zutreffenden Erkenntnis, daß die Kunst »oberhalb aller Methoden« entstehe und demnach auch nicht lehrbar ist, »wohl aber das Handwerk«[11], kam Gropius zur Forderung nach »Durchbildung aller im Handwerk ... als einheitliche Grundlage.«[12] Walter Gropius ist wegen dieses — wie teilweise kopfschüttelnd bemerkt wurde — »Rückfalls« auf eine u. a. schon durch den frühen Werkbund längst überwunden geglaubte Position immer wieder kritisiert worden; auch dies ein rezeptionsgeschichtliches Mißverständnis. Denn entgegen den geläufigen Interpretationen, die sich durch die Rekurse auf das Mittelalter im Bauhaus-Gründungsmanifest zweifellos anbieten, ist festzustellen, daß Gropius' Handwerksbegriff nie auf einen faktischen Rekonstruktionsversuch einer obsolet gewordenen Produktionsform oder einer historischen Berufskategorie zielte, und auch, daß Hand-

werk für Gropius nicht »Eigenbrötelei« war, sondern »unerläßliches Mittel zum Zweck«.[13] Diese Mittel-Zweck-Relation war im Kern sozial und pädagogisch motiviert. Im gemeinsamen handwerklichen Tun, in der kollektiven Zusammenarbeit am »Einheitskunstwerk«, sah Gropius die Möglichkeit, zu einer sozialen Organisationsform zu gelangen, die seiner gesellschaftlichen Utopie entsprach und die der Soziologe Ferdinand Tönnies schon 1887 idealtypisch als »Gemeinschaft« gekennzeichnet und scharf gegenüber »Gesellschaft« abgehoben hatte. So konfrontierte Tönnies die lebendige, »natürliche« Lebensform, den auf Nachbarschaft, Freundschaft und Solidarität gründenden »Organismus« der Gemeinschaft mit dem »mechanischen Aggregat und Artefakt« der Gesellschaft. »Gemeinschaft«, so Tönnies, beruhe auf selbstloser gegenseitiger Hilfe der Mitglieder, während »Gesellschaft« durch Profitsteigerung, Geldverwertung und Selbstsucht gekennzeichnet sei und zwangsläufig zu Spannungszuständen führe.[14] Es ist hier nicht der Ort, diese Tönniessche Dichotomie ihrerseits einer ideologiekritischen Betrachtung zu unterziehen. Hinzuweisen ist lediglich darauf, daß das Handwerk im Denken von Gropius neben seiner gemeinschaftsstiftenden und damit sozialreformerischen Implikation auch noch einen anderen Stellenwert besaß. Handwerk war für ihn, ähnlich wie für Kerschensteiner und andere Schulreformer seiner Zeit, eine pädagogische Fundamentalkategorie, bedeutete für ihn die Grundform praktischen Arbeitens und »beruflichen Lernens, die zwar im vorindustriellen Gewerbe entstanden, aber völlig unabhängig von irgendeiner Organisationsform der Gewerbewirtschaft ist. Daher vermag sie auch kein äußerer Formenwandel der Arbeitswelt je hinfällig zu machen. Sofern Berufsarbeit Handanlegen fordert, praktisches Können verlangt, in technischem Gegenstandsumgang besteht, kann sie nur im Modus handwerklichen Tuns erlernt werden.

Wie hochindustrialisiert das Umfeld auch sein mag, als grundlegende Arbeits- und Lernweise bleibt das 'Handwerk' unablösbar.«[15] Dies scheint eine der Lehren, die auch gegenwärtig noch aus der Bauhaus-Pädagogik zu ziehen sind — nicht zuletzt angesichts eines zunehmend spürbaren Bewußtseinswandels, der sich seit geraumer Zeit als »postindustrielle Skepsis« zu manifestieren begonnen hat.

Die pure Feststellung, daß das Handwerk eine der Säulen der Bauhaus-Pädagogik gewesen sei — übrigens auch, das bleibt nachzutragen, als Gegengewicht gegen die schon zur damaligen Zeit fortgeschrittene und übermächtig gewordene Verkopfung und Verwissenschaftlichung und mit dem Ziel der Verwirklichung des Idealbildes vom »ganzen Menschen« als leiblich-geistig-seelische Einheit — diese Feststellung ist, um den Strauß rezeptionsgeschichtlicher Mißverständnisse nicht zu vergrößern, vielleicht in einem entscheidenden Punkt zu relativieren bzw. zu präzisieren. Handwerk erschöpfte sich am Bauhaus nie in der reproduktiven, innovationshemmenden, unschöpferischen, auf dem Imitatio-Prinzip beruhenden Einübung und Aneignung tradierter Techniken, sondern es bestand in hohem Maße in der experimentierenden Exploration neuer Möglichkeiten im Umgang mit Werkstoffen, Werkzeugen, Geräten usw. — und dies eben nicht nur im technischen, sondern auch und vor allem im ästhetischen Sinne (erinnert sei nur an die Entwicklung der Stahlrohrmöbel durch Marcel Breuer oder neuartiger Lampen in der von Moholy geleiteten Metallwerkstatt, die neben ihrer material- und produktionstechnischen Novität auch hinsichtlich ihrer ästhetischen Erscheinung stark vom zeittypischen Durchschnitt abwichen). Frei vom Ballast berufsständischer Fixierungen und ideologischer Begrenztheiten, war dem Handwerk am Bauhaus eine schöpferische Entfaltung gestattet, die bekanntlich ab etwa 1923—24, seit Gropius' bekannter Formel »Kunst und

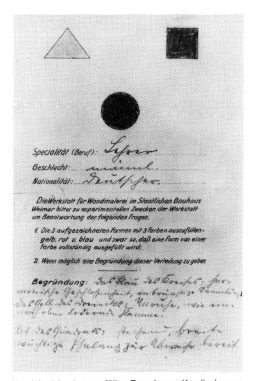

Von Alfred Arndt ausgefüllter Fragebogen Kandinskys zur Untersuchung der synästhetischen Beziehungen zwischen Formen und Farben.

Peter Kelers Kinderwiege (1921/22) entspricht in ihrer Gestaltung der von Kandinsky vertretenen Korrespondenzlehre Dreieck — Gelb, Quadrat (hier Rechteck) — Rot, Kreis — Blau.

Technik — eine neue Einheit«, in die Entwicklung von Prototypen für die Industrie einmündete. Die Neuartigkeit, durch die sich diese Entwürfe gegenüber den traditionsverpflichteten handwerklichen oder kunstgewerblichen Konkurrenzentwürfen auszeichneten, basierte nicht nur auf der Durchführung nüchterner Funktionsanalysen, sondern auch auf den formalen Anregungen, die vom sog. *Formunterricht* so progessiver Künstler wie Kandinsky und Klee oder auch von der künstlerischen Praxis eines Moholy-Nagy oder Schlemmer ausgingen, um nur einige namentlich zu erwähnen. Entscheidend dürfte aber die Aufforderung an die Studienanfänger gewesen sein, sich im *Vorkurs* radikal von aller toten Konvention, von jeglichem Akademismus, zu befreien, die individuellen kreativen Potenzen zu entdecken und sich selbst als gestaltendes Subjekt zu erfahren und zu definieren. Galt dies in besonderem Maße für den in der Gründungsphase des Bauhauses von Johannes Itten durchgeführten Vorkurs, so läßt sich für die später von Moholy-Nagy und von Albers durchgeführten Vorkurse zusätzlich auch das Ziel der Sicherung eines allen Schülern gemeinsamen, sozusagen bauhausspezifischen gestalterischen Grundverständnisses als Basis der dann stärker technik- und industrieorientierten Werklehre feststellen.

Sieht man von jenen Akademisierungstendenzen ab, die sich in der Spätphase des Bauhauses vor allem durch die Umdeutung des Institutes in eine Architekturhochschule ergaben, an der die Ursprungsidee des »Großen Baues«, also der ästhetischen *und* sozialen Synthese, kaum mehr lebendig war, so wird man insgesamt das große Verdienst der Bauhaus-Pädagogik und vor allem der Vorlehre doch dahingehend bestimmen können, daß sie *universalistisch* konzipiert war, d. h., daß das Ziel der Ausbildung schöpferischer »Generalisten« — um einen Begriff von Bazon Brock aufzunehmen — eindeutig vor dem der Abrichtung berufs-

Laszlo Moholy-Nagy, Kreissegmente, 1921

Marianne Brandt, Tee-Extrakt-Kännchen, 1924. Diese Arbeit aus der von Moholy-Nagy geleiteten Metallwerkstatt zeigt deutlich den formalen Einfluß des Meisters.

48

tüchtiger Spezialisten rangierte, was vor dem Hintergrund der erörterten Zielprojektion der Erziehung eines neuen Gestaltertypus für eine neue Gesellschaft nur konsequent war. Und sie war *ganzheitlich* in dem Sinne konzipiert, daß Kopf und Hand, Denken und Fühlen, Geist und Psyche, Rationalität und Emotionalität, die sich bei den meisten Menschen in unserer hochgradig arbeitsteiligen Gesellschaft besorgniserregend auseinanderentwickelt haben, erneut zur Synthese, zur Einheit, gelangen sollten. D. h., es ging um die Überwindung des »sektorenhaften Menschen«, wie Moholy-Nagy es sehr prägnant formuliert hat. Daß es dabei auch am Bauhaus je nach Temperament und Einstellung der einzelnen Lehrpersönlichkeiten zu unterschiedlichen Gewichtungen der jeweils einen oder anderen Seite kam, kann als bekannt vorausgesetzt werden und ist hier nicht vertiefend darzustellen.[16]

3

Doch nun zur Rezeptionsgeschichte. Die Wirkungen der Bauhaus-Pädagogik setzten schon in der *Weimarer Republik*, also noch vor der definitiven Schließung des Bauhauses, ein, und zwar sowohl im Bereich der professionellen Künstler- bzw. Gestalterausbildung, als auch auf dem Feld der ästhetischen Erziehung an Schulen. Neben Otto Bartnings Bauhochschule in Weimar, dem direkten Nachfolgeinstitut des Bauhauses nach dessen Übersiedlung von Weimar nach Dessau im Jahre 1925, nahmen in den 20er Jahren die Städelschule in Frankfurt am Main, die Kunsthochschulen in Berlin und Breslau und die Kunstgewerbeschulen in Hamburg, Halle, Stettin und Essen Elemente der Bauhaus-Pädagogik auf. Meist handelte es sich dabei aber lediglich um den Versuch, den Vorkurs den existierenden Strukturen vorzuschalten, nicht also um den

Entwurf eines integralen, stimmig miteinander verknüpften didaktischen Netzes, wie dies für das Bauhaus zutraf.

Einen zweiten Strang der Rezeption der Bauhaus-Pädagogik stellte während der Weimarer Republik das Eindringen pädagogischer Konzeptionen des Bauhauses in den schulischen Kunst- und Werkunterricht dar, eine Doppelgleisigkeit übrigens, die sich nach dem Zweiten Weltkrieg wiederholen sollte. Dieser Einfluß war »breit und anonym«[17] und manifestierte sich u. a. anläßlich der Tagung der Kunsterzieher in Breslau 1930 in einer Ausstellung von Schülerarbeiten, die starke Anlehnungen an die Gestaltungsprinzipien des Bauhauses und gleichgerichteter Zeitströmungen erkennen ließen: abstrakte bzw. konstruktive Kompositionen, Fotomontagen, Fotogramme, kubische Stadtanlagen u. ä.[18]

Unter den Kunsterziehern der Weimarer Republik, die sich explizit auf das Bauhaus bezogen, dabei aber den pädagogischen »Plan« des Bauhauses ebenso sinnverkürzend entstellten wie jene, die nur den Vorkurs übernahmen, seien nur drei Namen, Natter, Geist und Ehrhardt, genannt. Christoph Natter, der sich in seinem Buch »Künstlerische Erziehung aus eigengesetzlicher Kraft« (1924) zwar auf Kandinsky und Gropius beruft und den Buchumschlag von Moholy-Nagy gestalten ließ, verfehlt die Essenz der Bauhaus-Pädagogik in seiner Forderung, künstlerische Erziehung habe ausschließlich »Pflege der Empfindung«[19] zu sein, ebenso wie Hans-Friedrich Geist in seinen Rekursen auf Paul Klees Erziehung zum »bildnerischen Denken«.[20] Und ebenso problematisch erscheinen die Anleihen beim formalen Repertoire einiger Bauhaus-Meister und deren Unterricht in Alfred Ehrhardts »Gestaltungslehre« aus dem Jahr 1932, zumal Ehrhardt bedenkenlos Gestaltungsauffassungen und Lehrmethoden des Bauhauses — vor allem von Itten, Kandinsky und Albers — auf das Feld der ästhetischen Erziehung von Kindern und Jugendlichen zwi-

49

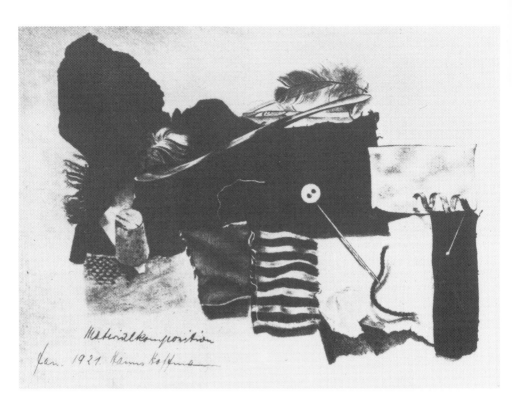

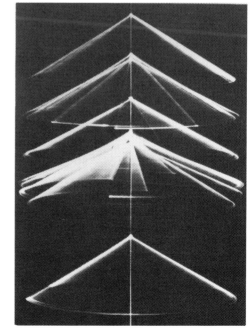

S. 50, oben: Hans Hoffmann, Materialkomposition aus dem Itten-Vorkurs, 1921

S. 50, unten: Materialstudie aus der Grundklasse Kurt Kranz HBK Hamburg, 50er Jahre

S. 51, oben: Virtuelles Volumen, Illustriertenfoto eines Karussels bei Nacht, abgebildet in: Laszlo Moholy-Nagy, Von Material zu Architektur, 1929

S. 51, unten: Kinetische Lichtstudie (Virtuelles Volumen) aus der Grundklasse Kranz HBK Hamburg, 1953/54

schen 5 und 21 Jahren verpflanzen zu können glaubte. Hier ist der Formalismusvorwurf, der dem Bauhaus oft zu Unrecht gemacht wird, gewiß sehr zutreffend.

Auf die Rezeptionsgeschichte der Bauhaus-Pädagogik außerhalb Deutschlands nach der Schließung des Berliner Bauhauses 1933 durch die Nationalsozialisten, insbesondere in den USA, kann hier nicht näher eingegangen werden. Ich begnüge mich an dieser Stelle mit einigen Schlaglichtern auf die Rezeption der Bauhaus-Pädagogik in *Westdeutschland nach dem 2. Weltkrieg*, die in gewisser Hinsicht ganz ähnlich verlief wie schon in der Weimarer Republik: ohne nach den Entstehungsumständen der Bauhaus-Pädagogik, ihren eigentlichen Zielen und ihrer inneren Systematik zu fragen, wurde sie sowohl im Bereich der professionellen Künstler- und Gestalterausbildung als auch in der schulischen Kunsterziehung als riesiger Steinbruch benutzt, aus dem nach Gutdünken herausgebrochen wurde, was gerade erreichbar war und passend erschien. D. h., die Rezeption der Bauhaus-Pädagogik war alles andere als umfassend, wozu übrigens in hohem Maße ein mythisch verklärtes Bauhaus-Imago beitrug, das in der Apotheose einzelner herausragender Künstlerpersönlichkeiten gipfelte, was nicht selten mit der Ausblendung von Architektur und Design einherging. Dem entsprach, daß bei der Wiederbelebung des Vorkurses durch Kunstakademien und Werkkunstschulen nach 1945 die ihm etwa von Moholy-Nagy (auch von Albers) hinterlegten sozialen und politischen Implikationen rasch aus dem Blickfeld gerieten und ganz einseitig der Aspekt der freien Entfaltung der individuellen schöpferischen Fähigkeiten bzw. der formalästhetischen Grundlagenschulung in den Mittelpunkt rückte. Von dem einst integralen Zusammenhang der Bauhaus-Pädagogik blieb oft nur so etwas wie »eine ästhetisierte Abbreviatur der Bauhaus-Vorkurse«[21] übrig. Diese Feststellung zu fundieren oder auch zu differenzie-

ren, bleibt zukünftiger Forschungsarbeit vorbehalten. An dieser Stelle nur einige knappe Bemerkungen:

Schon in der Mitte der 50er Jahre beklagte Gustav Hassenpflug, ehemaliger Bauhaus-Schüler und zur damaligen Zeit Leiter der Landeskunstschule in Hamburg, daß die an sich »ausgezeichneten Ergebnisse dieser Grundklassen ... an fast allen Schulen (gemeint sind die Werkkunstschulen, R. W.) einen entscheidenden Nachteil haben: sie finden in den Werkstätten und Fachklassen nicht die richtige organische Fortsetzung. Sie bleiben im interessanten Experiment stecken, ohne sich zu reifen Ergebnissen für die Praxis zu verdichten«[22] — dies ein Mangel, an dem sich in der Designausbildung in der BRD bis auf den heutigen Tag kaum etwas geändert hat.

Gerda Marx, Papierfakturen aus dem Vorkurs von Moholy-Nagy, 1927

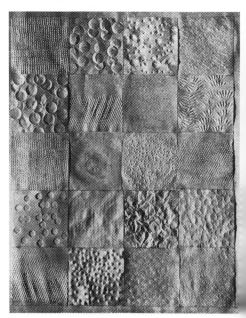

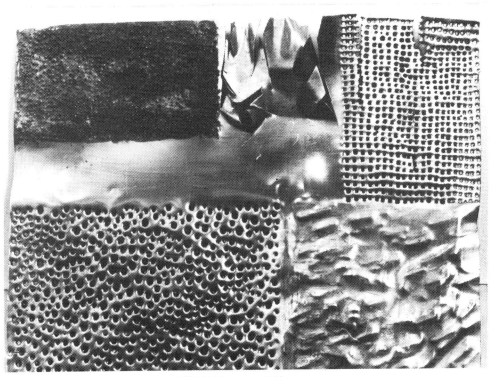

Blechfakturen aus der Grundklasse Kranz HBK Hamburg, um 1956

Selbstverständlich aber waren die Grundlehren der Nachkriegszeit, die in den 50er und 60er Jahren überall in Deutschland von früheren Bauhausabsolventen unterrichtet wurden, manchmal mehr als nur »ästhetisierte Abbreviaturen« (Kuchling) der ursprünglichen Bauhauskurse, sie waren auch schöpferische Erweiterungen, die sich aus der aktiven Auseinandersetzung einzelner Künstler-Lehrer mit einem neuen »Zeitgeist« ergaben. Dennoch ist offensichtlich, daß sie alle den Stempel prägender Bauhauspersönlichkeiten trugen, wobei der große Anteil, der auf das Konto von Josef Albers geht, besonders auffällt. Albers war 10 Jahre, von 1923 bis 1933, Lehrer am Bauhaus, und die Materialübungen, die er durchführen ließ, meist Faltarbeiten aus Papier als Festigkeitsuntersuchungen und Konstruktionsstudien, kehrten in fast allen Grundlehren der »zweiten Generation« wieder. Aber auch Itten, der ja am Bauhaus seinerseits Lehrer von Albers war, und Moholy-Nagy, der von 1923—1928 den Vorkurs leitete, haben in den Vorlehren der Nachkriegszeit deutliche Spuren hinterlassen. Ohne diesen Einflüssen an dieser Stelle weiter nachgehen zu können, sei ganz allgemein festgehalten, daß sich diese Grundlehren durch eine Betonung des Grammatischen, Syntaktischen, Formalen auf Kosten des Inhaltlichen, Semantischen und auch des Pragmatischen auszeichnen, was dann auch in den späten 60er Jahren im Rahmen der Studentenrebellion und einer kompromiß-

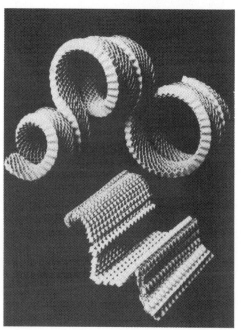

S. 54, oben: Materialübungen mit Wellpappe aus dem Albers-Vorkurs

S. 54, unten: Materialstudie mit Wellpappe aus der Grundlehre Hannes Neuner, Stuttgart 1956

S. 55, oben: Papierfaltarbeit aus der Grundlehre Maximilian Debus, TH Stuttgart, um 1963/64

S. 55, unten: Materialübungen in Papier aus dem Albers-Vorkurs; in der Mitte eine Arbeit von Hin Bredendieck, 1928

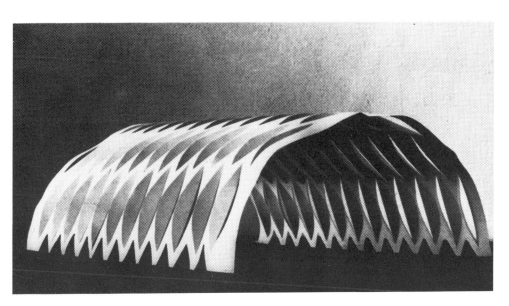

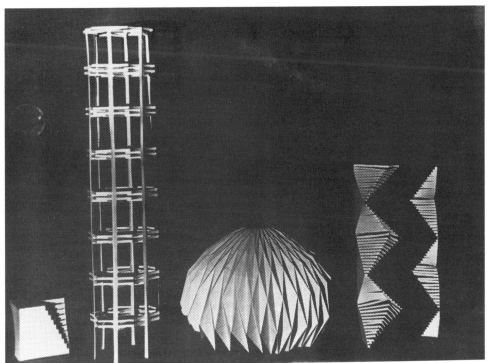

55

los artikulierten Fundamentalkritik an »der Gesellschaft« zur radikalen Infragestellung und teilweise zur Abschaffung des Vorkurses führte. Entgegen seiner einstigen Zielbestimmung am Bauhaus galt der Vorkurs nun als unerträgliches Instrument der formalästhetischen Konditionierung, als Institution, die im emanzipationsfeindlichen Dressat formaler Etüden erstarrt sei, als Inbegriff eines neuen Akademismus. Diese Kritik war gewiß nicht unberechtigt, doch traf sie nicht eigentlich die Pädagogik des Bauhauses, sondern lediglich deren sinnverfälschende Kürzel. Merkwürdig, daß offenbar keiner der damaligen Bauhaus-Kritiker vom pädagogischen Konzept etwa eines Moholy-Nagy Kenntnis genommen hat; hätte man sich dieser Mühe unterzogen, so hätte die überraschende Antwort lauten müssen, daß Moholys Pädagogik im Kern eine Erziehung zur Freiheit war und daß die von Moholy verwendeten Argumente die der APO und ihres Propheten Herbert Marcuse um rund 50 Jahre vorwegnahmen.

Während sich die meisten Kunstakademien damals vom Vorkurs verabschiedeten, lebt er an manchen heutigen Fachhochschulen für Gestaltung immer noch fort, häufig allerdings nochmals seiner ursprünglichen Sinngebung beraubt, da es sich nun nicht mehr um ein universalistisches und auf Ganzheitlichkeit zielendes Vorkurs-Konzept handelt, sondern um studiengangspezifische Vorkurse etwa für Architektur, für Grafik- bzw. Kommunikations-Design und für Industrial Design, also um das genaue Gegenteil dessen, was am Bauhaus beabsichtigt war.

Sinnverkürzend und -entstellend war nach 1945 auch die Rezeption der Bauhaus-Pädagogik in den Didaktiken für den schulischen Kunstunterricht, sei es, daß der Itten-Schüler Schwerdtfeger Ittens ganzheitliches Konzept vom subjektiven Erleben *und* objektiven Erkennen aus entwicklungspsychologischer Notwendigkeit dissoziierte, sei es, daß

Röttger die Bauhaus-Pädagogik zum bloßen »Spiel mit den bildnerischen Mitteln« verkommen ließ, sei es, daß Reinhard Pfennig am Konzept des »bildnerischen Denkens« von Klee anknüpfte, oder sei es, daß Kurt Staguhn in Übereinstimmung mit den Thesen Kandinskys versuchte, »die Wahrnehmungslehre auf ihre Bedeutung für die künstlerischen Gesetze« zu untersuchen und den Schluß zog, »daß die künstlerischen Gesetze mit den Kategorien der Wahrnehmung identisch sind«.[23] Übersehen wurde dabei, daß Wahrnehmungsprozesse in hohem Grade kulturell, historisch, sozial und geographisch determiniert sind und eine Gleichsetzung von »Wahrnehmungsgesetzen« und angeblich ubiquitär, interkulturell und zeitinvariant geltenden »bildnerischen Gesetzen« — um deren Ermittlung sich ja auch Kandinsky intensiv bemüht hatte — nicht möglich ist. Hinzu kommt, daß Kunst — das wissen wir seit dem Anbruch der Moderne, spätestens aber seit Dada und der Antikunst — mit den sog. »Gesetzen des Sehens«[24] nicht in einer simplen Gleichung aufgeht, sondern daß sie sich in vielen Fällen erst im Ungewohnten, Unvertrauten, im Fremden erfüllt.[25]

4

Zum Schluß dieser zwangsläufig summarischen Hinweise auf die Rezeptionsgeschichte der Bauhaus-Pädagogik einige knappe Anmerkungen zur Frage nach ihrer Aktualität. Nicht aktuell scheint mir die Bauhaus-Pädagogik, wenn 50 bis 60 Jahre danach einzelne Lehrmethoden und Unterrichtsinhalte aus dem ursprünglichen Zusammenhang gerissen und mehr oder minder sklavisch kopiert werden. Es ist schlechterdings unmöglich, in die Haut eines Johannes Itten, eines Paul Klee, eines Oskar Schlemmer oder eines Moholy-Nagy hineinzuschlüpfen und dasselbe machen zu wollen, was zu jener Zeit als Reaktion auf ganz spezifische historische Befindlichkeiten erdacht, erarbeitet und erprobt wurde. Diese historischen Lösungen eklektizistisch zu übernehmen, bedeutet, den Problemen und Herausforderungen der eigenen Zeit auszuweichen, obwohl ja der Eklektizismus z. Zt. — nicht nur in der sog. Postmoderne — Hochkonjunktur hat. Das Bauhaus war im hohen Maße auch eine Protestbewegung gegen den Akademismus, und das Aufwärmen einzelner gestaltungspädagogischer Konzepte des Bauhauses würde nichts anderem als einem neuen Akademismus gleichkommen. Akzeptiert man die Formel, daß der Lehrer der Lehrinhalt ist, was bedeutet, daß es im gestalterischen Bereich ausgeschlossen ist, Inhalte und Methoden einer ausgeprägten Lehrerindividualität personal zu übertragen, dann kann die Antwort auf die Frage nach der Aktualität der Bauhaus-Pädagogik nur negativ ausfallen. Das heißt selbstverständlich nicht, daß damit behauptet würde, Gestaltungslernen — das Erlernen von Gestaltungsgrundlagen eingeschlossen — wäre überflüssig. Im Gegenteil. Nur wird es darauf ankommen, nach eigenen und der heutigen Zeit entsprechenden Lehrkonzepten und -inhalten zu suchen, anstatt sich, aus welchen Motiven auch immer, einzelner Partikel der im Geschichtsprozeß zum kulturellen Fetisch stilisierten Bauhaus-Pädagogik zu bedienen.

Trotz dieser Bedenken und trotz der eigentümlichen Tatsache, daß das Bauhaus mit seiner gefeierten Pädagogik nur eine relativ kleine Zahl herausragender Künstler und Designer hervorgebracht hat, scheinen mir die folgenden Grundsätze der Bauhaus-Pädagogik nach wie vor aktuell zu sein:

— das Prinzip der »schöpferischen Erziehung« und damit zusammenhängend
— das Prinzip der »Befreiung von toter Konvention« (Stichwort »Bei null anfangen«),
— das Konzept »learning by doing«,
— das Konzept der Erziehung von Hand *und* Kopf als Beitrag zu einer »ganzheitlichen Erziehung« und schließlich
— das Postulat einer ästhetischen Erziehung als Erziehung zur Freiheit,

alles dies übrigens Grundsätze, die keineswegs am Bauhaus erfunden worden sind, sondern aus der reformpädagogischen Diskussion der damaligen Zeit gespeist wurden.

Doch lassen Sie mich zum Schluß noch einmal zum Ausgangspunkt meiner Ausführungen zurückkehren: Begreift man das Bauhaus ganz allgemein in seinem Modellcharakter als Existenzentwurf für die Zukunft mit einer dazugehörigen Erziehungsutopie, dann vor allem muß die Antwort auf die Frage nach der Aktualität der Bauhaus-Pädagogik positiv sein. Denn das Ziel vom besseren, ganzen Menschen für eine bessere, humanere Gesellschaft ist unverändert gültig — auch wenn oder gerade weil die Vorzeichen für seine Verwirklichung derzeit nicht zum besten stehen.

Anmerkungen

1 Dies gilt zum Beispiel für den Einführungstext von Wolfgang Etz in der von der Fachhochschule Münster herausgegebenen Dokumentation »Fachbereich Architektur — Grundlagen der Gestaltung«, Münster 1982, oder für den Katalogbeitrag von Hans Süss »Werkunterricht: Wandlungen und heutige Vorstellungen«, in: Vom Lernen zum Lehren, hrsg. v. d. Kunstgewerbeschule Zürich/Schule für Gestaltung, Zürich 1983 (Wegleitung 348), S. 9. Hingewiesen sei zusätzlich auf folgende Dokumentation: Der Vorkurs heute, hrsg. v. Kunstgewerbemuseum Zürich, Zürich 1978 (Wegleitung 317); Grundlagen der Architektur, hrsg. v. Institut für Grundlagen der Gestaltung der Universität Karlsruhe, Karlsruhe 1978; Grundlagen für Architektur und Design, hrsg. v. Institut für Grundlagen der Gestaltung der Universität Karlsruhe, Karlsruhe 1980.

2 Alessandro Mendini: Hypothese für ein Manifest der Post-Avantgarde, in: Gsöllpointner/Hareiter/Ortner: Design ist unsichtbar, Wien 1981, S. 373 f.

3 Vgl. Walter Dexel: Der Bauhausstil — ein Mythos, hrsg. v. Walter Vitt, Starnberg 1976, S. 19.

4 Oskar Schlemmer: Briefe und Tagebücher, hrsg. v. Tut Schlemmer, Stuttgart 1977, S. 48 (Brief an Otto Meyer v. 3.2.1921).

5 Laszlo Moholy-Nagy: Von Material zu Architektur (= Bauhausbücher 14), München 1929, S. 14.

6 Walter Gropius: Manifest des Staatlichen Bauhauses in Weimar, zit. bei Hans M. Wingler: Das Bauhaus, Bramsche 1975, 3. Aufl., S. 39.

7 Gunter Otto: Kunst als Prozeß im Unterricht, Braunschweig 1969, 2. Aufl., S. 35.

8 Reyner Banham: Die Revolution der Architektur. Theorie und Gestaltung im Ersten Maschinenzeitalter, Reinbek 1964, S. 240.

9 Otto Stelzer: Der Vorkurs in Weimar und Dessau, in: Katalog »50 Jahre Bauhaus«, Württembergischer Kunstverein, Stuttgart 1968, S. 35.

10 Johannes Itten: Mein Vorkurs ˙ am Bauhaus, Gestaltungs- und Formenlehre, Ravensburg 1963, S. 10. Vgl. zur Pädagogik Ittens auch Rainer Wick: Johannes Itten am Bauhaus: Ästhetische Erziehung als Ganzheitserziehung, in: Katalogbuch »Johannes Itten. Künstler und Lehrer«, Kunstmuseum Bern 1984, S. 105—127.

11 Walter Gropius: Programm des Staatlichen Bauhauses in Weimar, zit. bei Wingler, a. a. O., S. 40.

12 Satzungen des Staatlichen Bauhauses zu Weimar, Januar 1921, zit. bei Wingler, a. a. O., S. 54.

13 Gropius: Brevier für Bauhäusler, zit. bei Wingler, a. a. O., S. 90, und: Die geistige Grundlage des Bauhauses in Weimar, zit. bei Wingler, a. a. O., S. 91.

14 Ferdinand Tönnies: Gemeinschaft und Gesellschaft, 1. Auflage 1887, Reprint der 8. Auflage von 1935, Darmstadt 1972.

15 Udo Müllges: Das literarische Erbe Georg Kerschensteiners und seine wissenschaftliche Aufnahme, in: Die Deutsche Berufs- und Fachschule 65 (1969), S. 499; dieses Zitat bezieht sich auf Georg Kerschensteiner, trifft nach meiner Überzeugung aber sehr präzise auch für Gropius zu.

16 Vgl. hierzu Rainer Wick: Bauhaus-Pädagogik, Köln 1982, mit Einzeldarstellungen der pädagogischen Konzepte von Itten, Moholy-Nagy, Albers, Kandinsky, Klee, Schlemmer und Joost Schmidt.

17 Antje Middeldorf: Bauhaus und Kunstunterricht, in: Katalog »Kind und Kunst. Zur Geschichte des Zeichen- und Kunstunterrichtes«, Berlin 1976, S. 124.

18 a. a. O., S. 126.

19 Christoph Natter: Künstlerische Erziehung aus eigengesetzlicher Kraft, Gotha — Stuttgart 1924, S. 6.

20 Vgl. hierzu Middeldorf, a. a. O., S. 131.

21 Heimo Kuchling: Probleme der künstlerischen Bauhaus-Lehre, in: Kontur — Zeitschrift für Kunsttheorie 36 (1968), S. 13.

22 Gustav Hassenpflug: Das Werkkunstschulbuch, Stuttgart 1956, S. 16. Über die pädagogische Konzeption von Gustav Hassenpflug entsteht z. Zt. eine Dissertation von Christian Grohn, Hamburg. Herrn Grohn gilt mein Dank dafür, daß er mir ein Resümee seiner Untersuchungen überlassen hat, aus dem deutlich wird, daß Hassenpflugs Bemühungen nach 1945 nicht nur auf die Erhaltung des integralen Zusammenhangs der Bauhaus-Pädagogik gerichtet waren, sondern daß sie auch an den sozialen Zielsetzungen des Bauhauses orientiert blieben.

23 Kurt Staguhn: Didaktik der Kunsterziehung, Frankfurt 1972, 2. Aufl., S. 86.

24 Vgl. das gleichnamige Buch von Wolfgang Metzger, Frankfurt 1953.

25 Hingewiesen sei in diesem Zusammenhang auf eine wissenschaftliche Vortragsreihe an der Universität Gesamthochschule Essen, Fachbereich 4, Gestaltung und Kunsterziehung, im Wintersemester 1983/84 unter dem Titel »Ästhetik & Fremdes«, organisiert von einer Hochschularbeitsgruppe unter Leitung von Prof. Hermann Sturm.

Hubert Hoffmann

Erziehung zur Gestaltung von Dessau bis Graz

Bauhaus Dessau

Josef Albers war mein erster Lehrer am Bauhaus. — Ich verdanke ihm viel, denn ich kam aus einer derart erstarrten Tradition, daß ich gezwungen war, mich gewaltsam von ihr zu lösen, das erste Mal, um Bauer zu werden (Landwirtschaftslehre), das zweite Mal, um Architektur zu studieren (in Dessau). Ich hatte aus diesem Grunde eine kritische Grundeinstellung — übrigens auch gegenüber Albers — bis er mir eröffnete, daß gerade diese kritische Einstellung zu begrüßen sei.

Ich bin Herrn Wick dankbar, daß er mich von der anderen Seite der Alpen hierher gebeten hat, um mit Ihnen über das Bauhaus und die Möglichkeiten der Bauhauslehre zu sprechen.

In unserem Jahrhundert gibt es wenige Erscheinungen, über die so Widersprüchliches ausgesagt wurde wie über das Bauhaus. Mißverständnisse, die nicht nur durch propagandistische Entstellungen zu einem Zerrbild geführt haben, sondern auch durch den Zwang zum Etikett in unserer von Information überlasteten, verwirrten Gesellschaft.

Gerade wegen der wachsenden Kompliziertheit versuchen sich Verunsicherte in grausame Vereinfachungen zu retten. Bei einer Fernsehsendung erwiderte mir ein Kollege: »Bauhaus, ja, da wurde alles aus geometrischen Grundformen entwickelt: eine Lampe = Kugel, der Griff einer Teekanne = Halbkreis.« Und die Gattin eines Botschafters ahmte mit der Hand einen Kubus nach: »Die Häuser waren doch alle so.«

In der Allgemeinheit hat sich vor allem eine Periode des Bauhauses in den Köpfen festgesetzt, nämlich die »Moholytische«, und von dieser auch wieder nur formalistische Äußerlichkeiten aus einer Art rationalistischen Symbolik, die mit dem vom Bauhaus grundsätzlich angestrebten »Funktionalismus«, d. h. der Übereinstimmung von Inhalt und Form, nur recht vage Beziehungen hatte.

Die anderen Perioden und deren Erzeugnisse sind fast unbekannt. Die erste unter Ittens Einfluß, und die dritte unter Hannes Meyer vor allem.

Unter den Produkten des Bauhauses gibt es natürlich viel Zeitgebundenes, doch würde ich es ablehnen, »Modisches« zu sagen; andere Arbeiten wiederum sind durch ihre Qualität (fast) als zeitlos zu bezeichnen.

Wichtiger als dies alles erscheint mir aber, daß dem historischen Bauhaus etwas zugrundelag, das über die Zeit seines Bestehens hinausgeht, etwas, das noch Gültigkeit hat — ja, das meines Erachtens sogar weit in die Zukunft hineinragt: *Die Bauhausidee!* Die Vorstellung einer unserer Gesellschaft (wie sie sein sollte) gemäßen, entsprechenden Erziehung zur Gestaltung im Rahmen der bildenden Künste! Dazu möchte ich behaupten: Das historische Bauhaus, Ulm, WCHUTEMAS oder die amerikanischen Institute waren bislang nur Versuche über eine derartige Idee, die erst hier und dort, probeweise sozusagen, in Varianten angeboten wurden, einer Idee, die eigentlich bis heute noch ungenutzt, unerfüllt ist, die aber für morgen Entfaltungsmöglichkeiten bietet, die über den Rahmen von Gestaltung hinaus auch für die Qualität von Gesellschaft mitbestimmend wären.

Rainer Wick hat mit seinem Buch »Bauhaus-Pädagogik« eine Monographie des Bauhauses gegeben, die der Wirklichkeit außerordentlich nahe kommt. Dennoch halte ich es, was die Geschichte anbelangt, eher mit Spengler, nämlich »daß sie keine Wissenschaft ist, sondern den Künsten zuzurechnen sei« — also subjektiver.

So sind auch meine Äußerungen in diesem Sinn subjektiv — und sicher abweichend von Schilderungen jedes anderen Bauhäuslers. Es kommt bereits auf die Zeit an, in der der Betreffende studiert hat, auf die eigene Anschauung, mit der er das Erlebte bewußt oder unbewußt gefiltert hat und schließlich auf die Erfahrungen, die er als Produzierender oder als Lehrer mit Gestaltung in verschiedenen Bereichen gemacht hat.

Ich bin z. B. nicht der Ansicht von Herrn Wick, daß von den vier Phasen des Bauhauses schon die unter Hannes Meyer auflösende Tendenzen zeigt. Im Gegenteil scheint mir hier ein Maximum in der Verwirklichung von Bauhaus-Pädagogik erreicht gewesen zu sein. Der Verlust von Malern wurde ersetzt durch Architekten: Hilberseimer, Stam, Wittwer, Brenner, Arndt, Heiberg, durch den Fotografen Peterhans und wichtige Gastlehrer wie Graf Dürkheim, Neurath u. a.

Ich darf — bevor ich in Einzelheiten gehe — darauf hinweisen, daß die Erziehung am Bauhaus in Stufen erfolgte, die durchaus organisch aufeinander abgestimmt waren und dazu dienten, den *ganzen Menschen* zu erziehen, seine Fähigkeiten als Gestalter in einem angemessenen Klima zu entwickeln

oder wachsen zu lassen und ihm die Möglichkeit zur Zusammenarbeit zu geben. Es ist unmöglich, den *Vorkurs* aus diesem Aufbau der Dreiheit: Einführung — Werkstätten — Entwurfs-Atelier mit gleichlaufendem Lernen im Team, herauszureißen und in ein ganz anderes pädagogisches System zu verpflanzen! Der Vorkurs wird dabei automatisch auf die nachfolgenden Lehrziele ausgerichtet, somit verbogen bis zur totalen Verfälschung. Vor allem, wenn diese Grundlehre als »Fach« angesehen wird, das neben anderen »Gegenständen« eingeengt ist. Auf den Vorkurs muß die Werkstattlehre mit ihrer Ausrichtung auf den realen Auftrag folgen, mit einer Prüfung vor der Handwerkskammer, möglichst in der praxisnahen Form unter Hannes Meyer: drei Tage Werkstatt mit üblicher Arbeitszeit und -disziplin und drei Tage Theorie, um beides miteinander zu verschränken zur gegenseitigen Überprüfung.

Von einer Bauhaus-Erziehung kann man überhaupt erst sprechen, wenn das Prinzip der Überschaubarkeit aller Unterrichtsgruppen erreicht ist; das bedeutet Begrenzung auf 12—15 Teilnehmer in allen Seminaren, auf 20—25 Studenten in der Vorlehre, d. h. eine intensive Betreuung bei Korrekturen und Diskussionen muß erreicht sein! Also das Schreck-Gespenst »Numerus clausus«, der am Bauhaus existierte, da eine Aufnahme erst und nur erfolgte, wenn der Vorkurs den Nachweis der Befähigung erbracht hatte.

Schließlich ergab sich die soziale Sicherung des Studiums durch finanzielle Beteiligung an der Werkstattproduktion oder den Entwurfsaufträgen. Die Überschaubarkeit führte auch zu einem intensiven Gemeinschaftsleben, an dem eigentlich jeder gern und freiwillig teilnahm, d. h. Selbstverwaltung in vielen Bereichen, dazu eine heitere Art der Erziehung durch festliche Veranstaltungen, durch Musik oder Tanzvorführungen mit oft humoristischen Darstellungen: Selbstkritik und gesellschaftskritische Skizzen.

Da Kurt Kranz Ihnen sicher etwas über die von der Malerei und Plastik kommenden Meister berichten wird, möchte ich nicht versäumen, Ihnen einiges über *Hannes Meyer* und seine Lehrmeinungen einzufügen. Die dritte Stufe der Erziehung zu Architekten bei Gropius erfolgte über Aufträge in seinem Atelier. Seit langem bestand die Forderung der Studenten nach einer Baulehre. Um diesem Wunsch nachzukommen, wurde der Schweizer Architekt berufen, der trotz seiner relativen Jugend eine internationale Praxis bei Bauten und Siedlungsvorhaben hinter sich hatte und besondere Kenntnisse im Genossenschaftswesen besaß.

Hannes Meyer stellte sich am Bauhaus vor mit einer Ausstellung von Bildern in der Art von Mondrian. Seine Baulehre war neben der Aufgabenstellung von Wohn- und Siedlungsbauten eine faszinierende Schilderung seiner Lebenserfahrungen, eingeschlossen anthroposophische Theorien. Erst in der Auseinandersetzung mit einer linken Studentengruppe begann er sich mit materialistischen Theorien zu beschäftigen, die allmählich die Anthroposophie verdrängten. Verstärkt wurden die gesellschaftlichen Aspekte durch Hilberseimer, der sich vor allem mit städtebaulichen Problemen befaßte, und durch den Ökonom und Politologen Neurath (Museum für »Wirtschaft und Gesellschaft« in Wien). Unabhängig von dieser Wandlung der Auffassung blieb Hannes Meyer stets einer ökologischen Anschauung verbunden (der Ausdruck »Ökologie« wurde bereits von Heckel geprägt). Er demonstrierte in seinen Kolloquien eine erhebliche Kenntnis in Pflanzen- und Landschaftsgestaltung. Die Vorträge seines Basler Freundes von Meyenburg, eines Agraringenieurs (Erfinder der Gartenfräse), ging schon damals ganz in diese Richtung. So sprach Hannes Meyer oft von einer wünschenswerten »Biologischen Architektur«, und seine Bauplanungen wandelten sich von konstruktivistischen Gestaltungen (wie der Entwurf des Völkerbundpalastes) zu Annäherungen an »Organisches Bauen« (bei der Bundesschule Bernau). Natürlich fanden auch Werke von Scharoun und die Theorien von Häring Eingang in die Lehre — weniger über Hannes Meyer, als über Hilberseimer (und trotz seiner eigenen, davon abweichenden Art zu bauen). Ein Schwergewicht nach der anthroposophischen Seite bildeten die Seminare des recht bedeutenden Form- und Farbpsychologen von Dürkheim.

Das Neben- und Gegeneinander zweier sehr unterschiedlicher Geisteshaltungen (seit dem Bestehen des Bauhauses) erzeugte stets ein spannungsvolles Klima. Am Ende der Ära Hannes Meyer wurde es mehr und mehr von außen »aufgeheizt«, durch politische Radikalisierung bis hin zur Entlassung Hannes Meyers, die allerdings von Oberbürgermeister Hesse nur als kommunalpolitisch-taktischer »Schachzug« benutzt wurde.

Mies van der Rohe opferte schon am Beginn seiner Übernahme wichtige Teile der Bauhausidee, vor allem die Produktivwerkstätten. Er war sicher ein großartiger Architekt — aber ein schlechter Pädagoge. — Sein Institut steuerte auf eine »Akademie« zu, mit klassischer Architektur in Stahl und Glas.

Dessau nach 1945

Unmittelbar nach dem 2. Weltkrieg war ich mit einem kleinen Team zunächst fast drei Monate beim Wiederaufbau von Magdeburg tätig, als ich von Oberbürgermeister Hesse die Berufung nach Dessau erhielt.

Durch ihn wurde ich mit allen Vollmachten versehen: Ich richtete ein Bauhaus-Sekretariat zur Organisation vorbereitender Maßnahmen mit dem Ziel der Wiedereröffnung der Hochschule für Gestaltung ein, außerdem übernahm ich öffentliche Ämter in Stadt- und Bezirksplanung, hatte Sitz und Stimme im Stadtparlament sowie den Vorsitz im

»Kulturbund zur demokratischen Erneuerung Deutschlands«.

Ein mohammedanischer Kulturoffizier der Besatzungstruppen unterstützte unsere Ziele mit großem Verständnis. — Es begann eine Gruppe von 12 alten und etwa 15 neuen Bauhäuslern mit Aktivitäten auf verschiedenen Gebieten der bildenden und darstellenden Kunst. Georg Neidenberger, Architekt, Werbegestalter und Bühnenbildner, war mein Stellvertreter. Eine Werkstatt für Bildstatistik und Foto wurde in den Meisterhäusern eingerichtet (Raddack und Stolp), dazu eine Informationsabteilung (Gensichen und Dr. Kieser); im »Luisium« wurde eine Drechslerei und Tischlerei (Ursin und Schmidt) untergebracht. Der einzige vorhandene Brennofen in Dessau erzeugte dringend benötigtes Geschirr (Rausch). Das Bauhausgebäude wurde abgesichert. Webstühle wurden gebaut (Engemann und Menge) und Maschinen von Junkers übernommen. Die Planungsgemeinschaft begann mit dem Aufbau von Dessau (Hoffmann und Pfeil), ferner mit Dorfplanung (Hess), Trümmerverwertung (Birkner), Umbauten von Gütern und Schlössern (Scheper und Marx). Dazu Wohnungsbau (Stam) und Modelle für einfache Möbel und Geräte.

Der Werkunterricht fand in unmittelbarem Zusammenhang mit der harten Praxis für Notunterkünfte und lebensnotwendige Dinge statt. Mit Erfindungen für Ersatz von Materialien und Verbindungsteilen, die es nicht gab. Eine weitere Unterrichtung war Teil einer Aufklärung über Wesen und Verantwortung der neuen Demokratie mit ständigen Vorträgen, Diskussionen, Ausstellungen, Wettbewerben, Musik- und Theatervorstellungen (Gastvorträgen vor allem). Jeden Sonntag haben wir mit Freiwilligen Ziegel geputzt und von den Trümmerbergen die besser gestaltete Umwelt von morgen propagiert. Es war in der Tat eine Stunde »Null«. Die Möglichkeit, unsere in vieler Hinsicht mangelhaften Städte zu korrigieren, lag in den Trümmerfeldern greifbar vor uns.

Es mag (für Sie) pathetisch klingen, aber ich kann es nicht anders ausdrücken: Ein unglaublicher Optimismus befähigte uns, diese ersten Aufbauleistungen zu vollbringen, pädagogisch auszuwerten und darüber hinaus Vorstellungen zu erarbeiten, für ein System, das der weiteren Entwicklung des Bauhauses entsprechen könnte.

Natürlich wurde mit vielen der zu berufenden Lehrkräfte verhandelt. Ein Etat von 300 000 R. M. war gesichert — aber damit war es nicht getan.

Ich habe mich bemüht, mit der Lehre etwa da anzufangen, wo Hannes Meyer aufgehört hat. — Ja, noch ein Stück darüber hinaus zu gehen: Ich hatte 1933 mit Moholy und Neurath an der Charta von Athen teilgenommen. Mein Beitrag mit Hess und Van der Linden war eine umfassende Analyse von Stadt und Raum Dessau. Mit dem regionalen und ökologisch betonten Charakter dieser Arbeit vertraten wir eine etwas abweichende Ansicht zu der stark rationalistischen offiziellen Veröffentlichung der Charta in der Fassung Le Corbusiers, die trotzdem im ganzen nicht so schlecht ist wie ihr Ruf! Diese Analyse lag unseren Aufbauarbeiten zugrunde. Uns wurde klar, warum einige Fürsten von Dessau berühmte Gärtner waren: es gibt selten eine Stadtumgebung mit dem Modellcharakter einer Fruchtlandschaft wie diese.

Die Vorstellung, dem Bauhaus ein ökologisches Schwergewicht zu geben, wurde unterstützt, indem Oberbürgermeister Hesse das Schloß Groß-Kühnau in landschaftlich prädestinierter Lage für eine Gartenbauwerkstatt und eine botanisch angereicherte Vorlehre zur Verfügung stellte. Hermann Mattern, den ich als Leiter des künftigen Bauhauses vorgeschlagen hatte, verhandelte mit Hesse, sein Mitarbeiter Funke sollte das Stadtgartenamt übernehmen.

Aus der Bauhausidee, dem pädagogischen System des Bauhauses vor der Übernahme durch Mies, aus den Erfahrungen des Aufbaus und der durch Ökologie erweiterten Raumtheorie entstand ein Lehrplan, ein Gerüst, dessen zentrale Achse die drei Stufen der Bauhauslehre enthielt, mit einer Erweiterung durch eine Pflanzenlehre im Vorkurs und einer Gartenbauwerkstatt im Rahmen der übrigen Werkstätten. Diese Achse wurde begleitet von den entsprechenden Geisteswissenschaften und anderen Hilfswissenschaften, dem notwendigen technischen Rüstzeug. Gegenüber dem erheblichen Durcheinander von Lehr»gegenständen« an den Universitäten war hier für jeden Studierenden ein überschaubarer, aufeinander abgestimmter Aufbau abzulesen. (Ich habe dieses Schema später in Graz benutzt, um im Rahmen der Studienreform in Österreich eine gewisse Annäherung an die Bauhausidee zu erreichen.) — Aber ... dann kamen ein neuer Oberbürgermeister — ein anderer Kulturoffizier, die Dogmen des sozialistischen Realismus ...

Graz

Zwölf Jahre Praxis in Berlin lagen zwischen Dessau und Graz. Dabei die Partnerschaft mit dem Landschaftsplaner Walter Rossow und eine zweijährige Lehrtätigkeit an der Gartenbauschule in Dahlem. Die TU in Graz hatte offenbar Vertrauen zu meiner Vielseitigkeit! Ich wurde mit der Lehre in den Bereichen Städtebau, Landesplanung, Landwirtschaftsbau, Wohnungsbau und Grundlagen der Gestaltung beauftragt. Mein erster Versuch, die Grundlagen der Gestaltung (damals eine Art Ornamentlehre), aus dem dritten Semester in das erste zu verlagern, gelang — auch eine Fortsetzung im zweiten Semester, als »Einführung in das Entwerfen«. Die Bemühung, dieses erste Semester als *unwiederholbaren Test* für die Immatrikulation des Architekturstudiums anzuerkennen, scheiterte jedoch am Widerstand der Hochschülerschaft.

Jede der fünf Architekturlehrkanzeln hält Arbeitsseminare in der Art des Vorkurses — allerdings je nach Einstellung der einzelnen Lehrkanzelchefs mit sehr unterschiedlichen Akzentuierungen: von konstruktiv orientierten über einseitig anthroposophisch ausgerichteten Seminaren bis hin zu Varianten in der Bauhausnachfolge. Von einer Erziehung des ganzen Menschen kann dabei keine Rede sein — Universitäten gleichen in ihrem Grundcharakter heute eher Supermärkten mit Angeboten »geistiger Gegenstände«, die der »Kunde« möglichst billig und fast zu jeder Zeit zu »konsumieren« in der Lage ist.

Eine Art Fortsetzung der Vorlehre fand jedoch erfreulicherweise in den Zeichensälen statt — so etwas wie Selbsterziehung mit Zeichensaalältesten oder Tutoren als Betreuern. Diese positiven Ansätze leiden so, wie alle gegenwärtigen Hochschulen, unter Überfüllung, damit unter Massenabfertigung, und verlieren somit hinsichtlich der angestrebten Ganzheit der Erziehung ihre Wirksamkeit. Auch die am Bauhaus selbstverständliche und erfolgreiche Erziehung von Studenten an realen Aufträgen wurde auf Assistenten eingeschränkt — von mir genutzt bei dem umfangreichen Bauvorhaben der Elt-Institute und des obersteirischen Musterhofes.

Interessante Möglichkeiten, vor allem im Städtebau, ergaben sich seit den 60er Jahren mit der Beteiligung von Studenten an Bürger-Initiativen. Die Mitwirkung an aktuellen Fragen, die Auseinandersetzung bzw. Zusammenarbeit mit Laien und Behörden, haben den Aufgaben im Rahmen von Gutachten oder Gegenprojekten Wirklichkeitscharakter gegeben, mit Eingreifen in Diskussionen bei Bürgerversammlungen, mit Kontakten von Gruppen der Betroffenen und daraus oft hervorgehenden Demonstrativ-Ausstellungen. Eine erfreuliche Folge ist der hohe Anteil von erfolgreich beendeten Bürger-Aktionen in Graz. Eine andere ist die Tatsache, daß sich eine Reihe meiner früheren

Schüler haupt- und nebenberuflich in der Politik engagiert.

Meine eigene Vorlehre wurde ergänzt durch Anwendung von Wahrnehmungstests, durch die Prüfung des Verständnisses technischer Zusammenhänge, durch Nutzung traditioneller Feste zur Gestaltung symbolischer Beziehungen, ferner durch Übungen zur Visualisierung von Musik — überhaupt durch Versuche mit Tonkunst als einem Medium, durch das sich Fragen der Proportionen, Symmetrien oder Kontraste leichter demonstrieren lassen. Als Übergang zum Entwerfen wurden kleine praktische Aufgaben herangezogen, während das zweite Semester in der Hauptsache dem Thema »Raum« gewidmet war: »Körper und Raum«, »Natürlicher und künstlicher Raum«, »Raumdurchdringungen«, »Dichte und Weite«, »Grenzen und Schwerpunkte«, »Orientierungen im Raum«, »Raum und Bewegung« u. a. Die Übungen in diesem Thema erfolgten nicht nur, um fachliches Können zu trainieren, sondern um ein Bewußtsein dafür zu wecken, daß unsere Bemühungen um Einzelräume und Raumgruppen stets in Verbindung zu sehen sind mit dem großen, allumfassenden Raum, daß wir keinen Stein setzen können, der sich nicht auf ihn auswirkt. Die Absicht ist, zu so etwas zu erziehen wie Verantwortung vor jeder raumverändernden Handlung!

Nach meiner Emeritierung habe ich »Grundlagen der Gestaltung« z. T. auf meinem eigenen Gelände unterrichtet: einer früheren Alm mit stark geneigtem Wiesenhang und mit Pflanzstreifen — Obst, Gemüseanbau und Schafen. Die Unterweisung ging entsprechend wieder stark in ökologische Bereiche. Es wurden auch Versuche unternommen, Gestaltungen im Maßstab 1 : 1 zu demonstrieren, durch Stangen, Schnurgerüste und Zeltbahnen. Es scheint mir notwendig, daß jeder Architektenschule ein Versuchsgelände für solche Übungen im Maßstab 1 : 1 zur Verfügung stehen sollte.

Ich darf zusammenfassen:

Heute, nachdem die Bauhauslehre nur in einer denaturierten Form, fast nur als Alibi angewendet wird, erscheint es notwendig, nicht nur auf diesen Mangel hinzuweisen, sondern Initiativen in Gang zu setzen, die den Zielen dieser Lehre näherkommen. Nachdem die Öffentlichkeit bislang versagt hat (es reichte nur zu Museen oder Briefmarken), scheint mir so etwas notwendig wie Bürgerinitiativen. Eine Forderung nach Anbindung an die Bauhauslehre von unten her! Das kann innerhalb von traditionellen Lehr-Instituten durch Aktiv-Gruppen geschehen, wenn Studenten, ähnlich dem Elan der 60er Jahre, mit einer Selbsterziehung beginnen. Sie würden sicher auch Berater finden, die vom staatlichen Apparat abweichende »Lehrpfade« gern gehen. (In Graz haben wir drei echte »Bekenner« gehabt, die unbekümmert um Vorschriften und materielle Vorteile echte Meister im mittelalterlichen Sinn waren und »Jünger« um sich scharten.) Diese werden geliebt, weil sie ein Vorbild geben wie die Bauhaus-Meister. Von ihnen spricht man mit Freude und Achtung, weil sie etwas Bleibendes, etwas aus ihnen selbst Kommendes vermittelt, ja geschenkt haben. Eine Erziehung dieser Art kann auch durch Atelier- oder Werkstättengenossenschaften entstehen, vielleicht auch aus Landwirtschaftskommunen, die sich bemühen, aus den Zwängen der Konsumgesellschaft auszusteigen.

Auch Gebäude und Orte könnten den Anlaß geben: Leerstehende Fabriken, Burgen, Schlösser, wenn sich Initiatoren fänden; ich meine also dezentralisierte überschaubare Zentren, die gar nicht »Bauhaus« heißen müssen, die aber willens und in der Lage sind, diese jetzt brachliegende, ungenutzte, verballhornte Idee in kräftigen regionalen oder persönlichen Abweichungen zu variieren, wobei vieles möglich ist. Pluralismus — ich darf es zum Schluß einflechten — heißt vieles, nicht alles! Der Freibrief auf »alles« ist eine Erfindung unserer geschäftemachenden Gesellschaft. Es ist der nicht erkannte umgekehrte »Totalitarismus«!

Das Bauhaus hat sich mit Recht auf die mittelalterliche Tradition berufen — auf die Bauhütten, auf die Kathedrale.

Es gibt einen Orden, den ich als die »technischen Hochschulen des Mittelalters« bezeichnet habe: Die Zisterzienser: Sie waren die progressiven Planer, Baumeister und Ökologen des 12. — 15. Jh. Sie haben Kultur in die entlegensten Teile Europas gebracht: Leben und Gestaltung!

Es hat dezentralisiert 7 000 Zisterzen gegeben, denen wir unseren geistigen und materiellen Bestand mit zu verdanken haben. Sind wir diesen Vorfahren nicht einiges schuldig? Eine Übertragung auf unsere Zeit! Sind wir nicht verpflichtet, den mutigen Bauhaus-Pionieren heute Entsprechendes zur Seite zu stellen? Denken Sie darüber nach — aber lassen Sie es nicht mit Denken allein bewenden!

Kurt Kranz

Bauhaus-Pädagogik im Zeitalter der Elektronik?

Es hat nicht an Versuchen gefehlt, die Bauhaus-Pädagogik zu erneuern. 1934 hat Josef Albers am Black-Mountain-College, gleich nach seiner Emigration in die USA, Basic Design neu zu lehren begonnen. Über die Veränderung seiner Methode kann ich nichts aussagen. Robert Rauschenberg und Claes Oldenburg, die befragt wurden, antworteten nicht sehr ergiebig. 1937 eröffnete Laszlo Moholy-Nagy in Chicago, der Stadt Louis H. Sullivans, das »New Bauhaus«. Sein Basic Design zog die intellektuelle Jugend Amerikas wie ein Magnet an. Über die Ergebnisse und den Wandel der Methoden durch Kinetik und Lichtmodulatoren gibt das Buch »Vision in Motion« Auskunft. Mit dem Tod Laszlo Moholy-Nagys verlosch der Versuch. Wenigstens wurde es ein Begräbnis erster Klasse. 1957 habe ich Josef Albers an der Yale University aufgesucht. Er war gerade Head of the Art Department geworden. Ich selbst war Gastdozent in den USA. So betrachtete ich seine Arbeit sehr gründlich. Er hatte eine erweiterte Methodik. Er fügte dem »Werklichen Formunterricht« die Farbe hinzu. In großen Sälen mit achtzig bis hundert Studenten wurden in vielen Varianten die Probleme der Interaction of Color bearbeitet. Parallel dazu führte Josef Albers einen Malsaal mit älteren Studenten. Sie untersuchten, in Kojen voneinander getrennt, seine Theorie auf eine sehr individuelle, malerische Weise. Damals sah ich plastische Arbeiten, Reihenuntersuchungen an durchbrochenen Körpern, plastischen Systemen, Skulpturen in Plexiglas, aus Elementen aufgebaut, alles Ergebnisse älterer Semester. Offensichtlich suchte Josef Albers auch die Fotografie einzubeziehen. Ein Teil des Gebäudes war diesem Medium gewidmet. Leider sah ich keine besonderen Ergebnisse. 1955 wurde in Ulm die Hochschule für Gestaltung unter Max Bill eingeweiht. Die hier entwickelte Methode wich von Josef Albers' Prinzipien nicht sehr ab, wenn man von Max Bills Parametern absieht, die eher an Hannes Meyer erinnern. Die freie Arbeit wurde sehr schnell auf das Produkt bezogen. Das freie Spiel der Erfindung durch die Anwendung einmal einzuengen und zum andern wieder zu erweitern, im Wandel von Theorie und Anwendung, mag als positives Recycling aufgefaßt werden. Mit der Schließung der Hochschule durch Ministerpräsident Filbinger kamen uns, die wir an der Bauhaus-Pädagogik interessiert waren, Sorgen und Zweifel. Da bestand ein außergewöhnlicher Erfolg, ein großartiger Ansatz, aber er gefiel dem Bourgeois nicht. Bauhausideen haben es offenbar an sich, Repression auf sich zu ziehen. Gleichzeitig zeigte die große Bauhausausstellung in Stuttgart zahlreiche pädagogische Arbeiten der zweiten Generation, die sich über Europa, die USA und Japan erstreckte. So riß immerhin das Gespräch über die Bauhaus-Pädagogik nicht ab.

Aber wie funktionierte Bauhaus-Pädagogik wirklich? Ich kann das Problem nur grob umkreisen. Dabei will ich mich auf drei Meister beschränken. Auf Josef Albers' »Werklichen Formunterricht«, Paul Klees »Aufzucht der Mittel«, Wassily Kandinskys »Analytische Methode«. Diese Verkürzung ist zu sehen vor dem Hintergrund meiner eigenen Studienzeit am späten Bauhaus. Das verminderte Spektrum Albers, Kandinsky, Klee,

Meyer, Peterhans und Schmidt war für einen zwanzigjährigen jungen Mann immer noch überwältigend genug. Soweit mir das möglich ist, will ich mich erinnern.

Zunächst eine Grafik, die dramatische Fieberkurve der Politik. Sie beginnt mit dem Tief von vier Millionen Toten, der ersten Inflation, geht über eine kurze Erholung zu den sechs Millionen Arbeitslosen. Dann folgen der Scheinaufstieg der Hitlerdiktatur

Grundklasse Kurt Kranz an der HBK Hamburg 1954; die auf den folgenden Seiten abgebildeten Übungsarbeiten stammen alle aus dem Unterricht Kranz an der HBK in den 50er und 60er Jahren.

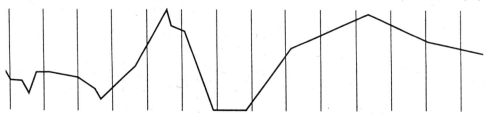

1920 1925 1930 1935 1940 1945 1950 1955 1960 1965 1970 1975 1980 1985

und der Fall in die Tiefe von insgesamt fünfzig Millionen Toten infolge des Zweiten Weltkrieges. In Deutschland folgen Zerstörung und Demontage fast aller Produktionsmittel, Wiederaufbau, Wirtschaftswunder, der Knick in der Kurve mit heute mehr als zwei Millionen Arbeitslosen, markiert durch Elektronik, Autobahnen, Wagen für Jedermann, Börsennachricht über Satellit, Roboterfabriken, Atomspaltung, Mondflug, Entdeckung der DNS und die mögliche Genmanipulation, das große Gebiet der Informatik, Kybernetik,

Astronautik. Parallel dazu im Bereich der Kunst: der Wechsel von Kunst und Antikunst. Die aufeinanderfolgenden Ismen der Kunst ließen sich in Schichten anordnen.

Alle Schichten sind heute noch lebendig. Der Expressionismus scheint zyklisch. Sicher bildet die Moderne in unserem Leben nur ein winziges Spurenelement, aber wer weiß, welche notwendige Wirkung die moderne Kunst auf unser Thema hat: ihre Verfahren, ihre Prozesse, die Umkehr der Werte, die Anrufung des Irrationalen, der Puris-

```
                                        Wilde____
                                Politkunst__
                            arte povera___
                        conceptual_____
                    popart_____
                opart_____
            happening_____
        abstract expressionism_____
    Tachismus_____
Surrealismus_____
dada_____
Neoplastizismus_____
Suprematismus_____
Abstrakte Malerei_____
Fauvismus_____
Expressionismus_____
```

mus, sie alle geben ja ein Spiegelbild der Empfindungen, der Lebensgefühle. Das gleiche gilt für die Geisteswissenschaften, auch da liegen nebeneinander: Marxismus, Pragmatismus, Positivismus, Existentialismus in je verschiedener Prägung, Karl Raimund Poppers »Offene Gesellschaft« und Ernst Blochs »Prinzip Hoffnung«. Ich will das nicht weiterführen. Es fehlen endlos viele Facetten. Ich muß auch auf die Prognose, die Futurologie verzichten, auch auf die Schnittflächen. Ich kann verstehen, daß junge Menschen aus diesem undurchsichtigen Gewebe angesichts der Vielfalt der Deutungen »aussteigen« wollen.

Aber blicken wir jetzt zurück auf die jungen Bauhäusler. 1930, vor dem Hintergrund von sechs Millionen Arbeitslosen, das »surrealistische Manifest« neben der »Weltbühne« auf dem Kantinentisch. Sie wollen alles wissen, erkennen, lernen, was erreichbar ist. Sie wollen alles umgestalten und fangen bei sich selbst an. Sie lieben ihr Experiment, sie haben ihre sozialistischen und andere Utopien. Die Bauhäusler: Sie waren von Anfang an eine Minorität. Sie trugen funktionale, selbst entworfene Haartracht und Kleidung. Ihr Mobiliar bestand aus weiß gestrichenen Apfelsinenkisten. Sie hörten Igor Strawinsky, Bela Bartók, Paul Hindemith, sahen Oskar Schlemmers Masken und Figurinen auch von innen. Sie tanzten damit, sie lebten in einer der schönsten konstruktivistischen Architekturen, dem Bauhaus in Dessau, mit allen Fehlern dieses Experiments. Sie dekorierten Feste, hatten ihre eigene Band, liebten Louis Armstrong und Duke Ellington, lebten in den winzigen Zimmern der Arbeitersiedlung der Junkerswerke, lebten ärmlich, ohne Bafög, also ohne Netz, revolutionierten gegen Wassily Kandinsky mit Sit-in und Flugblättern, gingen zur Erholung in den von Dichtern als Elysium gepriesenen Wörlitzer Park. Sie sahen keine Zukunft ihrer Pläne, aber sie entwarfen und bauten Möbel und Häuser für die arbeitende Bevöl-

kerung. Diese Möbel und Bauten, als »Kulturbolschewismus« beschimpft, wurden von den Intellektuellen gepriesen und von den Betroffenen, den Arbeitern, als »Kaninchenställe« abgelehnt. Sie fühlten mit sechs Millionen Arbeitslosen die Angst vor der Zukunft, sie standen auf dem Wagen des Agitprop, sie fürchteten Fememord und Straßenschlachten zwischen SA, Polizei und Rotfront, mit Barrikaden, Verwundeten und Toten. Dann wurde das Bauhaus in Dessau geschlossen, und in Berlin von den Nazis ausgehungert. Ausweglosigkeit führte in die innere und äußere Emigration.

Zwischenfrage: Fühlen wir heute mit den mehr als zwei Millionen Arbeitslosen? Oder wird alles überdeckt von der Drohung mit neuen Raketen? Hauptfrage: Was könnte die Bauhaus-Pädagogik heute leisten? Wie könnte sie dem Studienanfänger das Feld öffnen? Gleicht sie möglicherweise dem Initialritus der Naturvölker, in dem die Novizen erst weiß gekalkt und ornamentiert werden, um dann, tätowiert und mit Schmucknarben versehen, auf heißen Steinen Brandqualen stoisch aushalten zu müssen, ehe sie in die Geheimlehren ihres Stammes eingeführt werden? Jene Deckung von Zeichen und Form ihres Stammes fasziniert uns ja heute noch. Ritualisierte Bauhaus-Pädagogik, Geheimlehre? Das wäre schlimm! Ohnedies wird schon mit ernster Miene die Schuld an der Betonlandschaft dem Bauhaus in die Schuhe geschoben, statt den Profitmachern, Planerfüllern, den Angepaßten, den Angestellten der Gesellschaft. Jeder Do-it-yourself-shop darf sich Bauhaus nennen. Heute reden Hinz und Kunz vom Bauhausstil, der an allem Schuld sein soll. In Dessau 1929/30 war das Wort Bauhausstil ein Schimpfwort. Ein — allerdings verfremdendes — Inserat von 1927 in der Zeitschrift »Bauhaus« zeigte Damenunterwäsche mit »Bauhaus-Stil-Dekor«. Heute erlebe ich im Hotel ein Bett mit reich verzierter barocker Umkleidung, handkoloriert, aus Polyester gepreßt oder gegos-

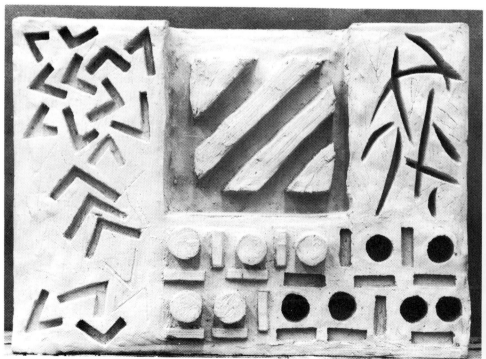

sen, an den Stahlrahmen geschraubt. Aber, wenn man den Soziologen glaubt, darf man das Wort Kitsch nicht verwenden!

Was kann ein junger Mensch dagegen tun? Zuerst einmal muß er die Verlogenheit erkennen und den Entschluß fassen, sich zu bilden, um der gestalteten Lüge zu parieren. Betrachten wir unter diesem Gesichtspunkt noch einmal den Vorkurs von Josef Albers in Dessau. Er hat zwei Aspekte: das Material mit seinen sinnlich optischen, taktilen Eindrücken und die Erfindung von Verfahren, von neuen Bearbeitungen mit neuem Werkzeug. Betrachten wir dagegen die heutige wissenschaftliche Materialkunde: ihre Ergebnisse sind mathematisiert in den Spei-

chern der Computer, und jedes neue Material wird in seiner Molekularstruktur in bezug auf Reiß-, Druck- und Schmelzpunkt katalogisiert. Josef Albers wirkt mit seinem sinnlichen Materialerlebnis dagegen fast naiv, sein Spiel mit dem Material steht der vorprogrammierten Verfahrensweise gegenüber. Dennoch steht der Bauhausmeister wirklicher Erfindung näher. Was aber soll man in seinem Sinne heute mit einem Material wie Kunststoff anfangen? Es ist gasförmig, flüssig, gummiartig, hornartig, stahlartig, bis hin zum Wärmeschild des Orbiters. Frage: Ist es darum charakterlos?

Was würde Josef Albers sagen? Vermutlich würde er sagen, man müsse alle chemi-

S. 70, oben: Graphismen nach einer Materialkomposition, 1964;
S. 70, unten: Transformation einer Materialkomposition in ein Gipsrelief mit zeichenhafter Vereinfachung, 1954;
S. 71: Assemblage übersetzt in Streichholzstäbe, 1955

Papierplastik, 1952

schen wie physikalischen Eigenschaften des Materials beherrschen, um die ihm gemäße Form zu finden. Solche Arbeit ermöglichte aber nur das Industrielabor. Bestimmt also der Ingenieur die Form? Oder muß der Gestalter dort eindringen? Ein Hauptsatz der Werklehre von Josef Albers bleibt wohl zeitlos: Es ist die Regel von »Aufwand und Ergebnis«. Es muß immer mehr herauskommen als man hineinsteckt. Dagegen steht die Imitation eines Renaissancemöbels mit sagen wir vierhundert Arbeitsstunden in keinem Verhältnis zum Gebrauchswert, den man wahrscheinlich gleich null setzen kann. Das ändert sich auch nicht, wenn das Möbel in einer Roboterfabrik elektronisch kopiert wird und besonders billig verkauft wird. Josef Albers und sein Verhältnis zu den Werkzeugen enthält meiner Ansicht nach auch heute noch große Möglichkeiten. Sein Grund-

satz, das Wesen der Arbeitsprozesse von Grund auf zu verstehen, war auf ein Ziel gerichtet: auf Erfindung. Er ordnete alle Ergebnisse in Reihen, zeigte Entwicklungsstufen auf, ließ Ansätze erkennen. Er lehrte weiterzudenken, die Sache in Schritten weiterzuführen, sie bis in den utopischen Raum zu projizieren. Erfindung war ein Sprung innerhalb von Reihen. Nach Josef Albers ist der Zufall nicht verantwortet, also unverantwortlich. In Yale sagte er: »Design is to plan and organize, to order, to relate and to control. In short it embraces all means opposing disorder and accident.« Er provozierte, um den Studenten in seiner Haltung zu bestärken. Bauhaus-Pädagogik geriet zu einer Art »Hirnwäsche«. Sie hatte das Ziel, ein neues Bild der Realität aufzubauen, das imstande war, bloß übernommene, verkrustete Vorstellungen aufzulösen. Was aber, wenn heute die

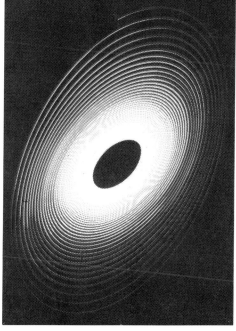

Räumliche Bewegungsformen

Philosophie eines Monos die Welt aus Notwendigkeit und Zufall erklärt? Und was ist mit den stochastischen Prozessen? In der Methodik wird man die Bandbreite erweitern oder das Würfeln einführen müssen. Josef Albers hat unter den Bauhauslehrern die möglicherweise größte Wirkung ausgelöst. Aber er selbst stand vor dem Hintergrund der Walter Gropius, Hannes Meyer, Wassily Kandinsky, Paul Klee.

Wassily Kandinsky mit seiner analytischen Methode bemühte sich um eine alles umgreifende kosmische Ordnung. Er suchte die Essenz der Dinge. So untersuchten auch wir die Dinge nach ihrem Eigentlichen. Wir zeichneten analytisch, studierten Stilleben und Landschaft, aber was wir fanden, war immer die geometrische Einfachheit. Die Geometrie, die ja nach Platon den Göttern vorbehalten sein sollte, geriet ungewollt zum

Programm: als gelbes Dreieck, rotes Quadrat und blauer Kreis. Unvergeßlich sind für mich die Bildanalysen: Was gehört zu den inneren Notwendigkeiten? Was bedingt die Spannung? Was löst sie aus? Was tun Farbe und Form? Was bedeutet die Stellung der Form, ihr Platz auf der Fläche? Wie verändert sich die Fläche? Das stete Suchen Wassily Kandinskys nach dem inneren Klang. Die abstrakte Formsprache war seine Erfindung und seine Welt. Er war ein großer Pionier, ein Mensch, der das »Und« höher einschätzte als das »Entweder-Oder«. Seinetwegen war ich zum Bauhaus nach Dessau gegangen. Ich ließ keine seiner Vorlesungen, Seminare und analytischen Zeichenkurse aus. Aber völlig in Bann schlug mich damals das Seminar von Paul Klee, der wie seine Bilder über eine magische Ausstrahlung verfügte. Er erfand jene kleinen Syste-

73

me, die wie Maschinen funktionieren und in sich geschlossen sind. Seine Schemata, wie das der passiven, aktiven und medialen Linie, ruhen so sehr in sich selbst, daß sie vielfach übertragbar sind und auf andere Erkenntnisse angewandt werden können.

Schon bei Wassily Kandinsky hatten wir die Linie, ihre Ausdrucksform, gründlich studiert. Bei Paul Klee aber wandelte sich der Weg der Linie zu einem Prosagedicht und in seiner Vorlesung zu einem schlüssigen System. Diese Erziehung zu seismographischer Empfindsamkeit ist auch heute noch notwendig, ein Muß in unserer in Bits aufgeteilten Welt, unerläßlich für den, der mit diesen Bits auf dem Screen arbeitet. Paul Klee hatte sich zum Ziel gesetzt, die Bewegung zu gestalten. Damit sind wir in unserer heutigen Situation. Die Naturwissenschaft, und nicht nur sie, sieht alles in Bewegung und steht für alle Manipulation offen. Entspricht die Welt Paul Klees, die auf geheimnisvolle Weise bewegt ist, voller ironischer Anspielungen, rhythmischer Ordnungen und kosmischer Räume — eine Schule der Intuition —, entspricht sie dem uns bekannten catch-as-catch-can der Natur? Soweit ich weiß, stellte Paul Klee Aufgaben, ohne sie zu prüfen. Sein Vorlesungswerk, im Faksimile nachzulesen, enthält ein Reservoir an Erkenntnissen, die auch heute noch nützlich sind. Seine Methode allerdings kann man nicht lehren.

Die Pädagogik des Bauhauses hatte, um es zusammenzufassen, befreiende Wirkung. Man wurde zum Selbstläufer erzogen. Jeder arbeitete an einem anderen Objekt oder Projekt, oft zu zweit oder zu dritt. Teamwork im Sinne von Walter Gropius war durchaus lebendig. Jeder konnte an allen Korrekturen teilnehmen. Er konnte Architektur- und Bildanalyse vergleichen. Heute dagegen bietet das Feld der Gestaltung, in das der junge Mensch eindringen will, gewaltige Widerstände. Nicht nur die sich ständig verändernden Technologien sind schwer zu durch-

schauen, auch der Markt mit all seinen komplizierten Mechanismen macht es unübersichtlich, engt es ein. Hinzu kommt die kostenaufwendige Werbung vom Inserat bis zum Fernsehspot. Dies alles bildet einen Filter, der nur durchläßt, was man glaubt, verkaufen zu können. Es gibt noch weitere Mauern, die Hierarchien des Geschmacks wären zu nennen, der konstante Warenhausgeschmack, das rückläufige Echo auf den Konsumhedonismus, jene mit Nostalgie liebenswürdig beschriebene Richtung backwards into the future, die bis zur Imitation des Sperrmülls reicht. Es gibt Stimmen, die alles erklären können, die aber nichts dagegen setzen wollen: eine ästhetische Umweltverschmutzung.

Was geschieht nun, wenn ein Student programmieren lernt oder mit dem Leuchtstift Formen auf den Screen zeichnet, wenn dann anschließend der Computer auf dem Screen sein Display zeigt und der Plotter die Blätter zeichnet, über die bislang technische Zeichner ihre Häupter beugten? Hat ihm die Bauhaus-Pädagogik noch etwas zu sagen? Kann sie helfen? Ich war selbst dabei, wie während der sechziger Jahre mehr als hundert Studenten in den USA und in Japan die Arbeit zunichte machten. Die schönsten Vorkursergebnisse standen da herum, wie einst der Gips in der Akademie. Beim genaueren Hinsehen entdeckte man jedoch, daß nach altem Rezept gekocht wurde. Unbehagen und Kritik waren unvermeidlich. Denn das damals unterrichtete Basic Design braucht ständig Erfindung, sowohl vom Lehrenden als auch vom Lernenden. Seine Zukunft steht und fällt mit neuen Aufgaben. Ich wenigstens habe es so gehalten: Für Komposition sollten Struktur und System stehen. Für Emotion sollte die Aufzucht der Mittel stehen. Für Intuition sollte Reihentechnik, Kombinatorik und Transformation stehen. Die geometrischen Formen wichen den basic patterns der Natur. Sie haben den Vorteil, in der ganzen Natur abgelesen zu werden. Basic patterns sind unendlich variabel, man sehe die Evolution. Meine Erfahrung zeigt, daß produktive Menschen selten sind. Noch seltener sind sie effektiv. Es scheint, als produzierten sie ihre besten Leistungen à fond perdu. Dennoch bin ich sicher, daß der Werkliche Formunterricht von Josef Albers ein Grundmuster bietet für ein zukünftiges pädagogisches System. Ein solches System bedarf einer Konstellation von außergewöhnlichen Lehrenden und Lernenden. Um eine neue Methode gemeinsam aufzubauen, muß Zeit einfließen und zeitlose Erfindung alles aufbereiten. Außerdem muß man seine Erkenntnisse anwenden, als Spurenelement in unsere heutigen Prozesse einführen. Gegen alle Widerstände eine Position der Bescheidenheit einnehmen und offen sein für Utopien, das ist heute möglich wie es 1929/30 am Bauhaus möglich war.

Vorkurs von Albers am Dessauer Bauhaus

Anneliese Itten

Itten und das frühe Bauhaus — ein Diskussionsbeitrag

Meine Damen und Herren, ich habe absolut nicht vor, hier einen Vortrag zu halten; ich möchte lediglich etwas zu einigen Punkten anmerken, und dies nicht aus Polemik oder um irgendetwas erreichen zu wollen, sondern um richtig zu stellen, was in sehr vielen Büchern immer wieder falsch dargestellt wird.

Dabei habe ich den Anfang des Bauhauses in Weimar zu betonen, der hier gestern doch etwas zu kurz kam.

Itten kam von Hölzel her, er war schon Lehrer. Teile der Lehre Hölzels flossen über Itten in den Unterricht, der im Weimarer Bauhaus erteilt wurde, ein. Sie wissen alle, daß Itten von 1916 bis 1919 eine eigene Kunstschule in Wien hatte und daß sechzehn seiner Schüler 1919 mit ihm von Wien nach Weimar gegangen sind. Das will etwas heißen: sie folgten ihm nicht nur in eine andere Stadt, sondern sogar in ein anderes Land. Diese Wiener Schüler waren eine besondere Substanz innerhalb des Bauhauses: Sie haben den Vorkurs durch gute Arbeiten mitgetragen und so den Anfang sehr gefördert.

Itten war mit Gropius einig, daß er den Vorkurs übernehmen solle, um die Schüler zu testen: Wo ist ihre Begabung? Was können sie werden? In welchen Werkstätten, in welcher Richtung können sie ausgebildet werden? Es paßte sehr gut in das Konzept, in dessen Mitte der Bau stand, daß rundum alles gelehrt wurde, was als Grundlage hierzu dienen konnte. So entstand der eigentliche Vorkurs.

Wenn wir die Lehrer ansehen, dann waren vor Itten Feininger und Gerhard Marcks am Bauhaus, aber beide haben zum Unterricht oder zur Grundkonzeption wenig beigetragen. Gropius und Itten waren sich jedoch sehr einig. Ich kann das dokumentieren. Ich habe ein Buch, das hat Itten mir gegeben und dazu gesagt: »Das ist sehr wertvoll. Du mußt es gut aufbewahren.« Das Buch handelt von gotischen Holzplastiken, Holzfiguren. Gropius schenkte es Itten mit einem handschriftlichen Gruß zu Weihnachten 1919. Das mag auch die Situation erhellen, wie das Bauhaus 1919 angefangen hat. Itten war am 1. Oktober 1919 nach Weimar gekommen. Als es darum ging, Lehrer anzustellen, hat Itten Paul Klee vorgeschlagen, denn er selbst war vorher im Lehrerseminar Bern-Hofwil Schüler von Klees Vater gewesen. Hans Klee war Ittens Musiklehrer, und so kannte er Paul Klee und auch dessen Arbeiten. Er meinte: »Das ist der richtige Mann für das Bauhaus.« Desgleichen kannte und schätzte er sehr Kandinsky und schlug ihn vor. Hingegen entbrach ein Streit mit Gropius im Meisterrat, weil Gropius Schmidt-Rottluff und Belling ans Bauhaus holen wollte; Itten hat daraufhin gesagt: »Wenn die ans Bauhaus kommen, gehe ich!« Das war eine der Diskussionen.

Es war Nachkriegszeit, sehr kurz nach dem Krieg. Die Schüler hatten sehr unterschiedliche Voraussetzungen, zum Teil kamen auch schon avancierte Leute aus einer oft desolaten Situation, aus den Schützengräben oder aus völlig aussichtslosen beruflichen Verhältnissen. Darum war der Vorkurs und seine Orientierung auf die menschlichen Probleme, auf das rein Menschliche, so ungeheuer wichtig. Ich glaube, da liegt ein Hauptaspekt von Ittens Unterricht. Ihm lag vor allem der Mensch am Herzen. Er hat sein Leben lang, bis ins hohe Alter von 72 Jahren, einen Tag in der Woche Unterricht gegeben. Er hatte immer dasselbe Prinzip, die Schüler so zu unterrichten, daß sie sich selbst finden konnten, ihre eigenen Fähigkeiten entwickelten, nicht aber einem Designprojekt entsprechend ausgebildet wurden. So war der Unterricht immer vielseitig, von der Natur ausgehend impressiv, konstruktiv und expressiv — ein Leben lang. Ich habe die Tagebücher von Itten seit 1913, angefangen bei Hölzel, bis zu seinem letzten Lebenstag, und ich kann alles, was ich hier sage, mit Dokumenten bezeugen.

Diese Nachkriegszeit hat bedingt, daß Itten und Muche, die sich auch für das leibliche Wohl der Schüler verantwortlich fühlten, damals nach Leipzig gefahren sind, um mit der Mazdaznan-Gemeinschaft Kontakt aufzunehmen. Es hieß: »Die ernähren sich vegetarisch, und sie haben eine neue Lebensweise, die uns helfen könnte.« Das war ein Suchen nach einer neuen Lebensform, nachdem der Krieg alles zerstört hatte. Dieses Suchen hat auch bewirkt, daß man am Stadtrand von Weimar auf dem Grundstück des späteren »Haus am Horn« einen Garten angelegt hat. Die Schüler haben dort für die Kantine Gemüse und Kartoffeln angepflanzt, um sich selber ernähren zu können.

1922 kam der erste Bruch ins Bauhaus. Bis dahin verlief alles in Harmonie. Damals tauchte van Doesburg in Weimar auf. Er war zwar nicht Lehrer am Bauhaus, doch fand er für seine konstruktiven Ideen bald sehr viele Schüler und hat neben dem Bauhaus einen zweiten Schülerkreis um sich gebildet. Das gab Anlaß zu großen Diskussionen. Itten und van Doesburg haben sich absolut nicht verstanden. Auch eine Diskussion abends bei Itten hat damit geendet, daß Itten schlafen gegangen ist. Van Doesburg hat gefragt: »Wo ist der Meister?« Das Hausmädchen hat geantwortet: »Er läßt sie grüßen, er ist schlafen gegangen, er möchte sich nicht mit Ihnen streiten.« Das war natürlich eine Kontroverse, die unerhört war.

Itten hat über seinen Weggang vom Bauhaus selber geschrieben, daß Gropius in der Analysenstunde über alte Meister gesagt hat: »Itten, das geht zu weit!« In Wirklichkeit war das nur ein Anlaß, denn ich bin fest überzeugt, daß Gropius mit van Doesburg und den Schülern zusammen den neuen Weg des Bauhauses sah, daß er eine Wendung machen wollte und die Analysenstunde nur Auslöser war. Itten ist freiwillig vom Bauhaus gegangen. Er ist also nicht weggeschickt worden. Die Schüler, die neuen Meister am Bauhaus ab 1923, waren alle Itten-Schüler, außer Moholy-Nagy. Itten und Gropius haben sich persönlich nie zerstritten. Diese Auseinandersetzung Itten — Gropius mag ein Machtkampf gewesen sein. Itten hat Gropius außerordentlich geschätzt als einen allerbesten Organisator. Dieses neu begonnene Bauhaus 1919 brauchte eine ungeheure Vielfalt von neuen Wegen und Überlegungen, Sitzungen, Geldbeschaffungen und Lehreranstellungen. Alles Dinge, die Zeit in Anspruch nahmen. Gropius hat nie unterrichtet am Bauhaus Weimar bis 1923, und es gab keine Architekturklasse.

1922 ist der Philosoph Indrabad Tagore aus Indien gekommen; er wollte ein Bauhaus in Indien gründen. Man hat ihm damals in großen Kisten die Arbeiten des Vorkurses geschickt. Margit Téry-Adler, die Frau von Bruno Adler, hat ihre gesamte Vorkursarbeit damals mit nach Indien gegeben, auch viele Arbeiten der Meister, unter anderem 23 Werke von Itten gingen mit nach Indien. Bis heute scheint dies alles verloren und das ganze ist nicht mehr rekonstruierbar. Aber das einzige heute sich noch Bauhaus nennende Institut in der Welt ist in Neu Dehli.

Itten und Gropius waren nicht zerstritten. Das sehen Sie auch daran, daß, nachdem Itten 1926 seine eigene Schule in Berlin für Maler, Architekten, Graphiker, Photographen gegründet hatte, Gropius die Examina der Architekten an der Itten-Schule abgenommen hat. Als Itten 1963 sein Buch »Mein Vorkurs am Bauhaus« veröffentlicht hat, hat Gropius ihm einen sehr netten Brief geschrieben, wie sehr er sich freue, in der Erinnerung all die schönen Dinge, die sie damals beide in der Jugend gemacht hätten, zu sehen, und wie mutig sie damals gewesen seien.

Ich muß auch noch erwähnen, daß im Bauhaus-Buch von 1923 sechsundzwanzig Arbeiten enthalten sind, die aus Ittens Unterricht stammen, jedoch ohne Namen abgebildet sind. Dies ist nur verständlich, da Itten zu dem Zeitpunkt nicht mehr Lehrer am Bauhaus war. Er ist im März 1923 gegangen. Im August 1923 war die Bauhaus-Ausstellung, aber ausstellen konnte man im Grunde nur das, was auch die Jahre vorher gearbeitet worden war. In Winglers erstem Bauhaus-Buch sind sehr viele Fehler und falsche Zuordnungen. Da sind Schülerarbeiten als Ittenarbeiten und Ittenarbeiten als Schülerarbeiten vertauscht worden. Es gab eine große Auseinandersetzung mit Wingler, und in der zweiten Auflage konnte das weitgehend korrigiert werden.

Hartmut Seeling

Die Grundlehre an der HfG Ulm, ein heute noch brauchbares Modell?

Die Hochschule für Gestaltung Ulm feierte im Jahr 1955 — nachdem schon zwei Jahre lang Studenten in provisorischen Räumen ausgebildet wurden — auf dem von Max Bill gebauten Campus ihre offizielle Eröffnung. Einen Höhepunkt dieser Feier bildete die Rede von Walter Gropius.

Damit wurde manifestiert, daß die neue Hochschule die Tradition des Bauhauses aufgreifen und die Ziele des Bauhauses, den Umständen der Zeit entsprechend, weiterentwickeln würde. Der bedeutsamste Teil der Bauhaus-Pädagogik — soweit man von dieser als einem homogenen Konzept überhaupt sprechen kann — ist die Bauhaus-Grundlehre, die von den Bauhausmeistern Johannes Itten, Laszlo Moholy-Nagy und Josef Albers entwickelt wurde. Diese Bauhaus-Grundlehre entstand nicht im luftleeren Raum. Vorkurse lassen sich zurückverfolgen bis in die Zeit der Gründung der ersten Kunstgewerbeschulen. Erinnert sei nur an den ersten Vorkurs der Kunstgewerblichen Fachschule des Gewerbemuseums Zürich im Jahr 1879. Die vor der Zeit des Bauhauses durchgeführten Vorkurse, auch Vorlehre oder allgemeine Klassen genannt, sollten im wesentlichen folgende Ziele erreichen: unterschiedliche Vorbildung ausgleichen, technische und handwerkliche Fähigkeiten vermitteln, eine Auslese der Bewerber nach dem Vorkurs ermöglichen, die Wahl des späteren Berufs erleichtern, auf einen allgemein anerkannten Begriffsapparat und jeweils dominante Stilauffassungen einschwören.

Diese Ziele bestimmten anfangs auch den Vorkurs am Bauhaus, doch wollte man darüberhinaus schon in der Weimarer Zeit die Studenten von Angelerntem befreien und ihre schöpferischen Kräfte freisetzen. Laszlo Moholy-Nagy und Josef Albers haben dann die Grundlehre entscheidend verändert und ausgeweitet.

Josef Albers definierte als wichtigste Ziele seiner Lehre:
— die schöpferische Phantasie des Studierenden zu entwickeln, das sogenannte konstruktive Denken zu fördern,
— die Wahrnehmungsfähigkeit für optische, haptische, strukturelle, statische und andere Eigenschaften von Materialien zu steigern,
— den Studierenden zur Arbeitsökonomie hinsichtlich der Verwendung des Materials und der gewählten Arbeitsmethode zu erziehen,
— die spezielle Begabung der Studierenden erkennen zu können, um ihnen die der individuellen Veranlagung entsprechende Wahl eines Fachs zu erleichtern.

Die bevorzugte Methode, diese vier Ziele zu erreichen, bestand darin, dem Studenten möglichst offene Aufgaben mit wenig Vorgaben zu stellen, die insofern stark eingegrenzt waren, als die herkömmlichen und bekannten Arbeitstechniken weitgehend ausgeschlossen blieben, um den Studierenden von festgefahrenen Vorstellungen und hand-

79

werklichen Traditionen mit dem überkommenen Formenkanon zu befreien. Es wurden bevorzugt Materialien angeboten, die im Zusammenhang mit den betreffenden Aufgaben ungewöhnlich waren. Eine nach Beendigung der jeweiligen Aufgaben durchgeführte gemeinsame Besprechung der Ergebnisse diente dazu, Beobachtungs- und Kritikfähigkeit zu schulen. Das bevorzugte Bezugsfeld war die — wie wir heute wissen — wegweisende zeitgenössische Kunst, wie sie von den Meistern des Bauhauses und geistig verwandten Künstlern Europas geschaffen wurde.

Zusammengefaßt also sollten durch den Grundkurs die Erlebnisfähigkeit für grundsätzliche sensitive Phänomene der Umwelt, die schöpferischen Fähigkeiten in einem Prozeß der Selbstfindung und Verwirklichung und das kritische Vermögen des Studierenden gefördert werden.

Der Grundkurs an der HfG Ulm

Die Hochschule für Gestaltung Ulm schloß eine Ausbildung in überwiegend handwerklich ausgerichteten Gestaltungsbereichen und erst recht im Bereich der freien Künste von vornherein aus.

Max Bill, erster Rektor der HfG Ulm, versuchte Josef Albers für die Leitung des Grundkurses der Hochschule zu gewinnen. Josef Albers jedoch zog es vor, in den USA zu bleiben und gab 1953 bloß einen Gastkurs, gefolgt von Walter Peterhans und Helene Nonné-Schmidt. Das inzwischen ausgedehnte und differenzierte Aufgabenrepertoire und die pädagogischen Grundsätze der Bauhaus-Vorlehre schienen Max Bill aber schon zu diesem Zeitpunkt nicht speziell genug ausgerichtet auf die von der Hochschule angestrebten Ausbildungsziele. Die Vermittlung der wesentlichen handwerklichen Techniken und Grundlagen der Fertigung durch Maschinen für die Materialien Holz, Metall, Gips und später Kunststoff sowie Typografie, Druck und Fotografie bildeten im Gegensatz zu dem Konzept des Bauhauses von Anfang an einen nicht unbedeutenden Bestandteil der Grundlehre. In diesem Ausbildungssektor gab es während der Existenz der HfG Ulm keine wesentlichen inhaltlichen Änderungen.

Der Grundkurs der HfG unter dem Einfluß von Tomás Maldonado

Ab 1954 leitete Tomás Maldonado den Grundkurs, den aber, anders als am Bauhaus, alle Dozenten der Hochschule gemeinsam durchführten, wobei sie Aufgaben aus ihren Fachgebieten stellten. Tomás Maldonado übernahm nur einen Teil der von Josef Albers und Walter Peterhans gegebenen Aufgaben — in modifizierter Form — und füllte den Kurs mit einer Anzahl von ihm formulierter Übungen auf, von denen die folgenden seine Überlegungen am deutlichsten spiegeln:

Gleichgewicht von zwölf Störungen innerhalb dreier Systeme,
Gruppenbeziehungen von fast gleichen Elementen durch Veränderung der Zwischenräume,
Peanofläche, Spinskifläche,
Weyerstraßkurve, Symmetrien, Strömungen,
Übungen mit nichtorientierbaren Flächen.

Daneben wurden Übungen in perspektivischem und konstruktivem Zeichnen sowie die Vermittlung der Grundzüge der konstruktiven Geometrie fester Bestandteil der Grundlehre. Die Aufgaben mußten absolut präzise und ohne jede persönlich gefärbte Handschrift gelöst werden. Der äußere Rahmen — zum Beispiel Papierqualität, Format, Farbtechnik — der Arbeiten und ihre Präsentation, ja selbst die Beschriftung waren bald standardisiert, teils durch Vorgabe, teils durch Ergebnisse, die man als vorbildlich bezeichnete und in den Räumen der Hochschule ausstellte.

Dieser Grundkurs befriedigte indes nicht, weil die Aufgaben weitgehend ohne Bezug zur Anwendung blieben. Außerdem ließen sich die Ergebnisse solcher Übungen, soweit sie aus den verschiedenen Varianten der konkreten Kunst abgeleitet sind, oft nur ungenau bewerten, obschon Teilprobleme isoliert wurden und die nahe beieinanderliegenden Lösungen gute Vergleichsmöglichkeiten gaben. Auf der anderen Seite waren diese Übungen kaum noch dazu angelegt, den Studenten zu einer individuellen Formensprache anzuregen, da der Spielraum der Lösungen eng begrenzt war.

Die ersten Erfahrungen mit Auftraggebern aus der Industrie und den nachkriegsgeprägten Produktionsbedingungen führten zu einer Revision des Berufsbildes des Gestalters. Tomás Maldonado rechnete in einer Rede im Jahre 1957 ab mit der Vorstellung vom Gestalter als »Großinquisitor« der Industrie, mit dem Anspruch also, der alles bestimmende Koordinator der industriellen Produktion sein zu können und forderte statt dessen für den Designer eine gleichberechtigte Stellung in den Planungsgremien in der Industrie. Das aber setzte nach Meinung der Hochschule für Gestaltung Ulm voraus, daß die Determinanten der eigenen Tätigkeit erfaßbar, systematisierbar und begründbar wären, um auf gleicher Ebene mit den Partnern der industriellen Entwicklungsarbeit korrespondieren zu können. Man versuchte dafür die Grundlagen zu erarbeiten, und so berief Tomás Maldonado mehrere Wissenschaftler als festangestellte Dozenten an die Hochschule.

Der Lehrplan der Hochschule für Gestaltung wurde ab 1957 erheblich verändert. Fächer wie Wissenschaftstheorie, mathematische Operationsanalyse, Mathematik-Physik-Chemie, Physiologie und Ergonomie wurden in den Stundenplan aufgenommen und der Anteil der Gesellschaftswissenschaften verstärkt. Da der Stundenanteil der Abteilungs- und der Werkstattarbeit nicht

eingeschränkt wurde, bot die Hochschule für Gestaltung gegenüber der Phase der Gründungsjahre einen sehr straffen Studienplan. Für den Grundkurs im Jahr 1958 sind im Studienplan 980 Stunden ausgewiesen und im Jahr 1960/61, das als Höhepunkt in der Orientierung an naturwissenschaftlichen und mathematischen Disziplinen betrachtet werden kann, 1 385 Stunden. Die Bemühungen, eine wissenschaftliche Methode des Designprozesses zu erarbeiten und eine wissenschaftliche Analyse von Entwicklungs- wie Gestaltungsaufgaben durchzuführen, verlagerte den Hauptakzent in der Grundlehre noch weiter.

Die Aufgaben des Grundkurses im Studienjahr 1960 beziehen sich, was ihr Thema angeht, weit stärker auf die Praxis, vernachlässigen aber in erstaunlichem Maße die Forderung nach formal anspruchsvollen Lösungen. Das gilt selbst für die von den sogenannten Gestalterdozenten gestellten Aufgaben, bei denen die technischen Komponenten deutlich vor den formal-gestalterischen Möglichkeiten rangierten. Überwiegend wurde gefordert, Probleme zu analysieren und zu systematisieren. Dies mögen folgende Aufgaben beispielhaft belegen:
Dozent H. Gugelot:
Methodische Übungen, zeichnerische Darstellung eines Falzkartons, einer Doppelrachenlehre sowie aller Ansichten und Schnitte eines Trägergestells für eine Kugel; Anfertigung eines Modells;
Dozent O. Aicher:
Grafische Darstellung der Verkehrsbelastung einer Straßenkreuzung mit Lichtzeichenregelung;
Dozent G. Leowald:
Entwicklung eines Faltkartons als Zwischenpackung in einem normierten Umkarton für eine Palette;
Dozent W. Zeischegg:
Entwurf von Sperrädern auf Viereck-, Sechseck- und Achteckbasis unter Berücksichtigung des Verschnitts;

Dozenten A. Fröshaug und H. Rittel:
Es ist eine Menge Bohnen auszumessen und die relative Häufigkeit der Längenausdehnung in einem Diagramm zu zeigen; es ist eine Klassifikation für nicht ortsgebundene Transport- und Verkehrsmittel zu entwickeln und in Form eines logischen Baumes darzustellen; alle möglichen Partien des Tick-Tack-Toe-Spiels sind in der Form eines logischen Baumes darzustellen; Darstellung der Kommunikationsverhältnisse im nördlichen Teil der Hochschule.

Im Studienjahr 1960 waren der Farbkurs von F. Vordemberge-Gildewart und ein Kurs in Freihandzeichnen, den O. Aicher gab, die einzigen Veranstaltungen im Sinne einer Bauhaus-Grundlehre.

Ab 1961 wurde die für alle Abteilungen einheitlich erteilte Grundlehre zugunsten abteilungsspezifischer erster Studienjahre aufgelöst. Dafür schienen im wesentlichen zwei Gründe zu sprechen: Mit der Erreichung der Aufnahmekapazität von rund 45 Studenten pro Studienjahr war eine ausreichende intensive individuelle Betreuung kaum noch möglich. Entscheidend aber war die Überlegung, daß eine allgemeine Grundlehre dem Anspruch auf wissenschaftliche Fundierung der Ausbildung in den verschiedenen Berufsfeldern nicht gerecht werden konnte. Die Veränderungen im Lehrplan brachten manche Nachteile mit sich. Künftig mußten sich die Studenten für ein bestimmtes Fach entscheiden, ohne es vorher erprobt zu haben. Ansätze für eine Kooperation der Kollegen verschiedener Fächer fehlten. Dennoch behielt die Hochschule für Gestaltung Ulm bis zu ihrer Schließung 1968 die abteilungsspezifische Grundlehre bei. Aber schon nach zwei Jahren gab man die allzu frühe Spezialisierung eines sofortigen Einstiegs in angewandte Aufgaben wieder auf. Ein Teil dessen, was sich in der allgemeinen Grundlehre unter Leitung von Tomás Maldonado als besonders effektiv erwiesen hatte, wurde wieder aufgegriffen, der Anteil der kombina-torischen und analytischen Übungen beschränkt.

1965 fand in der Hochschule für Gestaltung Ulm ein Seminar des International Council of Societies of Industrial Design statt zu dem Thema: Ausbildung von Industrial Designern. In dem vom ICSID veröffentlichten Ergebnisbericht, in den wesentliche Überlegungen von Tomás Maldonado eingeflossen sind, heißt es: »Das erste Studienjahr sollte nicht als 'Grundkurs' oder 'Vorkurs' (fundamental or basic year) vom Rest des Studienganges losgelöst sein. Es sollte eine Einführung sein in alle Gebiete, die in den folgenden Jahren gründlicher studiert werden. Die Freisetzung von Kreativität ist ein wesentlicher Gesichtspunkt des ersten Studienjahres und sollte erzielt werden durch Untersuchungen von Form, Oberfläche, Farbe, Struktur und Mechanik in den Grenzen bestimmter Designprogramme. Die Designprogramme des ersten Jahres sollten sich von abstrakten Verallgemeinerungen zu spezifischen industriellen Problemen entwickeln.«

Die Hochschule für Gestaltung Ulm hat nicht mehr die Chance bekommen, diese Überlegungen und die von der Studentenschaft zunehmend geübte Kritik, daß die Aufgaben zu einseitig syntaktisch angelegt seien und der semantische Aspekt der Gestaltphänomene kaum Beachtung finde, mit in ein Kalkül einzubeziehen, an dessen Ende ein zeitgemäßes Repertoire grundlegender Aufgaben zur Einführung in die Gestaltungsarbeit verschiedener Berufe gestanden hätte. Diese Arbeit bleibt offensichtlich noch zu leisten. Außerdem ist angesichts der Homogenität des zeitgenössischen Design und des sich in den spitzen Splittern der Memphis-Bewegung ausdrückenden Schrei nach neuen Perspektiven nachzufragen, ob es der Hochschule für Gestaltung Ulm gelungen ist, die kreativen Kräfte ihrer Studenten freizusetzen. Denn sieht man sich heute in der Szene um, stößt man doch allerorts auf Designer aus Ulm. Zweifellos ist dies der grandiose Erfolg eines abgebrochenen Experiments; und in dieser Hinsicht liegt ohne Zweifel auch eine Parallele zum Bauhaus.

Postskriptum

Nach 1950 wurde es selbstverständlich, den Designer an der Entwicklung industrieller Güter zu beteiligen. Zu einem nicht unbedeutenden Teil läßt sich dies auf die programmatischen Arbeiten der Hochschule für Gestaltung Ulm zurückführen. Denn schon gegen Ende der fünfziger Jahre nahm sie sich verstärkt der Gestaltung von Investitionsgütern an. Die Abkehr von einer an Kunst orientierten Gestaltung, schon bei Gründung der Hochschule propagiert, und die persönlichen Erfahrungen bei der Lösung von Aufgaben aus der Industrie regten dazu an, die Tätigkeit und Stellung des Designers neu zu bestimmen. Als notwendig erwies sich, wissenschaftliche Disziplinen einzubeziehen, um so die Entwurfsarbeit zu sichern und Entscheidungen auf die Ebene der Rationalität zu heben. Nur mit Hilfe eines exakten Instrumentariums glaubte man, dem Ingenieur gleichberechtigt begegnen zu können. Diesem Ziel verpflichtete sich der Grundkurs von Tomás Maldonado, dessen Übungen — im Unterschied zu Josef Albers — darauf bedacht waren, die Aufgaben »so zu formulieren, daß geeignete Konstante und geeignete Variable ausgewählt« wurden, damit der Student »weitgehende Kontrolle über das gewinnt, was er macht«. Wenn man mit Bill Huff, einem Schüler von Tomás Maldonado, ästhetische Phänomene von Strukturen als Beziehung oder Anordnung von Teilen und Elementen versteht, dann liefern — unter Berücksichtigung von Gestaltpsychologie und psycho-physiologi-schen Farbphänomenen — »Symmetrietheorie, Topologie, Kombinatorik sowie Farb- und Texturlehre« die wichtigsten Bezüge für rational geprägte Entwurfsarbeit. Der Weg zu den Ergebnissen, die in verschiedenen Heften der Zeitschrift »ulm« abgebildet sind, verlief indes nicht geradlinig. Peanofläche, Weyerstraßkurve und Aufgaben, die noch zu sehr am Konzept des Bauhaus-Vorkurses klebten, wurden ab 1962 fallen gelassen.

Alle Grundlehren für Gestalter mußten mit dem Problem kämpfen, eine Brücke von der zweckfreien zur zweckdienlichen Gestaltung zu schlagen. Der von Tomás Maldonado geprägte Grundkurs hat diese Frage insofern gelöst, als der Student durch die ihm gestellte Aufgabe ein jeweils vorgegebenes Ziel erreichen mußte, was die fundamentale Fähigkeit zur Kontrolle eigener Handlungen herausfordert. So konnte die Lehr- und Lernmethode mit jenen Aufgaben verbinden, die durch eine Fülle deutungswürdiger Fakten während der Arbeit an einem Gegenstand dessen ästhetischen Aspekt schnell vergessen machen. Dieser Ansicht jedoch erteilte die Hochschule für Gestaltung — mit der Rückwendung zu formalen Grundkursarbeiten nach der statistisch-mathematischen Phase 1958 bis 1962 — eine deutliche Absage. Im Hinblick auf die weithin bekannten Ergebnisse, die in den Kursen nach dem Vorbild des Bauhauses erzielt wurden, bieten die hier gezeigten Abbildungen jedoch nur einen kleinen Einblick in die entwickelte Form der abteilungsspezifischen Grundkurse.

Anmerkung

Dieser Beitrag ist die überarbeitete Fassung des in Bottrop gehaltenen Referates. Erstveröffentlichung in: Werk und Zeit 3/4 (1983), S. 47—50.

3-d-Verband aus katametrischen Elementen. Formale Komplexität des kreisförmigen Elementes ca 130 bit. Element aufgebaut auf einem Raster mit der Maßeinheit 15 mm. / 3-d lattice consisting of two types of catametric elements. Formal complexity of the circular element ca 130 bit. Element based on a grid with modular unit 15 mm. Student / Student: Erik Liebermann.

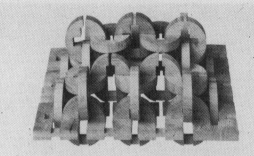

Verbindungsmöglichkeit a: verhakt. / Type of connection between two elements: hook locking.

Verbindungsmöglichkeit b: geklemmt / Type of connection between two elements: clamping.

Zwei nicht-orientierbare Flächen gleicher topologischer Struktur. / Two non-orientable surfaces having the same topological structure.
Student / Student: Erik Liebermann.

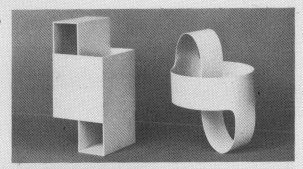

Nicht-orientierbare Fläche. Ausgangsfläche gleichseitiges Dreieck. / Non-orientable surface, based on a equilateral triangle.
Außen rechts / Far right:
Schnittmuster. / Diagram of cuttings.
Student / Student: Christian Franz.

Nicht-orientierbare Flächen mit verschiedenen Schnittmustern. Die Nichtorientierbarkeit wird erfüllt, daß ein Punkt der Oberseite (A) mit einem Punkt der Unterseite (B') verbunden wird. / Non-orientable surfaces based on various cutting patterns. The requirement of non-orientability is fulfilled if a point of the upper side (A) is connected with a point of the lower side (B').
Student / Student: Helmut Wiedmann.

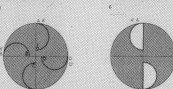

Es soll eine formstabile Raumecke gestaltet werden. Dazu gibt es zwei prinzipielle Möglichkeiten:
Verformung dünnen ebenen Materials, das gebogen, gefaltet, gesteckt oder geklebt wird (minimaler Verschnitt).
Koordination von Elementen bei minimaler Typenanzahl mit lösbaren Verbindungen aus homogenem Material und einheitlichem Herstellungsverfahren.
Die Abbildungen zeigen Lösungen der zweiten Gruppe.

Problem: design an inherently stable corner. There are two basic possibilities: forming of thin sheet material (bending, folding, stacking or bonding; minimal waste); coordination of elements belonging to a small number of different types; detachable joints; homogeneous material; standard manufacturing process.
Pictures show solutions of the second group.

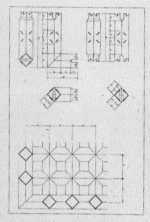
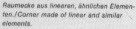

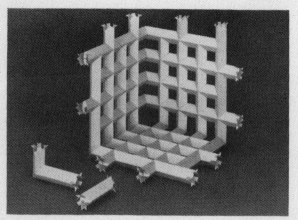

Raumecke aus linearen, ähnlichen Elementen./Corner made of linear and similar elements.
Student/Student: Heinrich Bachmann.

Raumecken aus einem Elemententyp. Links: geschlitzte Kugel (Kalottendurchdringung), rechts: geschlitztes Quadrat (Überlappung). Corner made of one type of elements. Left: slotted swears in overlap (calotts), right: slotted square with overlap.
Studenten/Students: Roland Zaugg, Robert Burri.

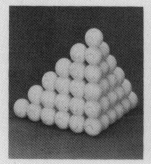

Büroutensilien

Abteilung Produktgestaltung
1. Studienjahr 1963/64, 3. Quartal.
Dozent: Tomás Maldonado.

Office Implements

Industrial Design Department
1. study-year 1963/64, 3. term.
Teacher: Tomás Maldonado.

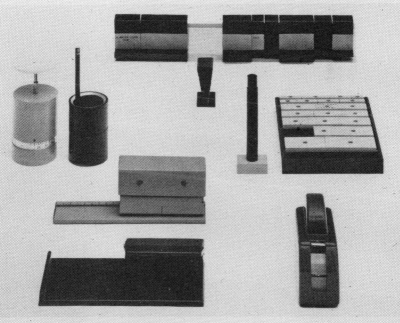

Briefwaage

Das zylindrische Gehäuse besteht aus drei
Teilen, die zusammengeschraubt werden
(Boden, transparenter Ring, Deckel). Die
vertikale Bewegung der Auflageplatte wird
über eine Schraube in eine horizontale Dreh-
bewegung der Skala übertragen. Gegenüber
dem handelsüblichen Modell ist die Anzahl
der Teile um 35 % verringert worden. Formale
und funktionelle Eigenschaften (Ablesbarkeit)
wurden dabei verbessert.

Stempel

Handelsübliche Stempel werden aus zuge-
schnittenen Profilleisten und unabhängig
davon gedrehten Griffe zusammengesetzt.
Demgegenüber sieht Entwurf 1 nur einen

Letter Scale

The cylindrical housing is made of three parts
(base, transparent ring, cover). The vertical
movement of the bearing surface is trans-
mitted by a screw into a horizontal rotation
of the scale. Compared with models on the
market, the number of parts (structural
complexity) has been decreased by 35 %.
Formal and functional properties (readability)
have been improved.

Rubber Stamps

Rubber stamps offered on the market are
usually made up of turned handles set into
wood profiles. The profiles are cut to desired
lengths and rubber type is mounted on them.

87

Ergebnisse aus dem Unterricht

Educational Activities

Hüllen für Schallplatten 33¹/₃ U/m

Cases for 33¹/₃ r. p. m. Gramophone Records

Im 2. Quartal des Studienjahres 1962/63 stellte Tomás Maldonado den Studenten des 1. Studienjahres Visuelle Kommunikation die Aufgabe, eine Hülle für Schallplatten mit 33¹/₃ U/m zu entwerfen. Es waren zur Auswahl gestellt eine Platte von Mauricio Kagel (Transicion I, Transicion II, Antithese), von Karlheinz Stockhausen (Zyklus) und von Franco Evangelisti. Oder aber der Student konnte sich ein eigenes Thema wählen. Die Umschläge konnten entweder farbig oder schwarz/weiß gestaltet werden, ebenso die Kreisfläche im Zentrum der Platte.

In the second quarter of the academic year 1962/63, Tomás Maldonado set the following exercise to the first year students of the Visual Communication Department: to design a case for a 33¹/₃ r. p. m. gramophone record. The students could choose from records by Mauricio Kagel (Transicion I, Transicion II, Antithese), by Karlheinz Stockhausen (Zyklus) and by Franco Evangelisti. If preferred, however, they could design a case for a record of their own selection. The cases could be designed either in colour or in black and white — as also the circular labels in the centres of the records.

oben
Schallplattenetikett.
rechts
Vorderseite der Schallplattenhülle.
Entwurf: Zlatan Medtugorac (1963).
Dozent: Tomás Maldonado.
above
Record label.
right
Front page of the cover.
Design: Zlatan Medtugorac (1963).
Teacher: Tomás Maldonado.

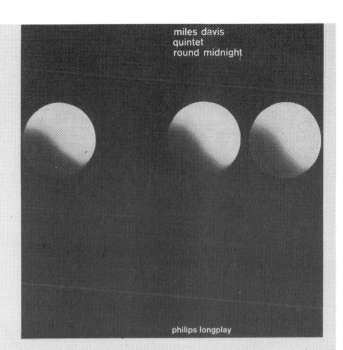

Aufgabe 2 Zirkulationsgraph

Das Raum- und Wegesystem eines
Bauwerks (HfG) soll analysiert werden
in Hinsicht auf die topologischen
Verknüpfungen der einzelnen Räume und
die durchschnittliche Benutzungshäufigkeit
der Verkehrswege. Vorgegeben ist
ein Zirkulationsschema mit realer
Lage der Räume und ihrer Verbindungs-
wege; dieses soll in eine zusammen-
hängende Netzstruktur überführt werden,
wobei alle topologischen Eigenschaften
eindeutig dargestellt werden.

Exercise 2 Circulation Graph

The traffic flow of a building (the Ulm
School of Design) shall be analyzed in
respect to topological linking of the
various rooms and the average traffic
density. A groundplan and circulation
plan is given. This plan has to be
transformed into a grid scheme represen-
ting clearly the topological properties.

*Zirkulationsgraph mit vorgegebenem Plan./
Circulation graph including original plan.
Studenten/Students: Karel Links, Robert
Couch, Jürgen Böttcher.*

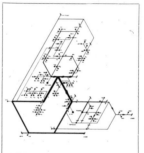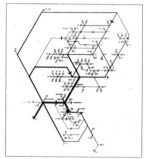

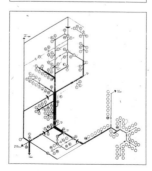

Aufgabe 1 Netzübergänge

Exercise 1 Grid Transitions

Es sollen ebene geometrische Netze
(reguläre, semireguläre, gemischte)
entwickelt werden; sie sind so darzustellen,
daß die verschiedenen Punktkonfigura-
tionen ohne Störung ineinander
übergehen.

Problem: to develop plane geometrical
grids (regular, semiregular, mixed);
the various point configurations shall
merge without interruption.

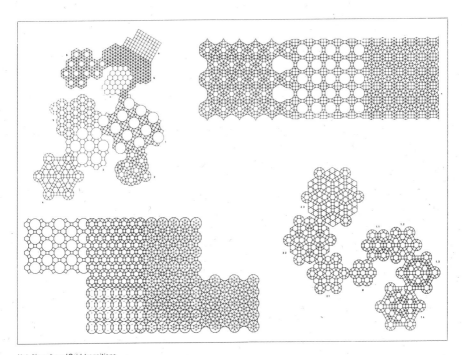

Netzübergänge / Grid transitions.
Studenten / Students: Rolf Stirnemann,
Pierre Grosjean, Karel Links, Roland Zaugg.

Alle Abbildungen aus: ulm — Zeitschrift der Hochschule für Gestaltung. Seite 84: ulm 17/18 (1966), S. 25; Seite 85:
ulm 17/18 (1966), S. 30; Seite 86: ulm 19/20 (1967), S. 46; Seite 87: ulm 12/13 (1965), S. 50; Seite 88: ulm 8/9 (1963),
S. 38; Seite 89: ulm 8/9 (1963), S. 41; Seite 90: ulm 19/20 (1967), S. 43; Seite 91: ulm 19/20 (1967), S. 42

Claude Schnaidt

Das Was und das Wie der Erfindung

Das Bauhaus des roten Quadrates, des blauen Kreises, des gelben Dreiecks; das Bauhaus, »in welchem aus jedem Teeglas ein problematisch-konstruktivistelndes Gebilde gemacht wurde«[1]; das Bauhaus der Begabten-Auslese und der pseudo-rationalistischen Arroganz; jenes Bauhaus war schon in den zwanziger Jahren nicht mehr aktuell. Das Verdienst von Hannes Meyer ist es, das erkannt zu haben. Für den zweiten Direktor des Bauhauses war die Qualität der Alltagskultur nicht allein ein Problem der Beziehungen zwischen Kunst und Technik. Wenn der Gestalter eine nützliche soziale Rolle spielen wollte, mußte er eine Allianz mit der Arbeiterbewegung im Kampf für die Änderung der Gesellschaft schließen. Das hieß, die Lebensverschönerung für einen kleinen Kreis von Eingeweihten aufzugeben zugunsten der Gestaltung von Standardprodukten für die Masse der Minderbegünstigten. Die Aufgabe des Gestalters sollte also nicht mehr darin bestehen, durch die Form des Objektes vornehmlich ästhetische Forderungen zu beantworten, sondern ein Ensemble von sozialen Bedürfnissen, die an die allgemeine Konzeption des Produktes gebunden sind, zu befriedigen. Das wiederum bedeutete in einer industriellen Zivilisation die *Verwissenschaftlichung der Gestaltung*. Meyer bemühte sich ernsthaft während seiner Amtszeit, diese Ideen in die Praxis umzusetzen. Seine zukunftsweisende Hand-

lung wurde, und wird immer noch, von vielen für Kirchenschändung gehalten.

In der modernen Welt wächst die Bedeutung der Wissenschaft. Ein Mensch ohne wissenschaftliche Kenntnisse ist dazu verdammt, am Rande dieser Welt zu leben. Er kann diese Welt nicht mehr verstehen, kann sie nicht ändern. Diese Behauptung ist keine Verherrlichung der Wissenschaft, sondern Feststellung einer Tatsache. Der Humanismus unserer Zeit kann nur einen wissenschaftlich-polytechnischen Charakter haben. Die Schule muß also den Grundlagenwissenschaften den ihnen gebührenden Platz einräumen und sich um die Objektivierung der Gesamtheit der Disziplin bemühen. Nehmen wir das Konstruieren. Die Erfahrung lehrt, daß Erkenntnisse, die sich nicht auf physikalische Grundlagen stützen, schwankend sind. Ein Student, konfrontiert mit einem Problem, für dessen Lösung er in seinen Mitschriften kein Schema findet, verliert den Boden unter den Füßen. Um eine geeignete Lösung zu finden, müßte er in der Lage sein, das Problem als Summe der geforderten Leistungen zu formulieren, d. h., mit abstrahierten Aussagen über die Realität zu arbeiten. Der wissenschaftliche Geist muß nach und nach alle Zweige der Lehre durchdringen. Das Üben der Handhabung von Formen und Farben ist seinem Wesen nach durchaus nicht gegenüber der Wissenschaft verschlossen. Das Bauhaus hat das erkannt:

die Ulmer Hochschule für Gestaltung brachte den Nachweis. Ich höre schon den Einwand: »Aber damit wurde ja jede Subjektivität zerstört!« Erlauben Sie mir, im voraus zu antworten: »Nein, hier triumphiert die Subjektivität, die bewußte, konkrete Subjektivität, die nicht außerhalb der Welt und des vom Menschen Produzierten existiert, sondern innerhalb determinierter Machtbereiche.«

Bis heute wurde die Wissenschaft, wenn sie nicht verworfen war, von der Mehrzahl der Ausbildungsstätten für Gestalter als etwas der Gesamtheit der ewigen menschlichen Fähigkeiten Zugeordnetes angesehen. Als entscheidender Faktor für die Bildung der Persönlichkeit wurde sie nur sehr wenig genutzt. Der Zugang zur wissenschaftlichen Erkenntnis kann jedoch, wenn er aktiv bewältigt wird, alle geistigen Reserven erschließen: Sensibilisierung, Beobachtung, Wechselwirkung, Einordnung, Analyse, Phantasie, Induktion, Deduktion, Experiment, Überprüfung, Synthese. Der für die Erziehung bedeutungsvolle Bereich der Wissenschaft hätte nichts außergewöhnliches, wenn er nicht weiter als bis an diese Grenze reichte. Das beständige Üben wissenschaftlichen Vorgehens lehrt, Fakten einzuschätzen, sich unerbittlich mit der Undurchsichtigkeit und Bewegungslosigkeit von Fakten auseinanderzusetzen, sich der Wahrscheinlichkeiten zu bedienen, wenn es an Sicherheiten mangelt, nur nach Prüfung zu urteilen, im richtigen Augenblick zu zweifeln, zu entscheiden und zu handeln, sich selbst gegenüber Vorgängern und Nachfolgern zu relativieren.

Wenn von Pädagogik in Kunst-, Design- und Architekturschulen geredet wird, hört man dann solche Leitsätze, wie:»Das Lernen zu erlernen ist mehr wert als das Wissen anzuhäufen« oder »Die Methode ist wichtiger als das Faktenwissen«. Verkünden, daß der Schüler das Lernen erlernen muß, ist wie offene Türen einrennen. Wo gibt es denn Schulen, in denen das erworbene Wissen als Wert an sich betrachtet würde? Wissen war stets ein Mittel für Bildung und Weiterbildung. Und das Lernen lernt man nur durch den Erwerb von Kenntnissen über bestimmte Dinge. Die Gegenüberstellung von Formation und Information drückt sehr unvollkommen das Bemühen um Aufwertung des erzieherischen Aspektes der Lehre aus, denn diese Gegenüberstellung setzt zu Unrecht voraus, daß die Entwicklung der Persönlichkeit von der Belehrung nichts erwarten kann, daß der studierte Stoff keinen Beitrag zur Erziehung der Gefühle leistet. Eine inhaltlose Bildung der Persönlichkeit ist undenkbar. Psychische Dispositionen, Fähigkeiten existieren nicht an sich. Sie entwickeln sich in wechselseitiger Beziehung zum Wissen, bilden mit ihm eine dialektische Einheit. Das Problem besteht nicht darin, zwischen formativer und informativer Lehre auszuwählen. Es besteht darin, das herauszufinden, was man zum Beispiel unter der Rubrik »Grundlehre« einordnen muß, damit dieses Fach im Verhalten des Lernenden tiefe Wirkungen hinterläßt.

Das Gegeneinander von Bildung und Wissen erscheint nicht länger als etwas schicksalhaft Gegebenes und Hinzunehmendes, wenn man sich klar wird, welcher Inhalt die Entwicklung der Persönlichkeit fördern kann. Was nicht heißen kann, die Methode habe geringeres Gewicht, wenn die Frage des Inhalts einmal geregelt ist. Ohne aktive Beziehung zwischen dem Lernenden und dem Inhalt des Gelehrten bleibt das erzieherische Potential des letzteren unzureichend genutzt. Der Lernende muß sich vom Inhalt betroffen fühlen, er muß sich als Handelnder in seiner eigenen Erziehung bewegen. Da die Massenmedien Indolenz und Oberflächlichkeit heute leider fördern, ist das von besonderer Bedeutung. In dieser Sicht der Dinge muß der Lehrende darauf verzichten, das Wissen in Gestalt eines beeindruckenden Bauwerks zu präsentieren, eines vollendeten, endgültig aufgeteilten Bauwerks. An alle Disziplinen, ausnahmslos, muß schöpferisch herangegangen werden. Auf die Lösung von Problemen orientiert, wird das wissenschaftliche und technische Lehren nicht nur seine bildende Kraft zur Geltung bringen, nicht nur die Kräfte der Lernenden mobilisieren: jenes Lehren wird sich ein beträchtliches Stück dem Lernen am Entwerfen nähern. Wenn das Entwerfen rationaler wird, entwickelt es sich ebenso ein gutes Stück weiter. Aber Vorsicht! Eine gefährliche Klippe muß umschifft werden: Aktives Lehren bedeutet nicht, daß man sich mit den natürlichen Neigungen zufrieden gibt; es ist kein Synonym für das Versinken im Erlebten. Zwischen unmittelbarer persönlicher Erfahrung und Erkenntnis besteht keine einfache Kontinuität, sondern eine Umkehrung der Perspektiven. Um die Wahrheit zu erkennen, die hinter der äußeren Erscheinung verborgen ist, muß man sich von einer Vielzahl von Stereotyp-Vorstellungen, von vorgefaßten Meinungen, von unbewußten Hemmungen frei machen. Das ist schmerzhaft. Trotzdem darf es keinen Vorwand dafür geben, diese Erfahrung den Studenten zu ersparen.

Der Inhalt ist das zuverlässigste Meßinstrument einer Pädagogik. Was sagt sie? Was verschweigt sie? Was läßt sie den Lernenden tun? Welche Stoffe werden vertiefend behandelt? Welche nur gestreift? Welcher Platz wird Fakten, Gesetzen, Ansichten, Lehrmeinungen, Kritiken eingeräumt? Fördert das vermittelte Bildungsgut die Entwicklung der Schüler? Was kann der Lernende nach Abschluß seiner Ausbildung mit den von ihm erworbenen Kenntnissen und Erfahrungen leisten? Letzten Endes wird jede Lehre nach ihrem Inhalt beurteilt. Wurde etwa das Bauhaus im Laufe von 14 Jahren wegen seiner aktiven Methoden dreimal geschlossen? Keinesfalls! Solche Methoden waren im Deutschland jener Jahre durchaus in Mode. Es war vielmehr der Inhalt, der als subversiv angesehen wurde. Das gilt auch für die Ulmer Hochschule für Gestaltung. In Ulm wurden Gestalter für industrielle Erzeugnisse ausgebildet. Unter diesen sollten einerseits die Objekte verstanden werden, die für den alltäglichen, den produktions- und verwaltungstechnischen und den wissenschaftlichen Gebrauch sowie für den Bereich des Bauwesens bestimmt sind; andererseits die visuellen und sprachlichen Informationsträger, die durch die Massenmedien verbreitet werden. Die Schule gliederte sich in vier Abteilungen: Produktgestaltung, Bauen, Visuelle Kommunikation, Information (bis 1966), Film (in der letzten Periode). Das Studium dauerte vier Jahre. Man kann vier Phasen in der Geschichte der Ulmer Hochschule unterscheiden:

1947—1953, von dem Projekt einer »Aktiven Schule für Wissenschaft, Kunst und Politik« zum Konzept der »Hochschule für Gestaltung«;

1953—1957, von der Fortführung der Bauhaustradition zur Emanzipation;

1957—1962, von der Verwissenschaftlichung der Gestaltung zum Fetischismus der Methodologie;

1962—1968, von der Synthese der Erfahrungen zur Umweltgestaltung.

Als der Unterricht begann, umfaßte das Studium einen Grundkurs, der, angelehnt an die Bauhaus-Pädagogik, ein Jahr dauerte. Darauf folgte eine dreijährige praktische Berufsausbildung, ergänzt durch einige Fächer allgemeiner Bildung. 1956 tauchten die ersten Bedenken über das Gropiussche Modell auf. Man ging vom Ideal des Künstlers als Anreger der Industrie zur Einschaltung in den Produktionsprozeß über. Nach Hannes Meyer entdeckte man die Notwendigkeit einer soliden wissenschaftlichen und technischen Bildung wieder. Das Programm gab von nun ab so viel Platz für die Theorie wie für die Praxis. Gegen Ende der fünfziger Jahre entzündete sich eine Kontroverse über die Rolle analytischer Methoden bei der Projektentwicklung. Die Tendenz zur Versachlichung der Gestaltung hatte maßlose Hoffnungen auf eine Methodik gesetzt, von der

Günter Schmitz

Herbert Ohl

Claude Schnaidt

man meinte, daß sie automatisch und unausweichlich zu originellen und perfekten Resultaten führen würde. Viele, übrigens außerordentlich fruchtbare, Experimente aus dieser Zeit endeten mit schmerzhaften Mißerfolgen. 1962 erwies es sich als erforderlich, die einzelnen Disziplinen ausgewogen zu dosieren und sie eng miteinander zu verbinden — das, um eine nicht mehr aufnehmbare Anhäufung wissenschaftlicher Daten, eine Fetischisierung der Methoden einerseits zu vermeiden und um die Erfindung von Produkten andererseits zu stimulieren, die nicht mehr die positivistische Übersetzung von augenblicklichen Bedürfnissen sein sollten.

Mit dieser neuen Wendung wurde die Grundlehre, an der bis dahin die Studenten aller vier Abteilungen der HfG gemeinsam ein Jahr teilnahmen, abteilungsspezifisch aufgegliedert. Diese Entscheidung zielte vor allem darauf hin, den Unterricht dem jeweiligen Arbeitsgebiet der verschiedenen Abteilungen anzunähern. Sie stellte eine bedeutende Änderung im Programm der Schule dar und zog die Notwendigkeit einer Reorientierung hinsichtlich des Inhalts der praktischen Arbeiten des 1. Studienjahres nach sich. In der Abteilung Bauen wurde von mir, Günter Schmitz und Herbert Ohl ein Zyklus von neuen Übungen eingeführt. Diese Übungen, mit zunehmender Komplexität entsprechend dem Fortschritt des Studiums, verfolgten mehrere Ziele: Ausgleich der unterschiedlichen Vorbildung der Studenten; Entwicklung von präzisen Darstellungstechniken; Training zur systematischen Arbeitsorganisation; Anregung der Erfindungsgabe unter vorgegebenen einschränkenden Bedingungen; Vermittlung von Entwurfsgrundlagen für vorgefertigte Bauwerke. Der ganze Zyklus umfaßte 12 bis 15 Übungen. Oft mußte die zeichnerisch vorgeschlagene Lösung mit einem Modell ergänzt werden. Alle Arbeitsthemen beruhten auf der Anwendung geometrischer Ordnungssysteme in Fläche und Raum, wobei die Systeme als eine Grundlage der elementaren, kombinatorischen, offenen architektonischen Gestaltung betrachtet wurden.

Auch wenn sie den Umständen angepaßt werden sollte, ist meine »Einführung in die Projektierung« an der Pariser »Unité pédagogique d'architecture no 1« die Fortsetzung dieser Ulmer Lehre. In Paris haben die Studenten des 1. Studienjahres keine Vorbildung. Außerdem besuchen sie neben der Einführung in die Projektierung zwei praktisch orientierte Kurse: Morphologie und bildende Kunst. Die Vermittlung der Gestaltungsgrundlagen ist damit und leider in drei Fächer aufgeteilt. Um Überschneidungen und Lücken zu vermeiden, um mit dem Programm des 2. Studienjahres übereinzustimmen, mußte ich auf gewisse Aufgabenstellungen verzichten und neue Übungen ausarbeiten. Am Anfang stellte ich bis zehn Übungen im Jahr, dann kam ich auf sieben zurück. Die ersten sind vorwiegend darstellungstechnischer Natur, die mittleren berühren die Anforderungen des Materials und der Technologie, die letzten münden in die komplexe Beherrschung von kleinen Bauobjekten. In Paris hat die praktische Bezogenheit der gesamten Lehre noch zugenommen. Kein Spiel mehr mit Linien, Flächen und Volumen, sondern das Erfinden von nutzbaren Objekten. Keine pauschal-willkürlichen Beurteilungen mehr, sondern differenzierte Bewertungen von definierten zweckgebundenen Leistungen. Ein Training zur schöpferischen Selbstfindung, aber ohne Exaltation der Gesten und des Egos. Eine Schulung zum Bauen in der realen Welt, aber mit dem Einsatz der kritischen Intelligenz. Die Lehre liegt fern von vielen aus dem Bauhaus abgeleiteten Grundkursen. Und doch bleibt sie dem »werklichen formunterricht« von Josef Albers treu. Denn das »konstruktive denken«, das »erfindende bauen« und die »wirtschaftliche form«[2] des Pädagogen aus Bottrop sind aktueller denn je.

Anmerkungen

1 Meyer, Hannes: Mein Hinauswurf aus dem Bauhaus. In: Das Tagebuch, Berlin, August 1930.

2 Albers, Josef: werklicher formunterricht. In: bauhaus, 2/3, Dessau, 1928.

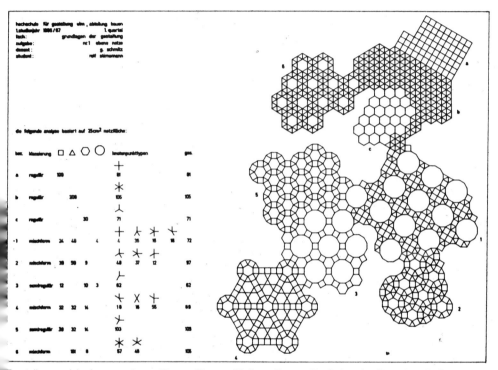

Darstellung und Analyse von ebenen Netzen. Die verschiedenen Netze sollen ineinander übergehen. R. Stirnemann, HfG Ulm, 1966/67, Prof. G. Schmitz.

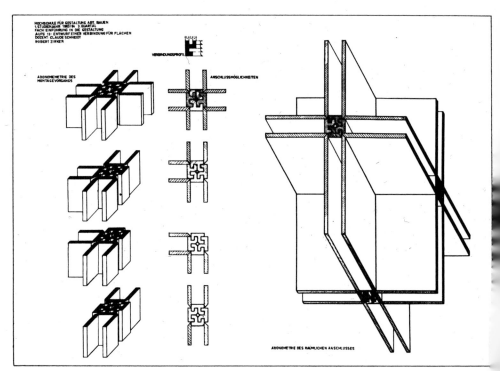

Verbindung von Flächenelementen. Die Verbindung soll leicht montierbar und demontierbar, druck- und zugfest sein. Sie kann direkt oder durch ein Zwischenelement erfolgen. R. Zirker, HfG Ulm, 1963/64, Prof. C. Schnaidt.

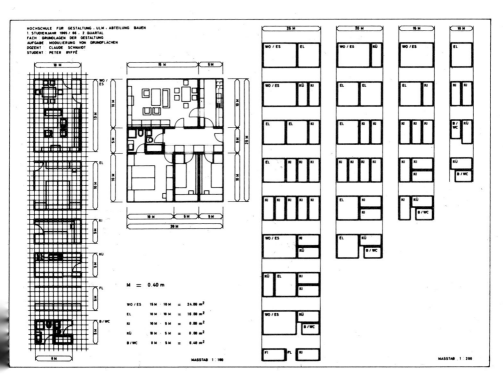

Modulierung von Wohnflächen. Die Maße der einzelnen Räume müssen koordiniert sein auf das Ziel hin, ein Baukasten-system mit weitgehender Additivität und Austauschbarkeit zu bekommen. P. Ryffé, HfG Ulm, 1965/66, Prof. C. Schnaidt.

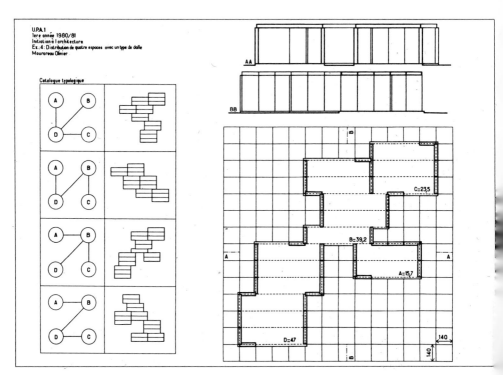

U.P.A.1
1ere année 1980/81
Initiation à l'architecture
Ex. 4 : Distribution de quatre espaces avec un type de dalle
Mourareau Olivier

Catalogue typologique

Räumliches Gefüge aus Standardplatten. Anzahl, Grundfläche und Beziehungen der Räume zueinander sind gegeben. Sämtliche zirkulatorischen Zuordnungstypen sind zu ermitteln. Die konstruktive Lösung muß für eine der Möglichkeiten gefunden werden. O. Mourareau, UPA 1 Paris, 1980/81, Prof. C. Schnaidt.

100

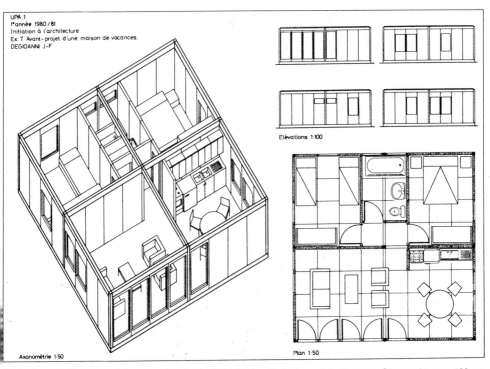

UPA 1
1ª année 1980 / 81
Initiation à l'architecture
Ex: 7. Avant-projet d'une maison de vacances.
DEGIOANNI J-F

Elévations 1:100

Axonométrie 1:50

Plan 1:50

Ferienhaus. Bedingungen: 4 Personen, 48 bis 58 m² Nutzfläche, Skelettbau mit Ausfachung, Spannweite max. 400 cm, Plattenbreite von 80 bis 120 cm, Trockenmontage. J. F. Degioanni, UPA 1 Paris, 1980/81, Prof. C. Schnaidt.

Fritz Seitz

Designer, Künstler und der Bauhausgeist

Oder: Was Künstler wollen und was Designer sollen.
Zu Fragen der Grundstudien und der Fachausbildung in Kunst und Design.

1. Grundlehre oder Eingangsstudien?

An den Hochschulen, an denen Designer und bildende Künstler gemeinsam studieren, gibt es hie und da noch Einrichtungen, die den Namen »Grundklasse« tragen. Dort fand früher Grundlehre statt. Was heute in diesen Räumen geschieht, hat mit Grundlehre jedoch wenig zu tun. Man kann es neutral vielleicht als Eingangsstudium bezeichnen.

Dennoch werden nach wie vor Dozenten »für Grundlehre« gesucht. Wie reimt sich das mit dem eben Gesagten?

Nun, es geht bei diesen Ausschreibungen um die Aufgabe, Anfänger jeweils in eine bestimmte Fachausbildung einzuführen. So werden Anforderungen für fachspezifische Entwurfslehren gestellt.

Es handelt sich um Aufgaben im Rahmen dreier großer Fachbereiche:
1. Bauen bzw. Architektur,
2. Grafik-Design bzw. Kommunikations-Design oder Visuelle Kommunikation,
3. Produkt-Design bzw. Industrial Design.

Jeder dieser Fachbereiche sucht eigens Kräfte für »seine« Grundlehre. Genau an dieser Stelle ist es nötig, vom Bauhaus zu sprechen. Der Begriff der Grundlehre ist nämlich aus dem gewonnen worden, was vor nunmehr 65 Jahren der Vorkurs am Bauhaus eröffnet hat. Dieser Vorkurs war aber keine fachspezifische Veranstaltung, sondern der Versuch einer generellen Grundlegung bildnerisch-gestalterischer Arbeit. Auch in der Nachfolge des Vorkurses war die anfängliche Grundlehre für alle da. Das zeigte sich in der Anfängerarbeit heutiger Fachhochschulen am deutlichsten. Die Grundlehre Holwecks in Saarbrücken zum Beispiel vereinigte zunächst die Anfänger aus allen folgenden Fachstudien und das gleiche galt auch in der Phase von 1953 bis 1961 für die Hochschule für Gestaltung in Ulm.

Dem entgegen haben derzeit die als Grundlehre bezeichneten Eingangsstudien für die vorhin genannten drei Fachbereiche eine gewisse Ähnlichkeit mit der Propädeutik der Universitäten. Dort wie hier geht es um Einführungen in Vorkenntnisse zu Fachstudien. Es geht dabei vor allem um ein Verfügbarmachen von Vorgehensweisen, die bereits umrissen sind. Pointiert gesagt, handelt es sich um Fertigkeiten: dort im Zusammenhang wissenschaftlicher Methodenbestände, hier im Rahmen zukünftiger Entwurfspraxis. In der früheren Grundlehre jedoch sollte es nicht um den Anfang auf vorgebahnten Wegen gehen, sondern um ein originäres Suchen, Erkunden und Erfinden gerade zum Zweck der Überwindung von Konventionen, von Gebräuchlichem. Und dabei durften und mußten auch die Lehrer mitlernen! Daß es im Vorkurs wie in der Grundlehre ursprünglich nicht — wie in der Propädeutik der Wissenschaften — um Instrumentelles ging, das wird wörtlich deutlich, wenn man sich erinnert, daß Werkzeuge verpönt waren. Das in Traditionen festgelegte Machen beschränkt sich auf Weitergabe und Übernahme fertiger Methoden. Eben das trifft auf die Einführungsstudien, getrennt nach Fachbereichen, zu. In diesem Zusammenhang sollten sich die Schulen für Gestaltung des berühmten Aufsatzes über den »werklichen Formunterricht« von Josef Albers (Bauhaus) erinnern. Dort heißt es sogar wörtlich: Schulung von Fertigkeit allein »macht schöpferisch unfrei, hemmt die Erfindung ... auch die Wieder-Erfindung.« Und weiter: »Gelehrte Arbeitsmethode und ihre durchgeführte Anwendung entwickeln Einsicht und Fertigkeit, kaum aber schöpferische Energien.«

2. Anfängerbetreuung im Bereich freier Kunst

Die Eingangsstudien unserer Hochschulen für Gestaltung und für bildende Künste haben sich in den vergangenen Jahren in Richtung auf — sagen wir einmal — Anfängerbetreuung entwickelt. Das zeigt sich am deutlichsten an den Akademien. Dort verzichten Anfänger schon seit 15 Jahren auf eine zusammenhängend vorgetragene Lehre. Sie entbehren sie nicht — nein: sie verzichten darauf. Sie reagieren empfindlich auf jede Art von Lehre, die ihren spontanen Motiven nicht entspricht. Dabei sind Anfänger natürlich Einflüssen ausgesetzt: dem herrschenden Fluidum an der jeweiligen Ausbildungsstätte, den internen Trends also und denen

Bauhaus-Vorkurs und später Grundlehre (hier: Holwecks Grundklasse in Saarbrücken) waren für die Anfänger aller Fachbereiche da. Das galt z. B. auch bis 1961 für die HfG Ulm. Dieser universelle Zug ist aufgegeben worden. Heute richten die einzelnen Fachbereiche eigene und fachspezifische Grundlagenstudien ein.

des Kunstbetriebs draußen, den Einwirkungen aus der Arbeit von Fortgeschrittenen und dann auch den Eindrücken, die sie von der Arbeit ihrer bestallten Mentoren gewinnen.

In jedem Fall aber gelingt es ihnen, vorstrukturierte und im Systemzusammenhang vorgetragene Lehre zu umgehen. Dieser Mut zur Unabhängigkeit hat bei jungen Künstlern gewiß sein Gutes. Aber hier muß auch hinzugefügt werden, daß Grundlehre selbst bei größtmöglichem Tolerieren dieser Einstellung nicht realisierbar ist. Sie kommt nicht aus ohne ein vorbedachtes Nacheinander der Vermittlung, ohne Abgrenzungen inhaltlicher und organisatorischer Art. Auch die »Bauhauspädagogik« — gleichviel, welche Züge und Programme damit vorgestellt werden — stand dem Wildwuchs des Hervorbringens aus freier Neigung im Wege. Dabei gibt es keinen Grund zu verschweigen, daß die Anfänger im freien Bereich in jüngster Zeit mit viel Frische und Unbekümmertheit, oft mit Vehemenz und nicht selten mit erstaunlichem Anfangserfolg an die Arbeit gehen.

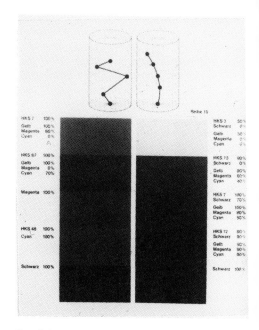

Grundlehre ist nicht gleich Entwurfslehre. Aber sie hat (wie hier im Fall der Farbgestaltung) die Entwurfslehre angeregt. Sie hat bewirkt, daß im Bildnerischen einige Lehrinhalte »objektiviert« werden konnten.

3. Grundstudien in den »angewandten« Bereichen

Gemeint sind hier Lehrinhalte aus den drei vorhin genannten Fachbereichen Bauen, Kommunikations-Design und Produktgestaltung. Hier liegen die Dinge anders. Wenn es nämlich um grundlegende Beiträge zu solchen Bereichen des Entwerfens geht, dann ist vorstrukturierte und folgerichtige Vermittlung möglich. Und wenn zuvor noch der Nutzwert umrissen wurde, wenn planmäßiges Vorgehen als eine Notwendigkeit einsehbar wurde, dann kommt es auch zu Mitarbeit und zu Ergebnissen. Das trifft nicht nur auf das Erlernen konventionalisierter Darstellungstechniken zu, sondern auch auf Lehrbares, wie es zum Beispiel das didaktische Genie des

Bauhausmeisters Josef Albers eröffnet hat. Derlei wurde später in den Bestand der Grundlehren eingearbeitet — Ablagerung, nun allgemein verwertbar gemacht, festgefügt und so seither verfügbar. Ich denke da an Kernstücke einer elementaren Entwurfslehre der Farben, die rational so weit durchwirkt werden konnten, daß sie heute an jedem Ort vermittelt werden könnten. Derlei hat zwar nur relativen, in seinen Grenzen aber auch unbestreitbaren Gebrauchswert. Gleiches gilt für Inhalte, die unter das Stichwort »Form« gebracht werden können.

Das ist gut und schön, aber es muß auch noch einiges hinzugefügt werden. Zum einen: solche Lehrinhalte sind, wie gesagt, auf dem Boden von Vorkurs und älterer Grundlehre gewachsen. Aber als Umrissenes und

Im Design haben »gute Gestalten« und damit Gestaltung im engen Sinn ihren unbedingten Wert. Denn an Geräten können Übersichtlichkeit und Hantierbarkeit geradezu entscheidend sein. In der freien Kunst haben »gute Gestalten« einen relativen Wert. In keinem Fall kann freie Kunst mit Gestaltung gleichgesetzt werden. Foto: HBK Hamburg, Fachbereich Industrial Design, Jahresausstellung 1983.

Abgegrenztes sind sie mit ihren Quellen, mit deren viel weiter reichenden Programmatik nicht gleichzusetzen. Weiterhin: in diesen »angewandten« Bereichen läuft Fachausbildung auf Befähigungen jeweils für einen bestimmten Entwurfs- und Funktionsbereich hinaus. Die Funktionen lassen sich näher bestimmen. Das wird schon bei erster, naiver Annäherung erkennbar. Man braucht nur daran zu erinnern, daß es da zum Beispiel um Geräte, um Gebrauchs-»Zeug« geht, sodann um Gebäude aller Art und dann auch um bildhafte Mitteilungen, die bestimmte Empfängergruppen anvisieren. In all diesen Fällen ist Gestaltung im Spiel. Nun werden mit Worten wie Gestalten und Gestaltung nicht nur Allerweltsreden garniert, sondern in der Psychologie und im Bildnerischen handelt es sich dabei um einen Terminus technicus. Im Sinne also des Fachbegriffes haben Designer und Architekten ständig mit Gestalten und Gestaltung zu tun, und sie ziehen großen Vorteil daraus, wenn sie mit dem Fachbegriff möglichst klare Vorstellungen verbinden. Ich erwähne das, um nun beträchtliche Unterschiede zwischen Gestaltfunktionen in den Designbereichen und dem freien Umgang mit Gestalten in der freien, künstlerischen Praxis zu verdeutlichen.

In den Designbereichen vermitteln gute Gestalten zwischen Zweckbestimmung und Zweckdienlichkeit. Im freien Bereich hingegen wird ihr Wert durch Absichten gänzlich anderer Art ständig relativiert. Ja, es kommt vor, daß Gestaltqualitäten zugunsten dieser Absichten ausdrücklich getilgt werden. Ein

Beispiel: immer wieder haben Produktgestalter die Aufgabe, an Vorrichtungen von einer gewissen technischen Komplexität für Übersichtlichkeit zu sorgen. Eben dazu müssen sie »gute Gestalten«, gestalthaft gegliederte Anordnungen, schaffen. Auch sollen sie leichte Hantierbarkeit gewährleisten. Und das wiederum heißt, daß sie gute Gestalten für das Greifen und Tasten finden müssen. Ein anderes Beispiel: man denke an die guten Gestalten, die Grafik-Designer auf Sichtfeldern unterbringen müssen. Sie akzentuieren das Erfassen und unterstützen zumindest auf diese Weise die beabsichtigte Lenkung von Verhaltensweisen. Dazu gehören Absichten, die umgangssprachlich als Manipulation bezeichnet werden, womit ihre Fragwürdigkeit angesichts größerer Wirkungszusammenhänge und in Betracht bestimmter Wertvorstellungen angedeutet werden soll.

Die Inhalte hingegen, die freie Künstler dem Akt der Formung unterwerfen, haben heute mit solchen Zwecksetzungen kaum etwas zu tun. Und damit bin ich bei einem dritten Gesichtspunkt angelangt.

4. Was Künstler wollen und was Designer — sollen

Wir beobachten zunehmende Entfremdung zwischen Tätigkeitsbereichen, die an den Hochschulen für Gestaltung und für bildende Künste unter einem Dach vereinigt sind. Das ist Anlaß genug, sich der eben angedeuteten Divergenzen zwischen eigenen Motiven und fremden Zwecksetzungen anzunehmen. Es muß ausgesprochen werden, daß Interessen und Bezüge im freien Bereich inzwischen weitab von denen des »angewandten« Bereiches liegen. Man hat nur noch Ahnungen davon, wo auf der anderen Seite der Schuh drückt. Was die zukünftigen Designer betrifft, so färbt natürlich allein schon der Umstand, daß sie in jedem Fall mit fremden Zwecksetzungen rechnen müssen, auf ihr Studienverhalten ab. Auf der anderen Seite halten sich die jungen Künstler frei von solchen Voraussetzungen, die für sie »von außen« kommen — und sie halten das unter persönlichen Opfern und Demütigungen durch.

Das hört sich alles ein wenig trivial an. Gewiß. Aber es wäre erst recht stumpf und platt zu meinen, das läge ja wohl in der Natur der Sache und sei ja schon immer so gewesen. Es besteht vielmehr Anlaß, hier in Art und Umfang mit neuartigen Wirkumständen zu rechnen, mit Umständen, die sich zu den Zeiten des Bauhauses allenfalls im Ansatz zeigten. Das Dasein des Einzelnen in den Industrienationen beherrscht heute eine übergreifende Interessendynamik, die Bewußtsein und »Privatsphäre« penetriert. Allein die nahezu alles erreichende Technizität läuft Künstlern zuwider. (Wir werden das noch begründen.) So gehören heute die Künstler zu den »Aussteigern«. Ja, auch die Erfolgreichen des Kunstmarktes waren zuerst Aussteiger, ehe sie in einen Sonderstatus umstiegen, (der nun allerdings einigen Freizügigkeit in einem Ausmaß beschert, wie es selbst einen Michelangelo hätte neidisch machen können.)

Vielleicht ist jetzt schon deutlich geworden, warum Künstlern inzwischen das Reden von einer »angewandten Kunst« wie ein Widerspruch in sich, ja wie ein barer Unsinn erscheinen muß.

Sie, die Künstler selbst, setzen das, was ausdrücklich unter dem Kunstanspruch an die Öffentlichkeit gebracht wird, einem scharf differenzierenden Urteil aus. Es handelt sich da um ein Eigenverständnis mit starkem Zug zur Ausgrenzung, ja zum Hermetischen. Es äußert sich jeweils vor Ort, am konkreten Fall. Es geschieht ungeachtet der Tatsache, daß Künstler ihr Tun den Festlegungsversuchen, den Definitionen entziehen. Und es geschieht, obgleich damit der Anschein erweckt wird, als ob sich Künstler

Künstler werfen ihre Fragen unabhängig auf. Und sie beantworten sie auch selbst und auf höchstpersönliche Art. Der Vergleich mit den Aufgaben etwa der Grafik-Designer macht deutlich, daß die Voraussetzungen im »freien« und »angewandten« Bereich geradezu einander entgegengerichtet sein können. Foto: HBK Hamburg, Fachbereich Freie Kunst, Klasse Graubner, Jahresausstellung 1983.

vor den Realisaten der bekannten Äußerung von Beuys genau entgegenstellten, wonach jeder Mensch ein Künstler sei.

All das zeigt sich seit den sechziger Jahren. Das besagt: die hier angedeuteten Differenzierungen zwischen einer sich abschirmenden Künstlerpraxis und den Entwurfstätigkeiten von Architekten und Designern haben sich erst Jahrzehnte nach der Schließung des Bauhauses herausgebildet. So fehlt den Heutigen nicht nur eine Gemeinsamkeit des Wollens, wie sie zumindest in der Frühzeit des Bauhauses manifest war; nein, viele Künstler treten heute den Einebnungen zwischen bildnerischem Gestalten und künstlerischer Praxis ausdrücklich entgegen.

5. Gemeinsamkeit im Geist des Bauhauses?

Auch zum eben Gesagten ein Beispiel: Grafik-Designer im Dienst der Wirtschaftswerbung, mitwirkend im systematisierten Werbeeinsatz, »gehen aus« vom gesellschaftlichen Status quo der Verhaltensweisen. Sie formen sie nicht, sie benützen sie und versuchen, sie in fremdem Auftrag zu bewegen. Künstler hingegen suchen im Sinn von Subjektion frei zu handeln. Im gleichen Sinn wenden sie sich auch an den einzelnen. Ich benutze hier ein ungebräuchliches Fremdwort, um die Aufmerksamkeit für ein besonderes, künstlerisches Verhalten zu schärfen: für das Aufwerfen und die Selbstbeantwortung von Fragen. Und ich füge hinzu, daß Künstler bei den Betrachtern mit einer ähnlichen Verhaltensform rechnen. Zieht man hier den Vergleich zur Pragmatik eines Grafik-Designers, so wird das einander geradezu Entgegengerichtete der Voraussetzungen deutlich. Es bedarf keiner überdurchschnittlichen Sensibilität, um derartige Verschiedenheiten zu ahnen, und so ist es kein Wunder, daß bereits die Studienanfänger der Designbereiche wie des freien Bereiches in das Bewußtsein von Divergenz hineinwachsen. Kein Wunder auch, daß die Studenten aus diesen unterschiedlichen Bereichen heute nicht jene Gemeinsamkeit im Wollen erfahren können, die seinerzeit viele Bauhäusler miteinander verbunden hat.

Wollten heute freie Künstler und Designer unter allen Umständen eine Gemeinsamkeit, so bliebe ihnen nur der Rückzug auf jenes Feld, das wir die bildnerischen Möglichkeiten — den formalen Spielraum also — nennen können.

6. »Die Kunst ist das Herzstück . . .«

Eine relative Gemeinsamkeit des Wollens — genauer: eine Gemeinsamkeit in dem, was man nicht will, wird dagegen von den jungen Künstlern erfahren und erlebt.

»Die Kunst ist das Herzstück der Hochschule!« Diese markigen Worte schrieb vor ein paar Jahren ein Professor des freien Bereiches auf ein Plakat, das er in die Vorhalle der Hamburger Kunsthochschule stellte. Das wirkte wie eine befreiende, längst fällige Klarstellung. Niemand hat damals widersprochen — und dabei ist es bis zur Stunde geblieben!

7. Und nun die Pädagogik des Bauhauses?

Inzwischen dürfte sich die Frage, ob die Pädagogik des Bauhauses in der heutigen Aus-

bildung von Designern und im Studium zukünftiger Künstler aktuell sein kann, teilweise schon erledigt haben.

Das, was heute von Grund auf die Erörterung des Bauhauses als eines Vorbildes verhindert, verdeutlicht sich nun ganz, wenn man die Programmatik des frühen Bauhauses in Kurzfassung heranzieht. Ich zitiere daher Auskünfte einer führenden Enzyklopädie zum Stichwort »Bauhaus«. Dort heißt es unter anderem:

Das Bauhaus entstand . . . unter Zusammenschluß der . . . Hochschule für bildende Künste mit der Kunstgewerbeschule. Nun, heute träumen viele, die von geistlosen Einebnungen betroffen wurden, genau von der Zurücknahme solcher Zusammenschlüsse. Sodann wird berichtet, daß Gropius seinerzeit ein Gründungsmanifest verfaßt hat. Heute sind Manifeste Äußerungsformen aus unverhüllter Ironie. Weiter heißt es, daß Gropius seinerzeit die Einheit aller Künste unter Führung der Baukunst gefordert habe. Heute sind junge Architekten bescheidener und wir dürfen hinzufügen, daß dieser Zug ihnen gut zu Gesicht steht. Gropius erklärte damals handwerklich-technisches Können zur unerläßlichen Grundlage künstlerischen Schaffens. Heute würde man bei der Suche nach dieser Grundlage nicht an Mittel und Wege denken. Man würde statt dessen nach dem Ursprung suchen und ihn in der Tiefe der Subjektivität vermuten. Anfangs ist am Bauhaus sogar die These von der Einheit aus Kunst und Handwerk vertreten worden. Nun, mein Lehrer Willi Baumeister sprach sogar vom Künstler als vom letzten Handwerker. Aber wie kam er darauf, vom »letzten« Handwerker zu reden!? Später wurde dann noch die Technik einbezogen und also die Einheit von Kunst und Technik postuliert. Hier nun die zuvor angekündigte Begründung für heutige Abgrenzungen der Künstler gegenüber der Technik:

Wenn ich einen bedeutenden Denker vereinfachend wiedergeben darf, so gehört zum

Anfänger in der freien Kunst gehen in jüngster Zeit — angeregt von den »Neuen Wilden« — frisch und unbekümmert an die Arbeit. Das geschieht vehement und nicht selten mit erstaunlichem Ausdruck. Foto: HBK Hamburg, Eingangsstudien im freien Bereich, Jahresausstellung 1983.

Wesen der Technik das Bereitstehen, das Zur-Verfügung-Stehen. Demnach ist technisches Machen ein Verfügbarmachen. Ein anderer, bemerkenswerter Philosoph erinnert hinsichtlich der Technik an die Kategorien von Sicherheit und Perfektion. All das hat nun mit dem Wesen der Kunst nichts zu tun. Ja, es scheint sich hierzu in Gegensatz zu stellen! Und ganz gewiß wird das Nachsinnen über Wesensunterschiede zwischen Technik und Kunst fruchtbarer sein als eine sozusagen postulierte Gleichsetzung.

8. Zum Schluß:

Genug der Zitate und der Entgegnungen. Es dürfte inzwischen klar geworden sein, daß die eben versuchte Rückbesinnung auf das Bauhausprogramm besonders deutlich zeigt, warum sich die Schulen nun auch von der Bauhauspädagogik entfernt haben. Es erklärt zugleich auch, warum Grundlehre nur noch ein Name und Grundklassen nur noch Örter sind. Hatte man doch um 1950 bei der Einrichtung dieser Grundklassen den Vorkurs des Bauhauses als einziges Muster vor sich. Das Vorbild hat nun seine Anziehungskraft verloren. Übrigens hatten sich die Akademien ja schon um 1950 dem Vorbild nur halben Herzens zugewandt. Deshalb waren die Grundklassen den Fachstudien ja auch nur einfach vorangesetzt worden, ohne daß der eigentliche Verbund, das Ineinanderübergehen, gewollt gewesen wäre.

Daran haben die Grundklassen von Anfang an gelitten und deshalb hat sich ihr Anstoß nicht bestmöglich auswirken können.

Der den Akademien eingepflanzte Bauhausgeist ist dort jedenfalls ein Flachwurzler geblieben.

In dieser Hinsicht sind sich Schüler und Lehrer heute einig. Wie eingangs gesagt, drängen ja schon die Anfänger nicht in Grundklassen, sondern in den höchstpersönlichen Einstieg, in die von außen möglichst ungestörte Subjektion. Nur im angewandten Bereich besteht unter den genannten Umständen ein Interesse an dem, was an Know-how übrigbleibt, wenn von den Lehren des Bauhauses der »Überbau« wegretouchiert wurde. Aber nun darf man fragen: Was bleibt denn vom Bauhausgeist übrig, wenn sich frei nach Bedarf ein bloßes Verwertungsinteresse seiner Relikte bedient? Man muß wohl kaum daran erinnern, daß am Bauhaus ein bis zur Schwärmerei aufgeregtes Wollen am Werk war; daß man dort am Bau einer besseren Zukunft arbeiten wollte — wenn auch, wie später in Ulm, ein wenig von oben herab; ja, daß man dort wirklich meinte, das Haus der Zukunft zu bauen; daß man schließlich zur technischen Ausprägung unserer Zivilisation aus Überzeugung ja sagte, im Vertrauen, daß die Kunst an der Technik nicht sterben werde, sondern daß sie vielmehr die Technik und mit ihr das gesellschaftliche Ganze zum Besten aller durchwirken werde.

Nun, Kenner wissen aber auch, daß dieser Glaube in den letzten Jahren des Bauhauses dort selbst schon ins Wanken geraten war, daß sich dort im Keim sogar schon die studentische Revolte der späten sechziger Jahre angemeldet hatte. Denn schon damals zeigte sich, daß die tatsächliche Macht sich des technischen Potentials in anderer Weise bediente, als sich das künstlerische Menschen gerne ausmalen würden. Und damals schon begann sich das Wirtschaften in die Richtung seiner heutigen Dynamik zu regen. Damals schon zeigte sich schließlich, daß diese Dynamik ungerührt über das hinweggeht, was ich den Geist der Kunst nennen möchte.

Und so ist es auch kein Wunder, daß heute an unseren Akademien und an den Hochschulen für Gestaltung, im Alltag wie in fachlichen Diskussionen, eine Pädagogik nicht in Erwägung gezogen wird, die sich auf den Geist des Bauhauses zurückführen ließe.

Bazon Brock

Vom Bauhauskonzept zum »Kommunikationsdesign«

Es dürfte nicht allzu abwegig sein, die Aktualität der Bauhauspädagogik an drei Problemkomplexen zu skizzieren. Diese Komplexe sind zugleich auf drei der wichtigsten Entwicklungsperspektiven der Industriegesellschaften bezogen:

1. Was heißt Gestaltung im Zeitalter des Mikrochips?
2. Welchen Normenwandel der industriellen Güterproduktion erzwingt der Umweltschutz?
3. Welche Veränderungen in Studium und Ausbildung werden notwendig, wo neue Qualifikationen anstelle von Einübung in bestehende Berufsrollen angestrebt werden?

Gegenwärtig hätten wir allen Anlaß, den Gesamtbereich Gestaltung und Kommunikation, angewandte Kunst und angewandte Wissenschaft auf ähnlich radikale Weise zu verändern, wie er zu Beginn der 20er Jahre vom Bauhaus verändert worden ist.

Damals ging es um das Eingeständnis, daß die beispielsweise von Morris und Semper initiierte Gegenbewegung zur industriellen Massenproduktion gescheitert war. Die Rückkehr zum Gestaltungsethos des Artigiano, des Kunsthandwerkers, ließ sich nicht erzwingen, zumal sie nicht mehr wünschenswert erschien. Die Bauhäusler, und das läßt sich so verallgemeinernd trotz erheblicher Unterschiede zwischen den Bauhausmeistern behaupten, gingen zumindest seit

1923 von der Einsicht aus, daß man nicht gegen die industrielle Massengüterproduktion antreten dürfe, sondern sich ihrer Mittel und Methoden bedienen müsse, um die Massenproduktion selber zu verändern.

Es galt, die Normstandards neu zu definieren unter Wahrung des entscheidenden Vorteils der Massenproduktion, nämlich der Verbilligung der produzierten Güter. Es galt nicht, die Massengüter zu ersetzen, sondern sie brauchbarer werden zu lassen und sie möglichst vielen Menschen zugänglich zu machen.

Für die Bauhäusler war dieses Ziel in erster Linie durch neue Gestaltungskonzepte zu verfolgen, und das bedeutete, eine zeitgemäße, den Produktionsprozessen angemessene Relation zwischen Funktion und Erscheinung der Güter zu finden. Mit der Kritik, die Idealisten und Marxisten bis dahin als Dialektik von Wesen und Erscheinung vorgetragen hatten, war nichts mehr anzufangen, weil man erkannt hatte, daß die Erscheinung selbst eine Funktion, und zwar eine wesentliche, darstellte, wenn auch eine symbolische. Das Bauhaus entdeckte die Funktion des Symbolischen neu.

Üblicherweise glaubt man, daß das Bauhauskonzept ja gerade in der radikalen Auslöschung symbolisch gestalteter Erscheinungen zum Zuge gekommen sei, nichts als die nackte Funktion propagierend. Diese Auffassung läßt sich in keinem Punkte halten. Ja, man kann sagen, daß das Bauhaus sogar einen neuen Stil kreierte, wenn man unter Stil die Homogenisierung symbolischer Formen versteht (und das ist ja durchaus sinnvoll).

Die nackte weiße Wand; das Gefüge der rechten Winkel; grafische Linearität bei gleichzeitiger Konturfreiheit; Flächenkohärenz; Durchsichtigkeit anstelle von Kompaktvolumen — so symbolisierte man den Geist der Moderne.

Gerade für die Bauhäusler war das der Geist des sozialen Fortschritts, für den der technische Fortschritt nur insofern Voraussetzung zu sein schien, als es einer weitgehend vorurteilslosen, von historischem Ballast befreiten Einstellung naturwissenschaftlich denkender Sozialingenieure bedürfte, um radikale gesellschaftliche Veränderungen für wünschenswert zu halten und an ihrer Durchsetzung zu arbeiten. Mit Blick auf Lebensreformen setzte sich im Bauhauskonzept durch, was seit Schinkels Zeiten die Geschichte der angewandten Kunst bestimmt hatte und heute erst recht gilt: Alle Gestaltung, ja alle Stile werden getragen durch entsprechende Lebensformen; ohne Veränderung von Lebensformen bleibt der künstlerische Zugriff auf die materialen Lebensbedingungen willkürlich.

Welche Lebensformen meinte das Bauhaus; was war ihr Kern über alle gesellschaftspolitischen und historischen Unterschiede der Meister hinweg? Leben hieß für sie Erfüllung eines Versprechens, das sowohl johanneisch/christlich, wie platonisch/philosophisch, als auch Fourier-sozialistisch formuliert worden ist. Es lautet: Der Mensch lebt nicht von Brot allein, er haust nicht in Ziegelsteinen, erschöpft sich nicht in der Erfüllung eines Lebensplans; vielmehr nähren ihn Gedanken und Gefühle, befriedigen ihn Einsichten in den Zusammenhang der Schöpfung als Ganzes, geben ihm die Beispiele der Vorfahren Sicherheit, insofern er an ihnen zur Vergewisserung kommt, trotz allen Gegenscheins nicht verloren zu sein.

Gerade die Bauhausmeister waren von diesen Heilsgewißheiten bis in die letzte Programmatik ihrer Arbeit durchdrungen — der bürgerliche Humanist Gropius genauso wie der proletarische Utopist Hannes Meyer; von dem Himmelsreiter Kandinsky und dem Heilsbringer Klee ganz zu schweigen.

Von heute her erschließen sich uns die historischen Fakten in einer für die übliche Würdigung des Bauhauses absonderlichen Weise. Die auf entsprechende Lebensformen abzielenden Gestaltungskonzepte des Bauhauses wurden durch die Überlegung bestimmt, wie sich das Geistige in der materialen Vergegenständlichung, wie sich Struktur und Funktion in der Erscheinung vermitteln lassen mit dem Ziel, gedankliche Abstraktionsleistung, seelische Antriebskraft und Unabhängigkeit von den Ansprüchen des Körpers zu stärken. Natürlich dachte man nicht daran, die Gemeinschaft der Heiligen oder die der Märtyrer, die der arbeitenden Mönche noch die der Genossenschaften einfach nachzuahmen; aber die Ähnlichkeit ergab sich von selbst. Das Bauhaus war schließlich auch nur eine, wenn auch eine besonders anspruchsvolle Etablierung der pädagogischen Provinz.

Ich skizziere diesen Hintergrund, um verständlich zu machen, daß wir meiner Meinung nach gegenwärtig genötigt sind, dieses Bauhauskonzept fortzuführen. Im Zeitalter des Mikrochips, also bei immer weitergehender Miniaturisierung der Funktionseinheiten der Gebrauchsgüter, würde die Fortsetzung bisheriger Gestaltungsauffassungen zur Produktion von lauter leeren Kästen führen. Die leeren Kästen sind unter anderem auch nicht mehr weiter zu rechtfertigen, weil wir mit Rohstoffen pfleglicher umzugehen haben.

Die Tendenz ist klar: Von ihrer Funktion her verkleinern sich die Apparate und Geräte, die Maschinen und die Speicher in so extremer Weise, daß eine Gestaltungsabsicht im Sinne des herkömmlichen Design an ihnen keinen Ansatzpunkt mehr zu finden vermag (außer in der sinnlosen Umhüllung mit einem leeren Kasten). Die Gestaltung wird sich im Sinne der Maxime, daß die Geschichte der angewandten Kunst eine Geschichte der Lebensreformen ist, als Kommunikationsdesign verstehen müssen. Diese für Künstler anrüchige, für die Sozialpolitik ideologieverdächtige Praxis stützt sich dennoch auf ziemlich simple, aber wohl doch einigermaßen brauchbare Überlegungen. Alle Entäußerung von Menschen gilt anderen Menschen. Das meint der Begriff der Kommunikation. Die durch mikroelektronische Revolution in absehbarer Zeit erzwungene Kommunikationsgesellschaft stößt auf ein entscheidendes Problem: Bis zu welchem Grad kann die zwischenmenschliche Kommunikation entmaterialisiert werden, ohne ökonomische Katastrophen nach sich zu ziehen? Von den psychologischen ganz zu schweigen.

Natürlich ist es sehr tröstlich zu meinen, man werde eben die Fernsehprogramme gestalten, wenn sich die Fernsehgehäuse nicht mehr gestalten lasen (weil es sie kaum noch geben wird). Die industrielle Produktion würde dann weitgehend aufrechterhalten, weil man für die Gestaltung von vielfältigen Kommunikationsprogrammen historische Spielmaterialien braucht. Dafür würden sich die Originale aus den Museen nicht eignen; denn die Bildwelten der Kommunikationsgesellschaft wirkungsvoll zu inszenieren, verlangt eben auch ihre weitgehende Zerstörung. Die Industrie würde zu einem Teil wenigstens mit Neuauflagen historischer Produkte beschäftigt sein. Ob das reicht?

Vielleicht dann, wenn man annimmt, daß die Programme der Kommunikationsgesellschaft nicht zentral hergestellt werden, sondern möglichst jeder Teilnehmer sein eigenes Programm sendet. Die Ordnungspolitik des Staates müßte freilich dafür die Voraussetzung schaffen. Aus ökonomischen Zwängen dürfte so die Dialogisierung der zwi-

schenmenschlichen Kommunikation erreicht werden.

Zum »Kommunikationsdesign« wird dieser Austausch, wenn Sendung und Empfang ihre entsprechende Umsetzung in neue Programme erfahren; denn die Menschen sind von Natur aus auf materiale Vergegenständlichung ihrer geistigen Aktivitäten angewiesen. Der menschliche Organismus kann diese geistige Produktion nur ermöglichen, wenn er in hinreichendem Austausch mit seiner Außenwelt steht. Wird diesem Bedürfnis nach sinnlicher Erfahrung auch dann noch entsprochen, wenn die Vergegenständlichungen der geistigen Aktivitäten des Menschen nur noch symbolisch (als gesprochene, gehörte, gelesene Sprache) ausgelegt ist? Wahrscheinlich nicht.

Die vermittelnde zwischenmenschliche Kommunikation bedarf objektiver Größen, also einer für beide Seiten undurchschaubaren, unbeherrschbaren Dimension: die Disfunktion der ästhetischen Unnachahmlichkeit, der Spontaneität und Unwiderruflichkeit. Ohne das Risiko des Scheiterns kann die Vermittlung nicht geleistet werden. Die leeren Kästen, die Disneycharaktere der Produktion, eignen sich für diese Aufgabe nicht.

Kunstwerke jedoch behaupten ihren Anspruch gerade in diesen der totalen Kommunikationsgesellschaft unabdingbaren Qualitäten. Das Bauhauskonzept bestimmte immer schon die Zukunft der Gestaltungspraktiken als Reintegration der Kunst sowohl in den Alltag als in die industrielle Produktion. Also sollte gelten: Die totale Kommunikationsgesellschaft wird nur dann nicht zum Irrenhaus werden, wenn es gelingt, die totale Simulation des Lebens im Leerlauf selbstreferentieller Gedankentätigkeit zu verhindern.

Gestaltung kann dabei hilfreich sein, wenn sie Objektcharaktere entwickelt, die der gedanklichen Enträtselung ihrer Struktur und Genese möglichst großen Widerstand leisten. Wahrscheinlich werden viele dieser Objektcharaktere ungefähr so aussehen, wie die theoretischen Objekte jener gefürchteten Testserien, an denen das räumliche Vorstellungsvermögen, die Abstraktionsfähigkeit und ähnliche Intelligenzen des Menschen gemessen werden. Gestaltung wird also in hohem Maße die Widerständigkeit des Materials, die Autonomie der Formen, die Eigengesetzlichkeiten der sprachlichen Medien zu sichern haben. Um das zu leisten, müßte sich freilich ein Verständnis von Funktionalismus durchsetzen, wie es schon das Bauhaus forderte.

Zur offiziellen Eröffnung der Hochschule für Gestaltung in Ulm hielt Walter Gropius 1955 zwei berühmt gewordene Reden. In der ersten skizzierte er angesichts der Neugründung das Programm des Bauhauses, wie er es 1925 formuliert hatte, als es darum ging, kurz vor dem Umzug nach Dessau alle Argumente aufzubieten, mit denen das Bauhauskonzept möglicherweise erfolgreich verteidigt werden konnte. In der zweiten Rede geht Gropius auf das Konzept der Ulmer Hochschule ein. Er betont ausdrücklich die Kontinuität der Zielsetzung und Methoden zwischen Bauhaus und der Hochschule für Gestaltung. Für diese Behauptung mag der Wunsch der Vater des Gedankens gewesen sein. Da es uns aber um die Aktualität des Bauhauses geht, dürfen wir uns umstandslos auf die Auffassung von Gropius einlassen.

In diesen Reden fragt Gropius, warum die Geschichte der Moderne, in der das Bauhaus eine wesentliche Position eingenommen habe, so falsch dargestellt werde. Gropius ermöglicht dem Zuhörer, diese Fälschung zu erkennen, indem er stichwortartig und mit angelsächsischem Understatement die zentralen Begriffe des Bauhauskonzepts in Erinnerung ruft. Er sagt, der Funktionalismus, dem er sich verschrieben habe, sei nie davon ausgegangen, die menschlichen Emotionen, die Intuition, den spekulativen Irratio-

nalismus, die traumhafte Phantasie und die Faszination durch Magie außer acht zu lassen. Ganz im Gegenteil, man habe stets gewußt und berücksichtigt, daß Schönheit und Form psychologische Funktionen seien, die durch Gestaltung als eine Art optischer Dichtung zur »Vergeistigung des Lebensstandards« führen sollten. Mit Vergeistigung sei eine Ausrichtung des menschlichen Erlebens und Handelns auf allgemein verbindliche Ziele gemeint. Der Ausdruck dafür sei in neuen Lebensformen zu sehen — und um die, so betont Gropius, sei es im Bauhaus in erster Linie gegangen.

Der Weg dorthin werde über die Erziehung der Sinne als »Erziehung zur Gesinnungshaltung« in einer Volksgemeinschaft führen. Ein Ideal dieser Gemeinschaft sei das schöpferische Team, gebildet aus prophetisch und poetisch befähigten Künstlern mit der Leidenschaft von Liebenden, die die Begeisterung für das hohe Ziel in zweifacher Hinsicht nutzen: Zur Steigerung der kreativen Ideen durch den Wettbewerb der Mitglieder des Teams und zur fruchtbaren Intensivierung des wechselseitigen Austauschs durch die Kritik im Team. Denn Gestaltung sei auf die Einheit von Geist und Ordnung ausgerichtet. Die sicherste Methode auf dem Wege zu diesem Ziel sei es, eine leistungsfähige Technik zu entwickeln und sich darüber hinaus der »Gnade der Inspiration« zu überlassen.

Gropius klärt auch in hinreichender Direktheit, was in diesem Zusammenhang als Bauhauspädagogik zu gelten hatte. Pädagogik ist ihm weitgehend ein Synonym für »das praktische Experiment«. Er betont, daß man sich im Bauhaus nicht nur die Entwicklung neuer Vorstellungen abverlangt habe, sondern vor allem die neuen Ideen auch zu praktizieren. Pädagogik ist ihm also die Anleitung zur Verwirklichung von Programmen und Konzepten.

Gropius hebt den Gegensatz von Einheit der künstlerischen Arbeit als Stil und de

Einheit der Lebensformen als praktischem Experiment hervor. Er betont das praktische Experiment und damit die Pädagogik als Prüfstein jeglicher Programmatik, weil es in der Kunst wie in der Entfaltung des Lebens der Menschen keine aboluten Größen gebe. Das ist ihm eine »objektive Tatsache«, auf die sich alle Teammitglieder einzulassen hätten. Insofern sie das tun, wird ihr künstlerisches Entwerfen einen wissenschaftlichen Anspruch haben; denn gerade der Wissenschaftler kann es sich erlauben, eine Vielzahl von Funktionen zu berücksichtigen, wo hingegen der Alltagsmensch stets so tun müsse, als ließen sich vielgestaltige Probleme auf ein paar Formeln und Meinungen reduzieren.

Wenn man das so von Gropius skizzierte Selbstverständnis mit dem vergleicht, was in der Öffentlichkeit als Bauhauskonzeption und Bauhauspädagogik dargestellt wird, kann man ihm nur zustimmen, daß die Geschichte der Moderne bisher im wesentlichen eine bewußte Fälschung ist.

In seinen Reden von 1955 antwortete er auf die selbstgestellte Frage nicht, wer an dieser Fälschung Interesse haben könne. Waren die Nazis zur Fälschung genötigt, um zu vertuschen, daß zum Beispiel ihr Programm »Schönheit der Arbeit« im Umfeld von Werkbund und Bauhaus entwickelt worden war? Ist die Fälschung nach dem Kriege bei uns durchgesetzt worden, um die miserablen, inhumanen und zudem technisch primitiven Wiederaufbauten zu rechtfertigen, indem man sie als Verwirklichungen des weltweit bewunderten Bauhauskonzeptes darstellte? Zumindest die bundesrepublikanische Nachkriegsarchitektur ist so weit von den Bauhausvorstellungen entfernt, daß eine unbeabsichtigte Etikettierung der Betonsilos und der Hundehütten als geistiges Erbe des Bauhauses ausgeschlossen ist. Die Fälschung war notwendig, um die sozialpolitischen und kulturpolitischen Konsequenzen des Bauhauskonzeptes zu unterdrücken.

Denn selten hat Gestaltung in der Geschichte des Design als Geschichte der alternativen Lebensformen derart radikale Konsequenzen gehabt, wie sie eine entsprechende Durchsetzung des Bauhauses nach sich gezogen hätte. Weil diese Konsequenzen bisher nirgends gezogen wurden, bleiben Konzept und Pädagogik des Bauhauses so aktuell wie je zuvor.

Vom Produktdesign über das Soziodesign zum Kommunikationsdesign, das ist eine Entwicklung, wie sie im Sinne von Gropius durch neue Technologien und ihre sozialen Folgen erzwungen wurde. Der Gestalter bleibt nicht darauf dressiert, eine bestimmte Berufsrolle zu erfüllen; er sollte vielmehr Qualifikationen erwerben, die es ihm ermöglichen, jeweils von sich aus seine Tätigkeit zu definieren, sich also seine Berufsrolle erst selbst zu schaffen.

Wie alle menschlichen Beziehungen unter juristischen Gesichtspunkten, unter ökonomischen Gesichtspunkten, unter soziologischen Gesichtspunkten bearbeitet werden müssen, so auch unter kommunikationstheoretischen und -praktischen. Die sprachliche Vermittlung bleibt gerade da noch ungestaltet, das heißt also im Sinne von Gropius ohne Geist, wo sie die Vermittlung als eine Verschönerung, als mundgerechte Verpackung, als problemlose Verfügung und unbewußte Handhabung auffaßt. Und das ist schließlich heute noch durchweg der Fall. Das Kommunikationsdesign wird in einer entsprechenden totalen Kommunikationsgesellschaft statt als fishing for compliments ein fishing for complications zu sein haben. Thematisierung ist immer nur als Problematisierung möglich.

Wo die mikroelektronische Revolution das problemlose Funktionieren vorgibt, wird das Entwerfen (Design) von Kommunikation in erster Linie in der Symbolisierung (Gropius) der technischen Unzulänglichkeit, der Fantasiearmut, der emotionalen Verkümmerung, der intellektuellen Borniertheit gefordert werden. In gewisser Weise ist das erwartbar. Wo die technischen Standards der Lebensreproduktion ein bestimtes Niveau überschreiten, kann man es sich ja eher leisten, einen mutigen Blick auf die wahre Brüchigkeit, ja Kümmerlichkeit des menschlichen Lebens zu werfen. Dann werden Maßstäbe des Urteils zugelassen werden können, die wir heute noch erträumen, so zum Beispiel, wenn wir gerade erst damit beginnen, bei Neueinführung von Produkten deren Unschädlichkeit, und das heißt in gewisser Hinsicht deren Unwirksamkeit, beweisen zu lassen, anstatt, wie bisher, im Falle eines Falles die Schädlichkeit des Produktes beweisen zu lassen.

Das ist eine andere Art von Normativität, eine sinnvolle Begründung von Verbindlichkeit, die man bis auf weiteres als bloßen Placeboeffekt diskriminieren mag. Auf gleiche Weise diskriminiert man ja immer noch die Bauhausforderung nach generalistischen (Gropius sagt universalistischen) Arbeiten des Gestalters als die Machtergreifung des Dilettantismus.

Die angeblich überlegenen Experten wiehern sich das Witzwort zu, Generalisten seien Leute, die von Vielem nichts verstehen, das aber mit Leidenschaft. Die Experten haben es nötig. Von ihren Auftraggebern werden sie nur zu Rate gezogen, wenn ihre Untersuchungen zu ohnehin längst getroffenen Entscheidungen passen. Im übrigen ist das Laienpublikum in allen wesentlichen neuen Problemkonstellationen mindestens genauso wach und beschlagen wie die Experten; im Problembereich der Umweltzerstörung war die Bevölkerung der Mehrzahl der Expertengremien an Einsicht weit überlegen.

Generalistisches Arbeiten heißt nicht unbedarfte Einmischung in alles und jedes; generalistisches Arbeiten verlangt vielmehr nach dem leidenschaftlichen Einsatz (Gropius fordert Leidenschaft eines Liebenden) für übergeordnete Gesichtspunkte, die allgemein gelten. Generalistisches Arbeiten ist in dem Sinne eine Tugend, indem das Interesse an dem, was allen Menschen nützt, was die Gemeinschaften der Menschen befördert, eine Tugend ist.

Jede Ästhetik ist die Konsequenz einer Ethik als praktisches Experiment (Gropius). — Man muß ja nicht gleich »geistig triumphieren« wollen. Es reicht, wenn man ein Beispiel gibt. Das Bauhaus ist immer noch unser Beispiel.

Gert Selle

»Elementarpraktische Übungen« in der Lehrerausbildung. Ein Thesenbeitrag

Der Beitrag umfaßt zwei Thesenblöcke. Zunächst denke ich über Mißverständnisse der Bauhaustradition nach und mache einige subjektive Anmerkungen, ehe ich Forderungen aufstelle, wie eine ästhetische Grundlagenvermittlung für Lehrer heute aufgebaut werden könnte. Die Kurzdarstellung eines eigenen Übungsbeispiels soll diese Thesen illustrieren.

Zum Vorverständnis: Ich nehme hier nicht zu den Grundlagen der Architekten- oder Designerausbildung Stellung, sondern ausschließlich zur kunstpädagogischen Ausbildung, die ich nicht aus erziehungswissenschaftlicher Perspektive, sondern aus der Sicht des Ausbilders und Betreuers behandle, der in seiner Lehre zur pausenlosen Grundlagenvermittlung verpflichtet ist und der Erfolg oder Mißerfolg bei den Unterrichtsversuchen in der Schule zu verantworten hat.

1. Historisierende Vorbemerkungen (Thesen zur Rezeptionsgeschichte der Bauhaus-Vorkurse)

Was immer das rege Interesse an einer Tagung über Bauhauslehre und Gestaltungsgrundlagen wachgerufen haben mag — eines scheint gewiß: Die in vielen Farben schillernde Wiedergeburt der sogenannten ästhetischen Praxis in den Studienplänen und Lehrangeboten für Kunstlehrer zwingt die Ausbilder zunehmend zum Nachdenken über eine vertretbare und effektive Vermittlung von Grundkompetenzen des Gestaltungshandelns, ohne die auch der engagierteste Junglehrer des Fachs in der Schule scheitern muß.

Es ist naheliegend, sich dabei auf die Tradition von Gestaltungslehren zu besinnen, von denen man trotz der temporären Kritik durch die Meisterdenker der neuen Kunstpädagogik seit 1968 annehmen kann, daß sie gewisse Grundkompetenzen einmal systematisch zu erfassen und in rationeller 'Methode' zu vermitteln versucht haben. Ich bezweifle allerdings, daß dabei an die originalen Bauhauslehren gedacht wird; naheliegender erscheint es, daß allzu bewährte Nachfahren dieser Modelle heute vor ihrer Rehabilitierung stehen. Es würde zur 'Wende' passen.

Ich stelle mir die Situation an den Hochschulen vor, besonders an den Universitäten, wo die bildungspolitischen Forderungen verstummt sind und verordnete Studienreformen, die ihren Namen nicht verdienen, im Verein mit staatlichen Prüfungsordnungen freie Inhalte und Formen der Lehre zu knebeln versuchen. Die Zeit ist günstig für ein Wiederaufleben von Grundlehre-Konzepten, die sich immer schon vorzüglich dazu eigneten, formale Leistungen kalkulierbarer und Fertigkeiten abprüfbarer zu machen.

Angesichts dieser Gefahr lohnt es sich, einen Blick auf die originalen Vorbilder und das Grundmißverständnis durch ihre Nachahmer zu werfen. Ich habe daher zunächst zur Rezeptions- und Verarbeitungsgeschichte der elementaren Bauhauslehren einige Thesen formuliert.

Meine *erste* These ist, daß wir heute die originalen Bauhaus-Ansätze nur stark gefiltert durch das Raster ihrer epigonalen Ausformungen wahrnehmen. Wir realisieren nicht mehr mit, was damals ganz neu und aufregend entwickelt und ausprobiert worden ist. Wir ermessen die Tragweite der ursprünglichen Intentionen nicht mehr. Von der Frische und Universalität des Anspruchs der ersten und zweiten Meister/Schüler-Generation des Bauhauses ahnen wir nur Nebelhaftes.

Wie weit sich die Nachfolge-Didaktiker der Itten, Moholy-Nagy und Albers von diesen Ursprüngen entfernt haben, wird sichtbar, wo sich unmittelbare Traditionslinien über Personen und ihre Lehre ziehen lassen. *Till Neu* hat dies an der Beispielkette Itten/Kleint/ Holweck/Habermann/Seitz aufzuzeigen versucht.[1]

Meine *zweite* These ist, daß wir nicht mehr mitdenken, welche anthropologischen, sozialen, politischen und kulturellen Perspektiven den Grundlagen-Elan des Bauhauses beflügelt haben — im Gegensatz zu den in dieser Weise gar nicht mehr legitimierten Systematisierungsversuchen des elementaren Gestaltungsbewußtseins, die nach dem Kriege an das Bauhaus anzuknüpfen versuchten. Selbst die HfG Ulm möchte ich da nicht ganz ausnehmen. Abgesehen davon, daß dort wie am Bauhaus keine Lehrer ausgebildet wurden, sind die Gestaltungs-Grundkompetenzen in Ulm durch das Nadelöhr eines rigide rationalisierten, schon am Ende der Bauhausblüte zweifelhaft gewordenen industriellen Funktionalismus gefädelt worden.

Meine *dritte* These ist, daß Grundlagen-Lehrsysteme in der Regel nur in statu nascendi, also in der Erfindung und Erprobung lebendig und offen sind. Sobald sie Vorbildcharakter gewinnen, neigen sie zur autoritär-formalistischen Ausdifferenzierung und Erstarrung. Wir müssen aus diesem Grund lernen, nicht nur die Bauhaus-Lehren inhaltlich und intentional zu rekonstruieren, sondern sie in ihrer einzigartigen historischen Genese und Funktion zu begreifen. Selbst wo wir sie praktisch nicht mehr brauchen können, vermitteln sie uns die Erkenntnis, daß wir die eigene Lehre auf die aktuelle historisch-gesellschaftliche Situation beziehen müssen.

Meine *vierte* These ist, daß der Anteil der von den Bauhausmodellen abgeleiteten oder sich auf das Bauhaus berufenden Nachfolgelehren an der *Verhinderung* von Gestaltungsfähigkeiten noch kaum untersucht worden ist.

Zwischen dem banalen, phantasielosen Billigfunktionalismus in Architektur und Design und der immanenten Kanalisierung und Disziplinierung von Sinnlichkeit und gestalterischer, auch sozialer Phantasie durch die lange gebräuchlichen Grundlehren für Architekten und Designer, auch in der Nachfolge von Ulm, scheint mir doch ein innerer Zusammenhang zu bestehen. Die Strenge formaler Pflichtübungen in der Ausbildung von Gestaltern hat sich in der öden Rasterung gestalteter Umwelten reproduziert (wenngleich ich hier noch ganz andere Ursachen unterschlage). Daß Architekten immer noch so ausgebildet werden können, beweist der Vortrag von *Claude Schnaidt*.

Meine *fünfte* (und vorläufig letzte) These ist, daß die in den fünfziger und sechziger Jahren betriebene, in den frühen 70ern vollendete Akademisierung eines Originals, das sich einmal als entschieden antiakademisch verstand, die Gefahren potenziert hat, die vielleicht schon im Original angelegt waren und die durch die gesellschaftliche Entwicklung tendenziell immer stärker zur Wirkung gekommen sind. Ich meine neben dem Anheimfallen an Routine und Ideologie vor allem die Gefahr der Erstarrung in formalen Regeln und Rezepten, wobei gleichzeitig jeder Blick auf das Unregelmäßige, auf subjektive Erfahrung und das lebendige Vermitteltsein mit wirklicher Umwelt sanktioniert wird. In diesem Sinne ist bei einer Wiederbelebung der Bauhaus-Vorkurse, vor allem aber bei den epigonalen Modellen Vorsicht geboten. Diese Vorsicht gilt für alle Anwendungsbereiche.

Wie es bei der Ausbildung von Architekten zugeht, kann ich nicht beurteilen. Von der Designerausbildung weiß ich, wie sie früh wieder verschulte und stagnierte. Was mit den Lehrern passiert, ist mir nur zu geläufig. Hier werden die Studiengänge inzwischen bis auf die letzte Semesterwochenstunde verregelt.

Wie gut würde eine akademisch-bewährte Grundlagenvermittlung in dieses Bild passen! Sie wäre der Schlußstein einer langen Geschichte des Abfallens von ursprünglichen Intentionen.

Ich ziehe aus diesen Behauptungen nun einige Folgerungen, indem ich, die beiden letzten Thesen zusammenfassend, noch einmal rückwärts gehe.

Mir scheint es heute nicht notwendig, einen dritten Anlauf nach dem Bauhaus und nach Ulm zu unternehmen, zukünftige Gestalter in eine formale Pflicht zu nehmen, ehe sie in die »freie« Kür der Marktwirtschaft (oder in die Arbeitslosigkeit) entlassen werden, oder zukünftigen Kunstpädagogen vorzugaukeln, sie könnten in der Anwendung scheinbar wissenschaftlicher Methoden des Ordnens und Systematisierens von Wahrnehmungsphänomenen und mittels curricular durchrationalisierter Gestaltungsübungen Lehrkompetenzen für die Schule erwerben, die den Schülern nützen.

In Wirklichkeit werden Lehrer wie Schüler dadurch nur unauffällig diszipliniert und von vielen ihrer Erfahrungsmöglichkeiten abgeschnitten. Eine Wiedereinführung formaler Grundlehren für Kunstpädagogen (und sei

es auf kaltem Wege des Einsickerns veralteter Modelle in die Leerräume einer politisch orientierungslos gewordenen Fachdidaktik) muß ich für falsch erklären. Man darf die Situation nicht noch dadurch verschärfen, daß man akademischen Lehrsystemen der dritten Generation die Absolution erteilt, nur weil man noch nichts anderes in Händen hat. Die starre Pseudorationalität vieler konventioneller Vor- oder Grundlehren ist kein Mittel, den Sinn- und Sinnenhunger zu stillen, der heute in der Lehrerausbildung, verschärft durch die Arbeitslosigkeit, herrscht, und sie ist auch kein geeignetes Mittel, den Qualifikationsdefiziten an praktischer Gestaltungsfähigkeit in den kunstpädagogischen Studiengängen wirksam zu begegnen. Ihre Schein-Effektivität hat sich in der jüngeren Geschichte oft genug gezeigt.

Einige der originalen Bauhausansätze aber lassen noch heute wenigstens ahnen, wie einmal an der Wiedergewinnung und Ausdehnung sinnlichen Vermögens gearbeitet wurde und welche Formen des Erfahrungslernens und der didaktischen Phantasie dazu benötigt wurden. Hier und nicht im epigonalen Formalismus sehe ich Möglichkeiten eines Neuansatzes zur Ausbildung aller Arten von Gestaltern und Kunstpädagogen oder ästhetischen Erziehern. Ich gehe weiter zurück zu meiner dritten These und betone, daß die Entfaltung sinnlichen Vermögens mehr mit der Fertigkeit oder Kunst des Übens und Erfahrens als mit Wissenschaft verbunden ist, mit einer Fähigkeit, die man auf der Basis von Selbstentdeckungslust, Erfahrungsneugier und angstfreier Erprobung gewinnt, also Haltungen oder Tugenden, zu denen man sich erst einmal bekennen muß im Tun.

Das bedeutet eine andere Art zu studieren; denn das Lernen bezieht sich hier auf experimentell gewonnene, eigene Erfahrung und ihre Reflexion, weniger auf idiotensichere Reproduzierbarkeit objektivierter Fremderfahrung des Ästhetischen, die durch 'bewährte' Aufgaben und ein vorgegebenes System des Lehr- und Lernbaren garantiert wird. Solche Lehrgänge mit einer 'Mappe' voller weisungsgemäß gelöster Gestaltungsaufgaben am Ende würden zu einer formalen Qualifikation führen, aber in vollem Gegensatz zur notwendigen Öffnung des Sehens, Fühlens, Wollens, Erfahrens und Denkens stehen.

Was meine zweite These betrifft, so erinnere ich daran, daß die Bauhaus-Vorkurse bei aller persönlichen Verschiedenheit und eigenen Methode letztlich immer an die gesellschaftliche Intention und Legitimation der gesamten Bauhaus-Idee gebunden blieben, so heterogen, ja zerrissen und unerfüllt diese Idee im Grunde war — es gab Leitlinien der pädagogischen Vernunft und der gestalterischen Utopie, wie wir sie heute kaum noch kennen. Besonders eindringlich und klar scheint mir diese Verknüpfung in der Einleitung und Begründung der Lehre von Moholy-Nagy formuliert.[2]

Die Gefahr der Ablösung vom gesellschaftlichen Zusammenhang ist heute für jedes kunstpädagogische Modell sehr groß, weil es keinen verbindlichen Grundkonsens einer politischen Didaktik der Ästhetischen Erziehung mehr gibt und die Zersplitterung der Kräfte eine schlechte Basis für Neuanfänge bildet. Die originalen Ansprüche des Bauhauses können aber ein historischer Ansporn, ein Paradigma sein, die gesellschaftliche Notwendigkeit ästhetischer Erfahrung im grelleren Licht der Gegenwart zu diskutieren.

Ich komme noch einmal auf meine erste These zurück. Unser Blick ist ohnehin getrübt — oder geschärft — durch eigene Erfahrung mit den epigonalen, instrumentellen Gestaltungslehren, die wir meist studierend selbst vollzogen, oft sogar noch lehrend kultiviert haben. Schließlich ist das Modell des Formalen Kunstunterrichts nur vor diesem bildungsgeschichtlichen Hintergrund möglich und erfolgreich gewesen. Mit diesem schon von Ableitungen des Originals abgeleiteten Konzept sollte das Lehrbare für Schüler und Lehrer durchsichtiger werden. Kein schlechter Gedanke, bloß wurde ein gegenüber dem Bauhausdenken stark verkürzter Begriff vom Lehrbaren stillschweigend eingeführt, dem jede Offenheit und Universalität abhanden gekommen war. Die Folgen kennen wir. Es wurde das beliebteste, weil handlichst-rationalisierte didaktische Modell, zugleich ein (un)freiwilliger Beitrag zur Verschulung und Einschränkung ästhetischer Erfahrung.

2. Persönliche Lerngeschichte

Um meine Bedenken noch etwas zu illustrieren, sei mir ein Stück subjektiver Erinnerung gestattet.

»Formaler Kunstunterricht« und »Vorlehre«, wie ich sie kenne, haben sich in meiner Biographie übereinandergeschichtet. Ich habe noch heute Resterinnerungen an Papierfaltübungen oder Grautöne-Schummern, die mit dem Geruch schlecht gelüfteter Werkkunstschul-Ateliers oder dem Bild gebeugter Schülerrücken in gymnasialen Zeichensälen verbunden sind. Ich selber hatte es besser. An der Städelschule in Frankfurt, wo ich bis Mitte der fünfziger Jahre studierte, gab es keine Vorlehre, sondern nur den üblichen Akademiebetrieb. Zuvor, als Schüler, hatte ich musischen Kunstunterricht — ein Schuft, wer Böses dabei denkt. Und später an der Werkakademie in Kassel kam ich um die *Röttgersche* Vorlehre herum, weil ich schon fast ein ganzes Kunststudium mitbrachte. Die Werklehrerausbildung dort war freilich Röttger hoch drei. Trotzdem habe ich die Werklehrer- und die Kunsterzieherprüfung in Kassel brav gemacht, was blieb mir anderes übrig, und natürlich war ein Teil meiner Praxis als Lehrer später lange Zeit davon beeinflußt. Hätte ich nicht so hervorragende Lehrer wie Heinz Battke und Ernst Holzinger in

Frankfurt gehabt, wäre ich vielleicht unter die formalpraktischen Räder geraten.

Trotzdem stand ich lange in einer Tradition, die mir weitgehend unbewußt blieb. Als Dozent wurde ich hart mit einer strengen Variante dieser Tradition konfrontiert; bis 1973 war ich Kollege von *Heinz Habermann* in Darmstadt. Einem Teil der Design-Studenten gelang es zeitweise, sich dem Druck der Disziplin formaler Pflichtübungen zu entziehen, ein anderer erduldete sie zähneknirschend.

Als ich in die Lehrerausbildung wechselte, waren gestalterische Grunderfahrungen dort kein Thema. Nach der Wiederentdeckung des Prinzips »ästhetische Praxis« kam das Loch der methodischen Orientierungslosigkeit. Aber auch in der allergrößten Not wäre ich nicht auf die Idee gekommen, mich auf die *Habermannsche* Vorlehrepraxis oder auf *Röttgers* einfältiges »Spiel mit den bildnerischen Mitteln«, das ich aus Kassel kannte, zu beziehen. Richtig auf ihre Brauchbarkeit untersucht habe ich allerdings weder Gestaltungslehren für Designer, noch solche für Kunstpädagogen. Sie haben mich einfach nicht interessiert; denn ich hatte erfahren, daß ästhetisches Lernen eng an situativ-persönliche Motive, an aktuelle Bedürfnisse und vor Augen liegende Gegenstände gebunden ist, daß der Zugriff 'formlos' und spontan geschieht und vorgekaute Erfahrung eigentlich nur hinderlich ist. Für mich war das Anzetteln solcher Lernprozesse wichtig, zugleich blieb es ein Abenteuer, gegen dessen Scheitern man sich nicht versichern konnte. Ich gebe zu, ich habe immer unordentlich gelernt und unordentlich gelehrt, Mangel dabei empfunden, aber auch die Aufsässigkeit genossen, die im Verzicht auf allzu Bewährtes lag, und die Entdeckungen des Lernens, die man dabei machte. Andererseits war jeder Ansatz immer wieder neu zu legitimieren, an den Voraussetzungen und Erwartungen der Lerngruppe und an der aktuellen Lage der Lehrerausbildung

zu messen. Die Frage des Vertretbaren und Notwendigen hat mich ohne Rückendeckung durch ein didaktisches System beschäftigt.

Lehren, die sich auf 'objektiven' Sachbezug und erprobte Methoden beriefen, waren mir suspekt. Was 'Sache' war, ergab sich, und meist mußte ich dann aus dem Stand darüber etwas mit- oder vorauslernen.

Vor diesem subjektiven Erfahrungshintergrund sehe ich heute mit Mißvergnügen alte Grundlehremodelle wieder am kunstpädagogischen Horizont heraufdämmern. Es kommt hinzu, daß ich immer den Eindruck hatte, daß sich da Leute hinter gepanzerten Praxismodellen versteckten, denen ich mit meinem Hang zu schweifender Erfahrung verdächtig vorkommen, *ja gegen* die ich mit meiner Arbeit vorgehen mußte, obwohl ich gar keine »Didaktik« im Sinne eines Gegenmodells der Grundlagenerschließung anbieten konnte — auch heute noch nicht —, sondern nur eine Form des Herangehens, die ich für alternativ und notwendig halte.

Die Legitimationsbasis dieser Herangehensweise ist die unmittelbare Erfahrung des Mangels, unter dem Lehrerstudenten heute auch an einer Reformuniversität leiden, und die Erfahrung der Bedürftigkeit jener Schüler, für die diese zukünftigen Lehrer (so sie eine Stelle kriegen) einmal arbeiten sollen. Die folgenden Thesen und das Übungsbeispiel aus Oldenburg sind auch Produkte eines Zwanges, ohne sorgfältiges Überlegen und Planen Studenten aller Studiengänge des Fachs — von der Sonderschule bis zum Gymnasium — in kürzester Zeit mit der eigenen ästhetischen Erfahrungs- und Gestaltungsfähigkeit vertraut zu machen, ehe es in die Praxis der einphasigen oder zweiphasigen Ausbildung geht. Unter diesem Druck verhält man sich wie jeder Lehrer. Man klaut, wo man was finden kann. Pragmatik geht vor Originalität; Theorie wird später abgesondert, eine hochschuldidaktische Struktur bildet sich eher nebenher aus.

So habe ich nicht viel Neues zu bieten außer einer entschiedenen Gewichtung des Vorgehens und einer deutlichen Abgrenzung des Begriffs der elementarpraktischen Übung von dem, was in der Fachgeschichte Vor- oder Grundlehre heißt.

3. Fünf Thesen zur Einführung elementarpraktischer Übungen in das Grundstudium

These 1
Die ästhetisch-praktischen Grundlagen für Künstler, Gestalter und Erzieher überschneiden sich zwar 'in der Sache', und es erscheint daher konsequent, allen die gleiche Elementarausbildung angedeihen zu lassen. Berufliche Orientierung, das heißt Anwendung und intentionale Ausrichtung der Gestaltungsfähigkeiten unterscheiden sich aber erheblich. Lehrer sind weder Künstler, noch Architekten, noch Designer. Sie sind auch nicht bloße Vermittler wissenschaftlicher Sachkompetenzen.

Gerade Kunstpädagogen sind 'Subjekthelfer' *und* 'Sozialhelfer' ästhetischen Verhaltens und Handelns. Sie brauchen daher besondere Erfahrungen mit sich selbst und mit anderen in den Prozessen des Erwerbs ästhetischer Wahrnehmungs- und Ausdrucksfähigkeiten. Eben weil sie mehr sind als bloße Vermittler von Wissen über Kunst, müssen sie sich im alten *Schillerschen* Sinne »ästhetisch machen«, das heißt wahrnehmungsfähig und mitteilungsfähig werden, aber auch aufmerksam gegenüber den Wegen und Methoden, über die man das erreicht. Ihr Ziel ist nicht das gestaltete (Kunst)-Produkt, sondern der fremde, gelingende Lernprozeß. Deshalb brauchen sie eine eigene, spezifisch pädagogisch ausgerichtete, didaktisch denken-machende Elementarpraxis des ästhetischen Übens und Erfahrens.

These 2
Diese Elementarpraxis des ästhetischen Übens und Erfahrens muß so umfassend und tiefgreifend aufgebaut sein, daß sie die Grundhaltungen und das berufliche Selbstverständnis des Lehrers mitfundiert. So sind elementarpraktische Übungen als fächerübergreifende pädagogische Motivations- und Handlungsgrundlagen für einen höchst notwendigen Lehrertypus zu begreifen, der sich nicht blind, unempfindlich und widerstandslos den Funktionszwängen von Unterricht beugt, sondern der selbstbestimmt auf der Basis eigener gesicherter Erfahrungsfähigkeit und erkennender Sensibilität lernen und lehren kann. In der Elementarpraxis des ästhetischen Übens und Erfahrens muß das *andere Lernen* stets als Wunsch und Erfahrung präsent und erlebbar sein.

These 3
Elementarpraktische Übungen können nicht elementar genug sein; das Einfache ist das Schwere. Das heißt, sie müssen im Vorfeld künstlerischer Erfahrung und Ausdrucksuche beginnen, die sinnlichen Vermögen in ihrer lebens- und gesellschaftsgeschichtlichen Bindung zu thematisieren, sie in der Tätigkeit des Übens spürbar machen und sie erweitern und vertiefen.

Dabei mag die Methode späteren Lehrens im Keim bereits in der Art der Aneignung eigener ästhetischer Erfahrung, in der praktizierten und geübten Methode des Selber-Lernens angelegt sein als eine wachsende Überzeugung.

Entsprechend wird die Einführung in fachspezifische Grundlagen des Gestaltenkönnens nicht von einem vorfabrizierten Kanon sogenannter Gesetzmäßigkeiten der Fläche, der Farbe, des Körperhaften oder des Raumes und seiner Wahrnehmung ausgehen, sondern vielmehr von der entdeckenden Neugierhaltung, der vollzogenen und beobachteten Geste und der körperlich-geistigen Bearbeitung eines Materials. Elementarpraktische Übungen stellen auf diese Weise eine sinnliche Selbstvergewisserung im Vollzug des Wahrnehmens, Empfindens, Erinnerns, Gestaltens und Reflektierens dar.

These 4
Nicht alle Schritte des elementaren ästhetischen Übens und Erfahrens müssen neu erfunden werden. Man kann der reformkunstpädagogischen Tradition Anregungen entnehmen; man kann didaktisch-methodisch unzureichend instrumentierte Übungsaufgaben neu formulieren. Man kann Konzepte der Wiedergewinnung körperlich-sinnlicher Erkenntnis- und Handlungsfähigkeit, wie sie beispielsweise von *Kükelhaus* und *zur Lippe* vorgestellt worden sind[3], nutzen. Man kann aus der Praxis mancher Gegenwartskünstler Methodenerfahrung übernehmen. Man kann subkulturelle Praktiken oder solche aus fremden Kulturen als Anregung aufgreifen; man kann die Bauhaus-Vorkurse in einzelnen Übungsgängen wiederbeleben und variieren. Man kann sogar bei manchen formalen Gestaltungslehren etwas finden, was pädagogischen Sinn in sinnlichen Akten erschließen hilft. Der didaktischen Phantasie sind hier kaum Grenzen gesetzt — auch dies ein 'Lernziel' solcher beispielhaften Übungen.

Dabei sollten quasi naturwissenschaftliche Formen des Experimentierens und Beobachtens mit spezifisch künstlerischen Ansätzen zur Erfahrungsgewinnung und -vermittlung abwechseln oder sich gegenseitig durchdringen. Das Gelingen elementarpraktischer Übungen in der Intensität der Selbsterfahrung und im Austausch wird durch kleine Lerngruppen in einer Atmosphäre der Gelassenheit und des Vertrauens gesichert. (Teilnehmerzahlen über 20 sind problematisch.)

These 5
Jede streng formale Kanonisierung oder Über-Ritualisierung und jede Verregelung durch Zwänge von Leistungskontrolle ist —

auch um den Preis der Nichtwiederholbarkeit, Nichtvergleichbarkeit und Benotungsunfähigkeit der Übungsaufgaben — zu vermeiden. Elementarpraktische Übungen haben frei von Leistungsdruck und fremden Erwartungen zu sein.

Jede Lerngruppe — zumal von Studienanfängern — muß darin aufs neue ihre eigene Dynamik des Suchens, Entdeckens, Erlebens und Reflektierens finden. Das nenne ich eine Einführung in das Studium. Diese Offenheit gehört substanziell zur *Methode des Übens der Methode des Übens.* Das Finden einer solchen Methode ist das Fundament des selbständigmachenden Erfahrungslernens. Die vorformulierten Übungsschritte sind nur Anstöße dazu. Sie zetteln Lernen an, das sich dann selber definieren muß. Dabei liegt auf der Hand, daß nicht das materialisierte Ergebnis oder Endprodukt, sondern der Weg dahin mit seinen Stationen wichtig ist. Der Prozeßbezug dominiert in diesen Übungen klar den Produktbezug. Das Produkt ist nur als Materialisationskern des Lernprozesses von Bedeutung, daneben als Identifikationshilfe für die Lernenden.

Daraus folgt, daß nicht der Perfektionsgrad vorweisbarer Gestaltungen, sondern die Primärerfahrung des Gestaltungsprozesses im Vordergrund steht. Im Üben und Ausweiten dieser Primärerfahrung wird die Fähigkeit entwickelt, sich in Tätigkeiten und Vorgänge einzufühlen, die lerntheoretisch oder lernpsychologisch mit so dürren Begriffen wie 'Aneignung', 'ästhetische Praxis', 'Motivation' usw. nur unzulänglich beschrieben und gefordert werden können.

4. Tasten, Fühlen, Begreifen, Formen
— ein Oldenburger Übungsbeispiel —

Es gab einen ersten Versuch in Oldenburg, das Projekt *Schule der Sinne*, in dem Rudolf zur Lippe, Barbara Habermann, Ulrich Teske, Hartmut Wiesner und ich zwei Semester zusammengearbeitet haben. Hier ein Satz aus der Ankündigung:»Das Projekt befaßt sich mit den menschlichen Sinnen des Tastens, Hörens, Riechens, Sehens, Schmekkens, des Gleichgewichts usw. Diese Sinne bilden im Wahrnehmen und Gestalten der menschlichen Beziehungen zur Mitwelt die konkrete Grundlage mit allen Entfaltungsmöglichkeiten und Behinderungen.«

Das Projekt umfaßte drei Veranstaltungstypen (wobei die Herangehensweise jeweils sehr ähnlich war), einen der Erschließung und Reflexion allgemeiner Grundlagen, wie sie vor allem in den Übungen *Schule des Gehens* und *Stimme und Bewegung* von Rudolf zur Lippe zum Thema wurden, einen Typ, der fachspezifische Grundlagen für gestalterische Prozesse erschloß und einen Typ, der die Verbindung zwischen allgemeinen und fachspezifischen Grundlagen suchte. Dazu zählte die Übung *Tasten, Fühlen, Begreifen, Formen*, die in zwei Teile gegliedert war, die eine Erfahrungseinheit bilden sollten: Das Erproben haptisch-somatischer Fähigkeiten und das Üben plastischer Wahrnehmungs- und Produktionsfähigkeiten als 'Spezialisierung' der zuvor gemachten Erfahrungen mit dem Tastsinn. Das heißt, wir haben uns in einer längeren Reihe von erfahrungsvermittelnden Übungen Funktionen des Tastsinns bewußt gemacht, ehe wir zu Produktionsfähigkeiten im kunstpädagogischen Sinne kamen. Es gibt eine ausführliche Dokumentation dieser Übung[4]; ich kann hier nur eine ganz grobe Übersicht über die Aufgabenstellung liefern und anschließend versuchen, in einer filmartigen Bildfolge den Charakter der Übung impressionistisch zu beleuchten.

In der Phase »Die fühlende Haut« ging es um den ganzen Körper als Tastorgan, in der Phase »Der tastende Fuß« um das Zusammenspiel von Gleichgewichtssinn und Tastsinn, und erst in der Phase »Die greifende und formende Hand« um unser Haupttastorgan und dessen Fähigkeiten des Begreifens und Gestaltens, nicht ohne daß wir vorher die Füße als 'Ersatz' unserer Hände zu benutzen versuchten. Selbstverständlich erfolgten alle Übungen blind, teilweise auch die Gestaltungsübungen. Es gab eine Regel, nach der sowohl eine Beobachtergruppe (die auch fotografierte) als auch die Übenden selbst nach jedem Durchgang Notizen machten. Jede Sequenz und jeder Schritt wurde dokumentiert und auf seine Ergebnisse untersucht.

Hier die wichtigsten Stationen ohne didaktische Erörterung (ein zweckloses Unterfangen bei einer vierstündigen Übung, deren »Kurz«dokumentation allein 200 Seiten umfaßt):

1. Abschnitt: Die fühlende Haut

Mund auf, Augen zu!
Gegenstände werden in der Mundhöhle tastend 'erkannt', anschließend gezeichnet.

124

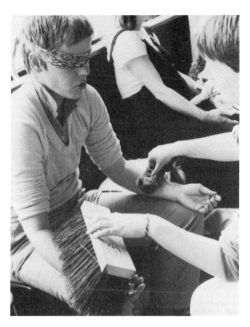

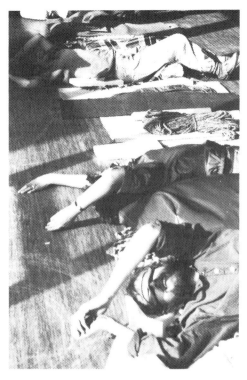

Reizwerkstatt
Übungen zum erkennenden und zum fühlend-empfindenden Tasten mit der Haut, in passivem Zustand.

Tastsack
Dieses Instrument diente mehrfach zur Demonstration ganzkörperlicher Erkundungsberührungen.

Wälzstraße (Rollbahn)

Ganzkörperliches Hinwegbewegen über 'eindruckmachende' Materialien.

125

Tastpfad für die Füße
Gehen über ein Materialfeld.

Standgefühl
Stehen auf unterschiedlichem Grund.

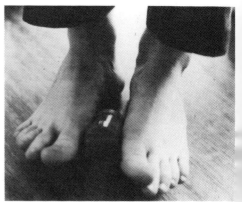

Fußhand
Erkennendes Tasten, anschließend Nachformen in Ton, mittels der Füße als 'Hände'.

3. Abschnitt: Organ Hand

Tast-Prise
Rätsel für die tastend-erkennende und fühlend-empfindende Hand.

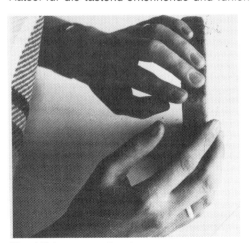 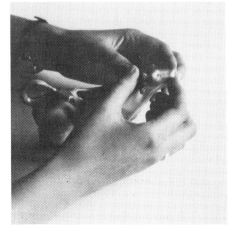

Hand-Erkennungsdienst
Ertasten von Oberflächen und komplexen Formen und Vergegenwärtigen erinnerter Gegen-
standsempfindungen.

Fühlgrube (Tastkasten)
Konstruktion eines Behälters für sensatio-
nelle Tast- und Fühlerlebnisse der Hand.

4. Abschnitt: Plastisches Formen

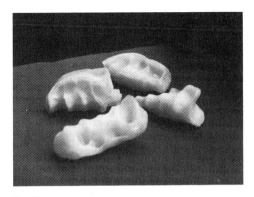

Greiflinge
Hand-Griffe in Wachs und Ton.

Zum Steine Erweichen
Blindes Nachformen von Feldsteinen in Ton.

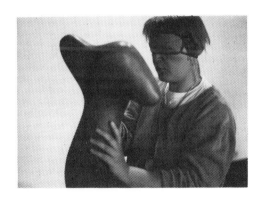

Blind im Museum
Ertasten von Plastiken am Original und blinder Nachvollzug in Ton.

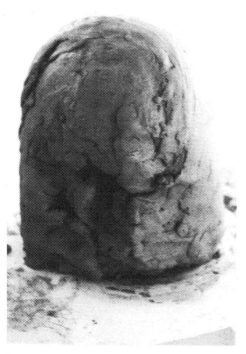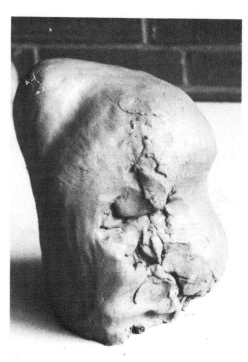

Selber eine Plastik 'erfinden'
Verdichtung von Material zu einer prägnanten Gestalt durch den Formgriff der Hände.

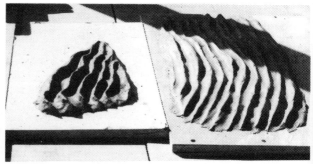

»Es fließt«
Vorstellen und Ausarbeiten reliefartiger Formen des Fließens in Wachs und Ton.

130

Ein Relief aus der Fläche 'wachsen' lassen
Ein abtastbar-plastisches 'Bild' herstellen.

Wie sind wir vorgegangen? Die Fotos vermitteln nur punktuelle Eindrücke der Übungsinstrumente, Übungsstationen und Übungsaufgaben. Der Lernprozeß vollzog sich in vielen Schritten des Tuns und Beobachtens und des kommunikativen Austauschs des Erfahrenen. Dabei wurden scheinbar selbstverständliche Sinnesfähigkeiten als 'Alltags-Sicherheiten' des Sich-Bewegens in unserer Lebenswelt geortet, es wurde biographische Rekonstruktion von 'Gefühlserinnerungen' getrieben und es wurden wahrnehmungsphysiologische und -psychologische Fragen diskutiert.

Wir haben uns erst einmal lange auf einer vorkünstlerisch-ästhetischen Ebene der Ausweitung und Erprobung des Berührungssinnes aufgehalten, ehe wir dazu übergingen, gestalterische Zugriffe auf ein Material und auf vorgestellte Formen zu wagen. Beide Stufen waren gekennzeichnet von experimentellem Verhalten. Gleichwohl haben wir die Disziplin des Übens relativ diszipliniert geübt.

Letzteres unterschied uns prinzipiell von musischen Praktiken. Ersteres schützte uns vor blindem Vertrauen auf fachlich enge Lehrgänge. Wir haben eben nicht sozusagen ewige Grundgesetze des Ästhetischen als Begriffe übernommen, wir haben uns selbst in entdeckenden ästhetischen Aktivitäten als Subjekte wie als gesellschaftlich geprägte Wesen zu begreifen versucht. Unsere Dokumentation verheimlicht Lücken und Brüche keineswegs. Vieles blieb jenseits befriedigender Begriffskontrolle. Aber es sind selbsterarbeitete, teilweise auch verarbeitete Erfahrungen, die diese Veranstaltung fruchtbar gemacht haben.

Ich gehe davon aus, daß wir nicht nur etwas über 'Gegenstände', über uns selbst, unser Wahrnehmungsverhalten, unsere Körperlichkeit, unsere Geschichtlichkeit, unsere Weite und Begrenzung von Fähigkeiten erfahren, sondern auch eine Methode der Annäherung an Erkenntnisse und der Ausweitung von Fähigkeiten erprobt haben, die für die Lehre im Fach von großer Bedeutung sein kann. Übergänge zwischen den Wahrnehmungsübungen und den Gestaltungsübungen ergaben sich unauffällig aus der Tatsache, daß wir ja gezwungen waren, unsere Übungsschritte zu inszenieren und sie materiell zu instrumentieren. Wir haben das möglichst immer mit Hilfe einer Vorbereitungsgruppe gemacht, und jedesmal gab es Überlegungen, wie denn eine Reihe von Stehpositionen oder eine 'Wälzstraße' für den Körper angelegt (gestaltet) werden müsse, damit gewisse Sensationen erlebt und bestimmte Erfahrungen auch von allen daran gemacht werden konnten.

Oft wurden richtige Happenings den körperlichen Evidenzerlebnissen vorstrukturiert, und das waren dann schon sehr zielgerichtete Gestaltungsübungen, wenn auch noch keine für den plastischen Bereich.

In der Gestaltung von Tastobjekten für die Hände, den 'Tastkästen', konnten Einsicht in die Lust- oder Unlustverbundenheit und in die Empfindungs- und Erinnerungsdichte von Tasterlebnissen manipulativ materialisiert werden. Diese Objekte stellen zum Teil sehr bewußt kalkulierte Arrangements dar, in denen eine Reihe von Tastempfindungen für Dritte sowohl wahrnehmungsdidaktisch wie 'künstlerisch' inszeniert worden sind. Die subjektiven Erfahrungen der Urheber sind in diesen Kästen 'objektiviert', in einer bestimmten Form entäußert, also gestaltet

worden. Gleichwohl war auch diese Aufgabe ein Übergang. Eine Elementarpraxis des plastischen Gestaltens am Material wurde erst im letzten Drittel der Veranstaltung beherrschendes Thema.

Hier nun scheint die fachliche Rechtfertigung unseres Übens 'auf der Hand' zu liegen. Was haben wir denn wirklich geübt?

Wir haben erst einmal den Griff auf ein Material vollzogen, den Wachs- oder Tonklumpen zusammengedrückt und nach unserer eigenen Hand, in unserer eigenen Hand zu einer Form werden lassen, die dieser greifenden und formenden Hand genau entsprach, auch der Art des persönlichen Zugriffs, der Kraft, der Charakteristik individuellen Greifens. Alle waren überrascht von den plastischen Eindrücken und Spuren dieses Prozesses. Der Griff gestaltete das Material zu einem unverwechselbaren Objekt, das auf seinen Urheber schließen ließ. Man ahnte die Hohlform der Hand um den sichtbar gewordenen, körpergewordenen, materialisierten Kern.

Es ist dies sozusagen Anfang des Plastizierens: eine körperliche Geste, eine kraftvolle Bewegung, eine längere Einwirkung auf ein verformbares Material hinterläßt eine dauernde Spur, die auf die Art der Einwirkung rückschließen läßt.

Es kam im Verlauf dieser Übungsabschnitte nicht auf vorweisbare künstlerische Ergebnisse an, sondern auf die Bewußtheit unterschiedlicher Erfahrungen, die im Grunde eine Einheit bilden. Einerseits sollen die Teilnehmer eine Art Ur-Erfahrung von Plastizität der Form aus dem Zugreifen der Hand und den Eigenschaften des Materials gewinnen: Wann wird eine Form ganz und gar gestalthaftes Ergebnis eines Bearbeitungsprozesses und bedarf keiner Erklärung mehr, weil ihr Sinn sich sinnlich-vorbegrifflich mitteilt? Andererseits sollte der Prozeß des Machens einer solchen Plastik selbst ganz bewußt nachvollzogen werden, was letztlich eine Entmystifizierung künstlerischer Arbeit be deutet. Da wird eben nicht 'geschöpft', sondern nach immerhin ahnbaren organ- und prozeßlogischen Prinzipien, unter einfühlsamer Berücksichtigung des Materials schlicht etwas gemacht, was auch wahrnehmungslogische bzw. rezeptionsästhetische Konsequenzen hat. Dabei fielen auch gattungsspezifische Primärerfahrungen von Plastizität an. Das Relief durfte nicht in Grundplatte und 'Bild' auseinanderfallen. Die Figuren mußten gleichsam aus dem Grund herauswachsen oder in ihn einsinken. Bei der Rundplastik hatte sich ein Formkern als kompakte Masse im Raum zu behaupten.

Es gibt eine Rationalität der künstlerischen Gestalt jenseits dieses Begriffs. Sie muß man gleichsam im Aha-Erlebnis nachvollziehen, um ihrer Eigenartigkeit gewahr zu werden, sowohl im Produktionsvorgang, ihrer Entstehungsgeschichte, als auch in ihrer Wirkung. Ich behaupte, ohne solche Primär-Erfahrung des Selber-Machens, Selber-Sehens und Selber-Erfahrens sind kunstpädagogische Qualifikationen nicht vermittelbar oder ohne Bestand.

Denn alles künstlerische Wahrnehmen und Erkennen, Formen und Mitteilen (also Nachvollzug wie Produktion von Kunst) geschieht auf der Grundlage sinnlicher Erfahrung, emotionaler Rückbindung und projektiver Phantasie, immer gerichtet auf substanzhaft-materielle Strukturen, die 'bedeutend' gemacht werden. Material und Arbeit am Material bestimmen die Strukturen und deren Wahrnehmung. Hier ist die sinnliche Anbindung jedes Kunstwerks zu suchen, ohne seine spezifische Materialität hat es auch keinen 'Geist' — keine sich sinnlich vermittelnde Bedeutung:

»Das Material ist der Gegenpol zur subjektiven Vorstellung, diese wird im Material, materialisiert vermittelt, sinnlich anschaulich. Das Material ist real dreidimensionaler Widerstand mit sinnlich optisch-haptisch erfahrbarer Oberfläche. Die körperliche Bearbeitung der Materialien im Vergegenständlichungsprozeß der subjektiven Vorstellungen mittels verschiedener Werkzeuge läßt den Körper spürbar werden. Immaterielle Vorstellungen werden in die Hand vermittelt, die diese in Bewegungen umsetzt und im Widerstand gegen das Material diesem einformt.«[5]

5. Zum Begriff »elementarpraktische Übung« — eine Zusammenfassung

Ich muß etwas zum Begriff nachtragen, was jetzt nach dem skizzierten Beispiel besser zu verstehen sein wird. Unter elementarpraktischen Übungen fasse ich inszenierte Erfahrungsschritte sinnlichen Tuns zusammen, die einerseits auf ein Bewußtsein allgemeiner Wahrnehmungs- und Ausdrucksfähigkeiten, andererseits auf spezifische Grundlagen für gestalterische Arbeit (und die Bewußtheit ihrer Erfahrung) abzielen.

Solche Übergangssituationen sind geeignet, in Schule, Studium und Leben brachgelegtes sinnliches Vermögen zu aktivieren (und zu rehabilitieren). Sie sind aber auch geeignet, die 'Begabung' eines jeden für gestalterisches Handeln im Zugriff auf ein Material oder einen Gegenstand praktisch erfahrbar zu machen. Wo eigene Wahrnehmungsfähigkeiten lustvoll ausgedehnt und durch körperlichen Einsatz Formgebungsprozesse erprobt werden, in denen die Spur dessen, der das auf bestimmte Weise tut, erkennbar bleibt, wird Gestaltung als ein elementarer Vorgang praktisch erlebt. Vorkünstlerische und künstlerische Erfahrung sind im Idealfall elementarpraktischer Übungen nicht getrennt, die eine geht aus der anderen hervor und kann wieder in sie einmünden.

Indem Lehrerstudenten (und nicht bloß angehende Kunstpädagogen) solche Schritte in exemplarischen Situationen vollziehen, lernen sie etwas über das Erfahrungslernen allgemein und das Gestaltenlernen im Besonderen, und zwar im Selbstvollzug, nicht durch Abstraktion in Gestalt einer Lerntheorie. Ich gehe davon aus, daß sie dann eher in der Lage sind, Varianten dieses Lernens in der Praxis des eigenen Unterrichts zu erfinden.

Dieser Erfolg hat sich vor allem bei Mehrfachteilnehmern an Veranstaltungen des Projektes *Schule der Sinne* in der Praxisphase eigener Unterrichtsversuche abgezeichnet. Hingegen hat sich ein Direkttransfer von Übungsaufgaben aus Projektveranstaltungen in die Schule als ziemlich problematisch erwiesen. Elementarpraktische Übungen sind nur für Studierende gedacht und ersetzen nicht die Planung für den Kunstunterricht. Sie sind als Grundbestand der Lehrqualifikation zu verstehen und nicht als Unterrichtsrezept. Elementarpraktische Übungen bedeuten ein ständiges Involviertsein in sinnliche Tätigkeit, aber zugleich auch Beobachtung des eigenen Tuns und der Versuche anderer und die Aufgabe, das Was und Wie der besonderen Erfahrung im Zusammenhang mit anthropologischen, kulturgeschichtlichen, kunsttheoretischen usw. Fragestellungen zu reflektieren.

Noch ist dies ein recht unerprobtes Modell einer Herangehensweise. Die theoretische Durchdringung ist mangelhafter als die ersten Durchläufe mit ihren sichtbaren Erfolgen ahnen lassen. Der Vorbereitungsaufwand ist hoch, der Entwurf elementarpraktischer Übungssequenzen erfordert ein höheres Maß didaktischer Strukturierung, methodischer Instrumentalisierung und materieller Ausstattung als andere Angebote. Ein unverbindliches Herumprobieren wäre katastrophal. Es müssen Schritte inszeniert, Situationen und Stationen aufgebaut, Auswertungsphasen konsequent vollzogen werden. Desweiteren ist die Intensität des Übens unabdingbar. Sie entscheidet letztlich über den Erfolg. Ohne Anstrengung und äußerste Konzentration auf sich selbst und das Übungsgeschehen gelingen elementarpraktische Übungen nicht. Unter anderem dies unterscheidet sie von formalen Vollzügen.

Wenn man die Primärtugend der Anspannung (der Entspannung das Komplement ist) in der körperlichen und geistigen Übung nicht realisiert, braucht man erst gar nicht anzufangen. Das wußte schon Johannes Itten.

Konzentration und Anstrengung sind unpopuläre Tugenden. Sie liegen quer zum hektischen, zugleich unverbindlichen Unibetrieb und zum Schulalltag. Aber sie werden in den Übungen, wie Teilnehmer bezeugen, durch ungeahnte Erfolgserlebnisse und Selbstbestätigungen belohnt. Sie haben nichts mit dem formalästhetischen Byzantinismus und dem Leistungsdruck zu tun, den man aus sogenannten Vorlehren kennt. Elementarpraktische Übungen sind der Vermittlungstechnokratie, der Unterdrückung von Sinnlichkeit und der Zerstörung von individueller Erfahrungsfähigkeit entgegengesetzt. Schon in der anderen Herangehensweise steckt exemplarisch ein Entgegensetzen-Wollen. Eine Prise Bauhaus ist dabei.

Literatur

1 Vgl. *Till Neu*: Von der Gestaltungslehre zu den Grundlagen der Gestaltung. Ravensburg 1978

2 Vgl. *Laszlo Moholy-Nagy*: Von Material zu Architektur (Faksimile des 1929 erschienenen Bauhaus-Buches mit gleichem Titel). Mainz 1968, (insb. Kapitel I »Erziehungsfragen«); vgl. auch *Rainer Wick*: Bauhaus-Pädagogik, Köln 1982

3 Vgl. *Hugo Kükelhaus* und *Rudolf zur Lippe*: Entfaltung der Sinne. Ein Erfahrungsfeld zur Bewegung und Besinnung. Frankfurt 1982

4 »Knopf im Mund«: Berichte aus einer etwas ungewöhnlichen Übung. Typoskriptkopie einer Autorengruppe von Übungsteilnehmern, hrsg. vom Fach BK/VK im Fachbereich 2 der Universität Oldenburg (1983)

5 *Reimar Stielow*: Körper, Sinnlichkeit, Sinn Menschen- und Welt-Bilder als Strukturelemente zu einer Theorie der ästhetischen Erziehung, Meisenheim 1981, S. 142

Hermann Sturm

Gestalten Lernen — eine Form ästhetischer Praxis

Ich spreche über Gestalten Lernen als einer Form ästhetischer Praxis, d. h. auch als Form ästhetischer Erfahrung. Diese Formulierung hat ihre Begründung. Sie wird im folgenden deutlich werden.

Zunächst eine Vorbemerkung:

Meinen Beitrag will ich nicht als einen Beitrag zum Bauhaus-Mythos verstanden wissen. Ein Merkmal von Mythologemen ist ihr tautegorischer Charakter, d. h. den Mythos in der Rede und der Erzählung selbst bestätigend, behauptend.

Was mich interessiert: Ist Gestalten Lernen möglich?

Ist es heute möglich? Und warum ist es notwendig?

Wenngleich wir heute, wie Menschen in ihrer Geschichte nie zuvor, an einen Punkt gelangt sind, an dem dieser Planet und seine Gestaltetheit — zufällig oder in Absicht — im atomaren Holocaust, im Urknall rückwärts, ins Chaos zurückverwandelt oder einer neuen kosmologischen Ordnung zugeführt werden kann, wenngleich dies alles zunehmend vielen Menschen ins Bewußtsein dringt, von anderen noch mit dem Anspruch politischer Gestaltung kaschiert oder verdrängt wird, so bin ich dennoch in solcher Situation bereit und willens, von der Notwendigkeit des Lernens im Gestalterischen, von

Gestalten Lernen als einer Form ästhetischer Praxis zu sprechen.

Ich will das auf folgende Weise und in der gebotenen Kürze tun, wobei ich manches zwangsläufig verkürzend darstellen muß. Ich werde die Thematik in fünf Abschnitten abhandeln:

1. Ästhetische Praxis in der Diskussion der ästhetischen Erzieher heute, der Kunstpädagogen, der Lehrenden für Gestaltungsgrundlagen in Design, Architektur und Kunst.
2. Bauhaus-Pädagogik — eine Lehre für ratlose ästhetische Erzieher?
   — Denkbequemlichkeiten
   — Rationalität und Gestaltung
   — Funktion und Funktionalismus
3. Lehrbarkeit von Gestaltung und ästhetische Erfahrung
4. Drei Thesen zum Gestalten Lernen
5. Zusammenfassung

1. Ästhetische Praxis in der Diskussion der ästhetischen Erzieher heute, der Kunstpädagogen, der Lehrenden für Gestaltung bzw. Gestaltungsgrundlagen im Design, in Architektur und Kunst

Zunächst im Hinblick auf Kunstpädagogik: Die aktuelle kunstpädagogische Diskussion bzw. als prominent geltende Vertreter der Fachdidaktik tut bzw. tun sich offensichtlich schwer — nachdem man eingesehen hat, daß ohne ästhetische Praxis das Fach in den Schulen und Hochschulen verkümmern würde — nicht nur »Funktionen« dieser ästhetischen Praxis hinreichend zu begründen (vgl. das Berliner Hochschuldidaktische Symposion vom 18.—20. 11. 82 und die Diskussion seiner »Ergebnisse« in *Kunst + Unterricht*, H. 77, 1983), sondern überhaupt erst einmal darzustellen, was diese ästhetische Praxis ausmacht, worauf sie abzielt und wie sie aussehen kann, ganz zu schweigen davon, wie deren Ergebnisse zu bewerten seien. Eine ans Peinliche grenzende Vorsicht, man muß schon sagen Unsicherheit, um nicht zu sagen Unfähigkeit, stellt sich da psychologisierend selbst zur Schau.

Die Gestaltungsgrundlagen, die Gestaltlehren und wie die Bezeichnungen für gestalterische Grundausbildung in Design, Architektur und Kunst noch heißen mögen, bieten entweder das Bild eines mixtum compositums bezogen aus heterogenen Quellen, oder sie zeichnen sich — von wichtigen Ausnahmen abgesehen — durch rigiden Formalismus aus.

Zur Frage steht, ob und wie denn das Lernen und Lehren von Gestaltung ermöglicht werden und eingerichtet werden soll.

Wenn menschliche Praxis auch ästhetische Praxis ist — in welch verkümmerter Form auch immer — dann bedarf es wohl in der Lehre eines akzentuierten Lehrens und Lernens, Sich-ausleben-lassen und Gewährenlassen allein genügt da nicht. Und es bedarf andererseits anderer Orientierungen als nur der an Punkt, Linie und Fläche.

2. Bauhaus-Pädagogik — eine Lehre für ratlose Kunst- und Designpädagogen?

Da die gesamte Veranstaltung unter dem Zeichen der Bauhaus-Pädagogik steht, kann ich mich auf ein paar Randbemerkungen dazu beschränken. Sie sind eher an einer Überwindung ritualisierter Denkmuster interessiert, als daran, den Mythos zu stabilisieren. In meinem Interesse liegt es, Denkbequemlichkeiten aufzuheben. Man schlägt das Rechteck, das gelbe Dreieck, das rote Quadrat und den blauen Kreis und meint die Folgen einer ökonomischen Geometrie, einer ökonomischen, einseitigen Interessen unterworfenen Rationalität. Man schlägt mit einem neuen Fetisch »Phantasie« auf einen irrational gefärbten Begriff von Rationalität ein, auf eine rechteckige Chimäre, die man Funktionalismus nennt. (Vgl. M. Götz: Form als Form). Aber wer hat heute eigentlich Angst vor Rot, Gelb, Blau?

Die Auseinandersetzung mit den Programmen der Lehrenden und den Arbeiten der Lehrenden und der Studierenden des Bauhauses, die Auseinandersetzung mit dem ästhetischen theoretischen Umfeld, zeigt die partielle Beschränktheit und Begrenztheit der geistigen und materiellen Produktion (oft im umgekehrten Verhältnis zu ihrem Anspruch stehend), zeigt ihren utopischen Charakter, als pädagogische Provinz gestalthaft geschlossen, ebenso, wie ihren partiellen Reichtum und die Vielfalt. Sie zeigt auch, wie die Zurückweisung durch eine zunehmende Herrschaft von Kleinbürgern letztlich durch Angst vor einem bewußt gestaltenden Zugriff auf Zukunft bestimmt wird. Das gilt auch heute noch und ist ein signifikantes Merkmal des Verhaltens, das, häufig genug, Geschichte in glänzend aufpolierte Folie verpackt und — damit nur alles beim Alten bleibt — einfriert nach der Devise: »Was war, soll sein!«

Rationalität und Gestaltung werden allgemein als prinzipiell unvereinbar proklamiert. Das Bauhaus ist nicht durch mehr und auch nicht durch weniger Rationalität oder Irrationalität, als Momente von gestaltenden Prozessen und Gestaltung lernenden Prozessen ausgezeichnet, als irgendeine andere Schule für Gestaltung. Was das Bauhaus in all seinen unterschiedlichen Intentionen gegenüber anderen Schulen auszeichnete, ist die jeweilige Entschiedenheit und Konsequenz, mit der Intentionen in der gestalterischen Arbeit und durch sie verfolgt wurden. Dazu muß man sich freilich auch den Unterschied allein bei Berufungsverfahren in gestalterischen Fachbereichen an Universitäten vergegenwärtigen. Zielstrebige und rasche, durch wenige zu verantwortende Entscheidungen sind angesichts der technokratischen Bürokratisierung nicht einmal mehr vorstellbar, geschweige denn realisierbar. Hinzu kommen festgefahrene Interessen (z. B. Abwehr von Konkurrenz etc.), die Berufungsverfahren mitunter zur Farce werden lassen, oder doch erschweren, zusätzlich zur Schwerfälligkeit des Apparates.

Was das Bauhaus und die HfG hervorhebt, ist ein — trotz unterschiedlicher Intentionen — letztlich *artistisches Interesse*, das zwar immer wieder Impulse durch außerästhetische Momente erfährt und sie umsetzt oder sich ihnen verweigert, es bildet aber einen entscheidenden Kristallisationskern.

Die Furcht vor Rationalität, vor rationalem Kalkül, entspringt einer Unsicherheit der Gestalter, die nicht selten der vermeintlichen Notwendigkeit der Ausgrenzung eines Besonderen aus dem Alltäglichen entsprungen ist.

Hinzu kommen — besonders heute — Übertragungsirrtümer. Das heißt, eine mit der Entwicklung der modernen Wissenschaften (insbesondere der Natur- und Technikwissenschaften) herausgebildete und in den Dienst einseitiger politischer und ökonomischer Interessen genommene Rationalität wird für das nicht hintergehbar scheinende Modell von Rationalität überhaupt gehalten.

Gleichzeitig paßt man sich zunehmend auch in der Gestaltung (insbesondere in Design und Architektur) diesem Modell an, indem von dort Methoden mechanistisch übernommen werden (Training von Kreativitätstechniken, Planungsstrategien etc.), die als Prothese reduzierter Gestaltungsfähigkeit hilfreich erscheinen.

Ähnliches gilt für die Begriffe wie Funktion und Funktionalismus.

Ganz allgemein kann festgestellt werden, daß das berechtigte und begründete Zurückweisen von hinlänglich bekannten, beschriebenen und dokumentierten Fehlentwicklungen im Design und in der Architektur — wobei Gestaltung sich oft genug zum irrationalen Komplizen ökonomischer und politischer Interessen gemacht hat — zu kurz greift, wenn es sich auf eine zwar bequeme, aber nicht weiter präzisierende und daher nichtssagende, wenn nicht verfälschende Formel der Schuldzuweisung an den sogenannten Funktionalismus reduziert.

Geräte, Gebilde, Bilder haben stets vielerlei Funktionen in unterschiedlicher Bündelung für den, der ihrer bedarf und sie realisiert. Auch hier steht Denkbequemlichkeit einer differenzierten Betrachtung im Wege.

Was manchen stört, ist die Autonomie ästhetischer Entscheidungen, wenn es sich um solche handelt und nicht nur um oberflächliche Kaschierungen bestimmter Interessen. Das Zurückweisen sogenannter funktionalistischer Gestaltungen mag seine Ursache aber auch im Unvermögen haben, die Klarheit eines ästhetischen Scheins auszuhalten und sich nicht im Nebel einer subjektivistisch ausgelegten Innerlichkeit verstecken zu können.

Den verborgenen Wünschen nach immer nur partiell einlösbaren Funktionen ist gestaltend nachzugehen. Dabei helfen weder »Mazdaznan« noch eine zur Magd des Marketing verkommene oder in der Zwangsjacke der Ergonomie oder sonstiger Hilfskonstruktionen gefesselte Gestaltung. Was kann und soll da also gelehrt und gelernt werden?

3. Lehrbarkeit von Gestaltung und ästhetische Erfahrung

Wenn Josef Albers mit seinem Satz: »Lernen ist besser, weil intensiver, als lehren: je mehr gelehrt wird, desto weniger kann gelernt werden« recht hat, ist dann am Bauhaus zuviel *gelehrt* worden?

Setzte man die Zahl derjenigen, die am Bauhaus studiert haben, zur Zahl derjenigen, die nachher überregional bekannt und als Gestalter reüssierten und bedeutsam wurden, in eine direkte Beziehung, so könnte man überrascht sein, wäre eine solche Rechnung nicht unsinnig. Sie ist unsinnig, weil eine weiterführende, fruchtbare Entfaltung durch die Nationalsozialisten abgebrochen und verhindert wurde.

Andererseits ist der Bauhaus-Mythos auch als Faszination, die er auf Examenskandidaten auszuüben scheint, bis heute ungebrochen. Die Hochschule für Gestaltung in Ulm, die sich — zumindest anfänglich — als Nachfolgerinstitution verstand, hat diese Faszination, wenn überhaupt, dann nur auf Insider ausgeübt. Ihr fehlte vielleicht der »Silberprinz«, ein so exquisiter einfallsreicher und sensibler PR-Mann wie Walter Gropius.

Die Fragen sind einfach, die Antworten umso schwieriger:
— Ist Gestalten lehrbar?
— Kann *man* gestalten lernen? (Können das nur wenige Begabte, Befähigte und über welche Fähigkeiten verfügen sie, wenn sie begabt, befähigt sind?)
— Was lernt der, der gestalten lernt? Was soll er lernen?

Antworten darauf, werden (bewußt und oft auch unbewußt) täglich erteilt auf unterschiedlichen Ebenen:
— von Hochschullehrern, die »ästhetische Erzieher«, die »Kunst- und Designpädagogen«, Designer und Architekten ausbilden,
— von Lehrern, die Kindern, Jugendlichen, Erwachsenen innerhalb und/oder außerhalb von Schule Gestalten lehren, ihnen Möglichkeiten anbieten, gestaltend zu lernen, mit ihnen gestalten, mit ihnen Situationen schaffen, in denen ästhetische Erfahrungen gemacht werden können.

Diese ganz grobe Ausfächerung macht schon sichtbar und plausibel, daß Lehren und Lernen in, durch und für ästhetische Praxis
— nicht durch *ein* Muster
— nicht nur *so* und nur so
— nicht ohne Bedenken (d. h. auch allemal nicht ohne Anstrengung des Denkens, z. B. was? wie? woraufhin? warum?) erfolgen kann. Wohlgemerkt, es ist hier nicht primär die Rede von einer Charakterisierung des Gestaltungsprozesses, sondern es sind Fragen nach der Lehrbarkeit und dem Gestalten Lernen gestellt.

Geht man — wie ich es an anderer Stelle dargestellt habe (Sturm: Zum Begriff der ästhetischen Erfahrung) — davon aus, daß Kristallisationskern ästhetischer Erziehung ästhetische Erfahrung ist, so hat dieser Ansatz Konsequenzen auch für die o. g. Bereiche des Gestalten Lernens überhaupt.

Hier nur kurz einige Erläuterungen zum Begriff der ästhetischen Erfahrung:

Ich fasse Erfahrung als eine ins Fremde, ins Unbekannte, ins Neue, ins Zukünftige zu verlängernde Handlungsgewohnheit und ästhetische Erfahrung als eine Erfahrung in der erfüllten Form findender und erfindender Auseinandersetzung mit Gestaltetem bzw. Vorgefundenem. Erfahrung — mithin auch ästhetische Erfahrung — wird in einem Spannungsfeld aufgebaut (vgl. den Begriff der Erfahrung bei John Dewey), dessen Charakteristik sich aus den Momenten Kontinuität, Interaktion und Evolution bestimmt.

Kontinuität heißt, daß vorausgegangene Erfahrungen in Verhaltensgewohnheiten, Einstellungen und Haltungen eingehen und künftige Erfahrung und ihre Qualität mit beeinflussen und bestimmen.

Interaktion heißt, daß wir »nicht unter unserer eigenen Haut« leben, sondern in ständiger Wechselbeziehung mit unserer Umwelt, sie wahrnehmen und in ihr handeln.

Erfahrung ist dann strukturiert und geordnet, wenn das Wechselspiel von Handeln und Hinnehmen sich in einer bestimmten Beziehung befindet.

Ästhetische Erfahrung ist charakterisiert als eine bestimmte Form dieses Wechselspiels, in dem die fortlaufenden Bewegungen des bezeichneten Spannungsfeldes (Evolution, Interaktion, Konvention) zur Erfüllung kommen und lustvoll empfunden werden. Ästhetische Erfahrung bezeichnet also eine Art Fließgleichgewicht, eine Erfahrung in der erfüllten Form findender und erfindender Auseinandersetzung mit Vorgefundenem, Gemachtem, Gestaltetem.

Setzt man zu den Dimensionen, die Erfahrung charakterisieren, nämlich

zu *Interaktion* — *Imagination,*
zu *Evolution*   — *Intention,*
zu *Kontinuität* — *Konvention,*

so ist damit auch jenes Spannungsfeld beschrieben, in dem *Gestaltung*, *Planung* und *Vermittlung* vollzogen werden.

Dies soll hier erst einmal genügen — eine weitere Ausdifferenzierung haben wir in meiner Essener Arbeitsgruppe in diesen Tagen in einer Ausstellung und in einem Kolloquium mit einer im WS 83/84 ergänzenden Vortragsreihe zur Thematik »*Ästhetik & Fremdes* — Ästhetische Erfahrung beim Graben, Reisen, Messen, Sterben« bearbeitet und der Öffentlichkeit vorgestellt.

Ich habe den Begriff in diesem Zusammenhang eingeführt, weil in der ersten Näherung, wie ich sie eben dargestellt habe, bereits deutlich wird, daß Vermittlung und damit auch Lehren im Bereich der Gestaltung im Spannungsfeld ästhetischer Erfahrung erfolgen muß, wenn sie nicht leere formale Übung, handwerkliches Training (ich verachte es keineswegs), innovatorische Effekthascherei oder bloß an Konvention orientierte Repetition sein will oder soll, sondern auf jenes Potential gerichtet sein soll, das ästhetische Erfahrung als *Qualität* auszeichnet, nämlich — in Anlehnung an die Thesen von Robert Jauß:

— als »produzierendes Bewußtsein im Hervorbringen von Welt« als dem je eigenen Werk (Poiesis),

— als »rezipierendes Bewußtsein im Ergreifen der Möglichkeit, seine Wahrnehmung der äußeren und der inneren Wirklichkeit zu erneuern (Aisthesis),

— schließlich — damit öffnet sie die subjektive auf die intersubjektive Erfahrung — in der Beipflichtung zu einem vom Werk geforderten Urteil oder in der Identifikation mit vorgezeichneten und weiter zu bestimmenden Normen des Handelns.« (Jauß, S. 62/63). Kritik tritt dabei »nicht äußerlich zur ästhetischen Erfahrung hinzu, sondern ist ihr immanent« (Adorno, S. 515).

Diese verkürzenden und verkürzten Hinweise müssen hier genügen, um den Begründungszusammenhang eines darauf sich gründenden und darauf aufbauenden Ansatzes anzuzeigen, zu skizzieren, den ich nun in drei Thesen zunächst einmal zusammenfasse.

4. Drei Thesen zum Gestalten Lernen

Die erste These behauptet die Notwendigkeit, *Situationen zu schaffen*

— die es Lernenden ermöglicht, an »Dinge und Geschehnisse, die zur (zu seiner, H. S.) natürlichen und sozialen Welt gehören« (Dewey, S. 288), gestaltend anzuknüpfen,

— die den Lernenden mit Dingen und Geschehnissen konfrontieren, die vorher außerhalb seines Erfahrungsbereichs lagen.

Die zweite These behauptet die Notwendigkeit, unterschiedliche *Ordnungsprozesse und Ordnungsmöglichkeiten kennenzulernen und gestaltend zu realisieren.*

Die dritte These stellt fest, daß im Übergang zur je eigenen gestalterischen, künstlerischen Arbeit Lehre als didaktisches Unterfangen im Medium der Herstellung der »Selbstverständlichkeit des Unverständlichen« (Adorno) als Prozeß ästhetischer Erfahrung in produktiver und rezeptiver Hinsicht ihr Ende findet. (Überflüssig zu sagen, daß lernen nicht abbricht.)

Dazu einige Erläuterungen:
Die erste These will besagen, daß auch im Gestaltungslernen von konkreten Situationen auszugehen sei, vom Menschen selbst, seinem Aussehen, seinen vielfältigen Äußerungen, den Urteilen über ihn, seinem Lebensraum, von Dokumenten, Bildern aus seinem Leben, Spuren, die er hinterlassen hat, von Gegenständen, mit denen er umgeht, umgegangen ist, von Daten, Zahlen, Namen, Ereignissen; daß auszugehen sei von Gegenständen, die zum Lernenden in Beziehung stehen, ihrem Aussehen, ihrem Gebrauchszusammenhang, ihrer Entstehungsgeschichte, den Beurteilungen, denen sie unterworfen sind, den Beurteilungen, denen ihre Benutzer unterworfen sind, ihren Bedeutungshöfen, den Dokumenten ihrer Geschichte, den Spuren, die sie hinterlassen haben, den Ereignissen, in denen sie Bedeutung erlangt haben oder in denen sie noch immer von Bedeutung sind. (Vgl. dazu den Ansatz von S. Neuenhausen.)
Das heißt: fragend, forschend lernen,
— das Beobachtete bildhaft umzusetzen, Personen und Gegenstände auch in ihrem Zusammenspiel darstellend, dokumentierend zu erfassen und zu beschreiben,
— das Allgemeine im Besonderen zu zeigen,
— für soziale, biografische, historische und aktuelle Zusammenhänge Metaphern zu finden,
— ein komplexes Thema zu entfalten, zu strukturieren und dabei methodisch vorzugehen und die technischen Mittel adäquat einzusetzen,
— die eigenen Interessen zu entdecken, zu entwickeln und zu lernen, sie in sozialer Bezogenheit, d. h. im gesellschaftlichen Kontext, zu sehen.

In der Arbeit, der gestaltenden Auseinandersetzung in den angedeuteten Feldern, werden die Anlässe aus der Vergangenheit bezogen, aber auch ins Allgemeine gewendet und als Grund für Künftiges etabliert, wird das scheinbar Vertraute fremd und »ferngestellt«. Entstehende Neugier auf das Fremde ist zu stärken auch in der Konfrontation mit Dingen und Prozessen, Materialien und Zusammenhängen, die vorher außerhalb des Erfahrungsbereichs lagen. Einige Beispiele habe ich an anderer Stelle gegeben (H. Sturm: Modelle — Felder ästhetischer Erfahrung). Dort sollte u. a. gezeigt werden, wie — und das besagt die zweite These — die ordnungsstiftenden Relationen auf der Basis der drei elementaren Bestimmungen von formal-ästhetischen Ordnungskategorien (chaogene, strukturelle und konfigurative Ordnungen) aufgebaut und entwickelt werden können. Hier sind formale Fertigkeiten und gestalterische Fähigkeiten auszubilden und zu trainieren, und es wird immer wieder zu prüfen sein, was und welche Aspekte tradierter Gestaltlehren dabei hilfreich und nützlich sein können. Aber auch in diesem Bereich ist — neben Möglichkeiten der Nachahmung, Nacharbeit und Bearbeitung von »Vor-Bildern« zu »Nach-Bildern« — Neugier am Fremden zu wecken, sind Möglichkeiten anderer Ordnungen erfahrbar zu machen. Der Verstoß gegen die gewohnte Ordnung der Dinge macht sie uns fremd, obwohl die Dinge uns bekannt bleiben: Lautréamonts Nähmaschine und Regenschirm auf dem Operationstisch. Oder ein anderes Beispiel, dem Michel Foucault, wie er mitteilt, die Entstehung seines Buches »Die Ordnung der Dinge« verdankt und das er darin mitteilt. Es ist ein Text von Jorge Luis Borges. Dieser Text zitiert »eine gewisse chinesische Enzyklopädie«, in der es heißt, daß »die Tiere sich wie folgt gruppieren: a) Tiere, die dem Kaiser gehören, b) einbalsamierte Tiere, c) gezähmte, d) Milchschweine, e) Sirenen, f) Fabeltiere, g) herrenlose Hunde, h) in diese

Gruppe gehörige, i) die sich wie tolle Hunde gebärden, k) die mit einem ganz feinen Pinsel aus Kamelhaar gezeichnet sind, e) und so weiter, m) die den Wasserkrug zerbrochen haben, u) die von weitem wie Fliegen aussehen« (Foucault, S. 17).

Auch im Studium und in der Realisierung formaler Ordnungen schwingt noch mit und scheint etwas auf von dem, was Foucault die »fundamentalen Codes einer Kultur« genannt hat. Sie beherrschten ihre Sprache, ihre Wahrnehmungsschemata, ihren Austausch, ihre Techniken, ihre Werte, die Hierarchie ihrer Praktiken. Sie fixierten gleich zu Anfang für jeden Menschen die empirischen Ordnungen, mit denen er zu tun haben und in denen er sich wiederfinden werde. »Am entgegengesetzten Ende des Denkens erklären wissenschaftliche Theorien oder die Erklärungen der Philosophen, warum es im allgemeinen eine Ordnung gibt, welchem allgemeinen Gesetz sie gehorcht, welches Prinzip darüber Rechenschaft ablegen kann, aus welchem Grund eher diese Ordnung als jene errichtet worden ist. Aber zwischen diesen beiden so weit auseinanderliegenden Gebieten herrscht ein Gebiet, das, obwohl es eher eine Zwischenrolle hat, nichts destoweniger fundamental ist. Es ist konfuser, dunkler und wahrscheinlich schwieriger zu analysieren. Dort läßt eine Zivilisation, indem sie sich unmerklich von den empirischen Ordnungen abhebt, die ihr von ihren primären Codes vorgeschrieben sind, und indem sie eine erste Distanz in Beziehung zu ihnen herstellt« (d. h. sie ästhetisch betrachtet H. S.), »sie ihre ursprüngliche Transparenz verliert, hört auf, sich von ihnen passiv durchqueren zu lassen, ergreift ihre unmittelbaren und unsichtbaren Kräfte, befreit sich genug, um festzustellen, daß diese Ordnungen vielleicht nicht die einzig möglichen oder die besten sind. Infolgedessen findet sie sich vor der rohen Tatsache, daß es unterhalb ihrer spontanen Ordnungen Dinge gibt, die in sich selbst geordnet werden können, die zu einer gewissen stummen Ordnung gehören, kurz: daß *es* Ordnung *gibt*« (Foucault, S. 22/23).

Der Gedankengang Foucaults enthält einen Hinweis auf mögliche Verunsicherung von Ordnung durch Ordnung (vgl. das Textbeispiel von Borges). Dies ist hier deshalb von Bedeutung, um die Siegesgewißheit zu verhindern, die im glänzend perfektionierten Vollzug von Ordnungen bereits die Einlösung eines Sinnanspruchs sehen will und so im tröstlichen Schein einer Utopie Schutz sucht, die, auch wenn sie »keinen realen Sitz hat, sich dennoch in einem wunderbaren und glatten Raum entfaltet.« »Heterotopien beunruhigen, wahrscheinlich weil sie heimlich die Sprache unterminieren, weil sie verhindern, daß dies *und* das benannt wird, weil sie die gemeinsamen Namen zerbrechen oder sie verzahnen, weil sie im voraus die 'Syntax' zerstören, und nicht nur die, die die Sätze konstruiert, sondern die weniger manifeste, die die Wörter und Sachen (die einen vor und neben den anderen) 'zusammenhalten' läßt« (Foucault, S. 20).

Verwiesen werden soll mit diesem Einschub auch darauf, daß sich solche »Sperrgüter«, solche Heterotopien, selbst wiederum nur im Zustand einer, wenn auch fremden ungewohnten, anderen Ordnung, d. h. unwahrscheinlichen Ordnung präsentieren und damit adäquat nur ästhetisch erfaßt werden können. Anders gesagt: eine Ordnung wird durch eine andere in Frage gestellt. Hiermit ist das Moment der Wahrscheinlichkeit und Unwahrscheinlichkeit, der Ungewißheit des Eintretens von Ereignissen angesprochen, damit eine Erfahrung, die die Ordnung der Dinge und unseren Umgang, unsere gewöhnlichen Beziehungen zu ihnen aushöhlen, aber möglicherweise neu begründen. Ein Beispiel noch dazu: die Farblehren bieten Ordnungsrelationen an, die Sicherheit und Gewähr für effektives, erfolgreiches Gestalten wenn nicht garantieren, so doch gewährleisten wollen. Ludwig Wittgenstein hat in seinen »Bemerkungen über die Farbe« eine »heterotopische« Farblehre geschrieben; zum Beispiel: »23. 'Weißes Wasser wird man sich nicht denken können etc.' Das heißt, man kann nicht beschreiben (z. B. malen), wie etwas weißes Klares aussähe, und das heißt: man weiß nicht, welche Beschreibung, Darstellung, diese Worte von uns fordern ... 30. Jedes gefärbte Medium verdunkelt, was dadurch gesehen wird, es schluckt Licht: Soll nun mein weißes Glas auch verdunkeln? Und je dicker es ist, desto mehr? So wäre es also eigentlich ein dunkles Glas!«

Nicht nur die Nachahmung als wichtige Form der Einübung erforderlichen Geschicks, sondern auch Experimentieren, Erfinden, Finden als heuristische Prinzipien sind zur Geltung und Wirkung zu bringen. Und in beiden Dimensionen ist die Entschiedenheit des Vorschlags durch den Lehrenden für den Lernenden eine Voraussetzung und Herausforderung auch widerständiger Kräfte, die im Widerstreit von Konformität und Nonkonformität dann zur Sprache gebracht werden. Solchermaßen aufgebaute Erfahrungen können auch Gewähr sein, das ist die vage Hoffnung, sich gegen den Schund einer ästhetisch gemeinten Praxis zu richten und sich dessen zu erwehren, einer Tätigkeit, die sich aufs bloße Wiederholen einläßt und sich im Bekannten, das Bekannte noch einmal schmälernd, verkleinernd einrichtet und ausbreitet.

Die dritte These will besagen und offen halten, daß die von der Lehre abgelöste ästhetische Praxis in ihrer Professionalität sich der Arbeit verdankt, die in unauflösbarer Verschränkung je eigene Perspektiven auf die Interaktion von Subjekt und Umwelt entwirft, hervorbringt und das Vertraute fremd macht, fernstellt durch die Herstellung der »Selbstverständlichkeit des Unverständlichen« (Adorno), durch die selbstbegründenden Akte ästhetischer Handlungen. (Wittgenstein: »91. Gäbe es eine Harmonielehre der Farben, so würde sie etwa mit einer Einteilung der Farben in verschiedene Gruppen anfangen und gewisse Mischungen oder Nachbarschaften verbieten, andere erlauben; und sie würde, wie die Harmonielehre, ihre Regeln nicht begründen.«)

5. Zusammenfassung

»Heißt ein Spiel beschreiben immer: eine Beschreibung geben, durch die man es lernen kann?« Diese Frage von Ludwig Wittgenstein (76, S. 29) nötigt uns noch einmal zu überdenken, was Gestaltungslernen heißt.

Da — wie oben angedeutet — Gestaltung nicht gelehrt und damit nicht wie das Einmaleins gelernt werden kann — die Beherrschung der Grundrechenarten macht ja auch nicht die Mathematik aus — bleibt die Frage danach, was lehrbar ist. Lehrbar und lernbar sind vielfältige Gestaltungsprinzipien (Ordnungsrelationen), nicht deren zur Geltung gebrachte oder zu bringende Anwendung in bestimmten Kontexten.

Als Aufgabe von Lehren und Lernen wird ferner begründbar sein die Konfrontation mit dem Selbst der Lernenden, mit fremden Situationen bzw. Situationen, in denen das Vertraute fremd erscheint, wobei die ästhetische Aktivität sich über vielerlei Handlungsformen auf Ziele richtet.

Rückbezogen auf die am Anfang aufgewiesene Unterscheidung verschiedener Ausbildungsziele, die sich aus unterschiedlichen Tätigkeitsfeldern ergeben, (Ästhetische Erzieher, Kunstpädagogen, Designer, Architekten, Künstler) hat es zunächst den Anschein, als würde sich ein aufs jeweilige Tätigkeitsfeld ausgeformtes Gestaltungslernen ergeben. Demgegenüber wird aber hier ein Modell vertreten, das einen zeitlich ausreichend dimensionierten, gemeinsamen Kern vorsieht, der um feldbezogene, spezifische Kurse, Praktika etc. angereichert ist. Es ist wohl unstrittig, daß zur Qualifikation des Kunstpädagogen, oder allgemeiner, des ästhetischen Erziehers, wie zu der des Designers, des Architekten, je eigene Bereiche in der Ausbildung fundamental sind, die hier nicht entwickelt und dargestellt werden, auch das damit in enger Verbindung stehende Problem der Wechselwirkung von Theorie und Praxis.

Gleichwohl wird davon ausgegangen, daß ein rigides Abspalten der Theorie von der Praxis und umgekehrt, wie es in einer von vielen Vorurteilen gespeisten Studien- und Lehrpraxis der Fall ist und neuerdings in der Rede von der Allgewalt des Bauches gegenüber dem Kopf, also in dem von wenig Einsicht gepeinigten Hochjubeln der »enthaupteten Hand«, gipfelt, eher verhängnisvoll als förderlich ist.

Der gemeinsame Kern eines Grundstudiums, beinhaltend die Konkretisierung und Realisierung der in den beiden Thesen 1 und 2 beschriebenen Inhalte, begründet sich, außer in dem bereits Dargestellten, auch noch in der Vorstellung, daß auf diese Weise die Basis gestalterischer Intentionen verbreitert und das gegenseitige Verstehen und mögliche Ausbilden gemeinsamer Interessen vergrößert werden kann, und daß andererseits den spezielleren Anforderungen unterschiedlicher Praxisfelder durch Ausfächerung von kleineren spezifisch ausgelegten Einheiten Rechnung zu tragen ist. Demgegenüber ist eine von Anbeginn an differenzierte, an Berufsbildern orientierte Gliederung — Folge technokratischer Studienreform — heute die Regel. Dies aber ist angesichts der Massenarbeitslosigkeit gerade in Kultur vermittelnden Berufen so absurd, wie andererseits ein stärker generalisierendes Konzept ins Fiktive gerät, berücksichtigt man die realen Bedingungen an den Institutionen, wo innerhalb der ins Monströse gesteigerten zentralistischen Verwaltungsmachinerie die Lehrenden ihre kleiner werdenden Reservate egoistisch verteidigen.

Richtet man sich im Möglichen ein — es ist immer mehr als das Wirkliche — so kann das nicht geschehen ohne Bedenken dessen, was, wie, woraufhin und warum angeboten, ermöglicht, gelernt werden soll. Das heißt, darin ist eingeschlossen auch die Unumgänglichkeit von Beurteilung und Bewertung, die dieselben Fragen stellt, auf die Antworten aus den Bildern und Gebilden zu suchen sind:

Was wird mit welchen Intentionen dargestellt? Auf welche Weise gelingt es dem Gebilde durch die Artistik seiner zur Erscheinung gebrachten Konsistenz, als Geschlossenes wie Zerrissenes, uns eine Perspektive neu einzurichten?

Die eingangs gestellten Fragen »Ist Gestalten Lernen möglich? Wie ist es heute möglich?« habe ich aus meiner Sicht — und soweit es in der Kürze eines Referates möglich ist — beantwortet. Die dritte Frage, warum ist Gestalten Lernen heute notwendig? ist nur mittelbar beantwortet.

Die Antworten, meine Antworten, liegen im Begriff und in der Qualität der ästhetischen Erfahrung als jenem Vermögen zu einem aktiven Verhalten des Subjektes, das im Genießen (als einem lustvollen Gebrauch machen) die Gegenstände und Objekte in ihrem Eigensinn wahrnimmt und darin beläßt, dabei das Subjekt zugleich freigesetzt wird für das, was die Objekte von sich aus sagen oder durch das Hervorbringen sagen sollen. Ihre Qualität, die über sie selber hinausweist, liegt auch darin, zwischen den Betrachtenden, Hervorbringenden und das Objekt Distanz zu legen. »Sie verlangt etwas wie Selbstverneinung des Betrachtenden, seine Fähigkeit, auf das anzusprechen oder dessen gewahr zu werden, was die ästhetischen Objekte von sich aus sagen oder verschweigen« (Adorno, S. 514).

Dieses Konzept aber liegt möglicherweise quer zu mancher Ideologie dieser Tage.

Literatur

Adorno, Theodor W.: Ästhetische Theorie, Frankf./M. 1970

Dewey, John: Art as Experience, New York 1934, dt.: Kunst als Erfahrung, Frankfurt/M. 1980

ders.: Experience and Nature, Chicago, London 1926

ders.: Experience and Education, 1938

Foucault, Michel: Die Ordnung der Dinge, Frankfurt/M. 1971

Jauß, Hans Robert: Ästhetische Erfahrung und Literarische Hermeneutik I, 1977, UTB 692

Neuenhausen, Siegfried: Die Wirklichkeit der Herren Kulik und Philipzig — dargestellt von Studenten des ersten Semesters der Hochschule für Bildende Künste in Braunschweig WS 74/75, in: H. Hartwig (Hg.): Sehen Lernen. Köln 1976

Sturm, Hermann: Zum Begriff der Ästhetischen Erfahrung, in: Zeitschrift für Kunstpädagogik, Heft 4/79, S. 55—60

ders.: Modelle — Felder ästhetischer Erfahrung, in: Zeitschrift für Kunstpädagogik, Heft 5/82, S. 26—31

Wick, Rainer: Bauhaus-Pädagogik, Köln 1982

Wittgenstein, Ludwig: Bemerkungen über die Farben, hrsg. v. G. E. M. Anscombe, Frankfurt/M. 1979

Wolfe, Tom: Mit dem Bauhaus leben. Die Diktatur des Rechtecks, Königstein/Ts. 1982

Franz Rudolf Knubel

Die Jahreszeiten —
Eine Systematik der Grundlagen der Gestaltung

Mitarbeit: Ralf Blaschke, Heinz Francke, Wolfdietrich Jost und Luise Müller

Einführung

Die Jahreszeiten sind ein sehr bestimmter Neubeginn für eine Grundlehre der Gestaltung. Der neue Ansatz, der dieser Gestaltungslehre zugrunde liegt, kann vielleicht deutlicher werden, wenn man seine Stellung im Umkreis der Grundlehren, die seit der Bauhaus-Pädagogik entwickelt wurden, näher zu bestimmen versucht. Das Bauhaus hat eine neue, zukunftsweisende Form für die künstlerisch-gestalterische Ausbildung gefunden. Das am Bauhaus entwickelte Ausbildungsmodell wirkt bis in unsere Zeit hinein und bestimmt noch grundlegend die heutigen Ausbildungsformen. Als ein herausragendes Element der Bauhaus-Ausbildung gilt die Grundlehre der Gestaltung, sei es in der Form des »Vorkurses«, wie Itten ihn ihr gegeben hat, sei es in der Form der »Grundlehre«, wie sie Moholy-Nagy und seine Nachfolger vertreten haben. Es lag dem Bauhaus allerdings fern, für Lehre und Ausbildung ein festes oder starres System einzuführen und den Gestaltungswillen auf eine feststehende Formensprache einzuengen. Erst in späterer Zeit sprach man von einer Bauhaus-Pädagogik als einheitlichem System. Die Wirklichkeit am Bauhaus sah anders aus, es gab eine Vielzahl von pädagogischen Vorstellungen, Konzepten und Ausbildungsformen, auch für die Grundlehre, die

am Bauhaus praktiziert wurde (vgl. Rainer Wick, Bauhaus-Pädagogik, Köln 1982).

Für die Grundlehre am Bauhaus waren einige Prinzipien bestimmend, deren es sich bei jeder Entwicklung einer Grundlehre für Gestaltung zu vergewissern gilt. Die Ausbildung an den Kunstschulen und Kunstgewerbeschulen in der zweiten Hälfte des 19. Jahrhunderts, aber auch noch zu Beginn des 20. Jahrhunderts, stand im Zeichen ornamentaler Gestaltung. Man beschränkte sich auf veräußerlichte Formen, letztlich auf die Vermittlung von Techniken. Die Bauhaus-Grundlehre ging — wenn auch sicher nicht ganz ohne Vorgänger — einen entscheidenden Schritt darüber hinaus. Die Grundlehre sollte die schöpferisch-kreativen Kräfte im Menschen, im Lernenden befreien helfen. Sie sollte eine künstlerisch-gestalterische Selbstfindung sein, sie sollte Selbsterfahrungen bringen, sie sollte eine Lösung von vorgegebenen Wahrnehmungsmustern und -routinen, von Gestaltungskonventionen bewerkstelligen; vor jeder Vermittlung technischer Ausdrucksmittel stand die künstlerische Selbsterfahrung.

Jede Selbsterfahrung, auch die künstlerische, kann sich nicht im luftleeren Raum vollziehen, sie ist in eine soziale Umwelt eingebettet, sie vollzieht sich in einer Gesellschaft, sie ist Auseinandersetzung mit dieser Gesellschaft. Auch die Gestaltungslehre,

Die Jahreszeiten

Eine Systematik
der Grundlagen der
Gestaltung

Anleitung zur Entfaltung
der Sinne
und ihrer Handhabung

Hrsg.
Franz Rudolf Knubel

unter Mitarbeit von
Ralf Blaschke
Heinz Francke
Wolfdietrich Jost
Luise Müller

Titelseite

Vorwort
1 — 2

Introduktion
3 — 14

Theoretischer Teil
15 — 21

Elemente
15

Jahreszeiten
16 — 17

Gestaltungsprozeß
18

Didaktik
19

Ökonomie als
Gestaltungsprinzip
20 — 21

Inhaltsverzeichnis

wie die gestalterische Ausbildung überhaupt, stehen nicht außerhalb der Gesellschaft und ihrer sozialen Auseinandersetzungen. Gerade Lehre und Ausbildung am Bauhaus machen das deutlich. Das Bauhaus »steht in der Traditionsreihe jener seit der industriellen Revolution und damit seit der Romantik anhaltenden Bemühungen, die durch die Industrialisierung zerbrochene Einheit von künstlerischer und produktkultureller Sphäre zu rekonstruieren, Kunst und Leben zu reintegrieren, auch die Zersplitterung der Kunstgattungen rückgängig zu machen und dabei die Kunst selbst als Instrument einer kulturellen und sozialen Regeneration zu benutzen« (Rainer Wick, a. a. O., S. 14). Diese seit der Londoner Weltausstellung von 1851 vehement geführte Auseinandersetzung um eine angemessene Gestaltung von Industrieerzeugnissen fand mit den am Bauhaus entwickelten und vertretenen Prinzipien einer materialgerechten, produktions- und funktionsgerechten Gestaltung einen ersten anerkannten Abschluß. Kunst und Technik, Kunst und industrielle Produktion wurden zu einer »glücklichen Vereinigung« gebracht, wie Gropius es programmatisch ausdrückte.

Diese glückliche Vereinigung scheint bis heute noch eine Grundlage für Gestaltungsprozesse und für eine Ausbildung in Gestaltung geblieben zu sein. Der Lösung, die das Bauhaus für die Gestaltung der industriell produzierten Güter entwickelt hat, liegt eine Anpassung an Prinzipien eben dieser industriellen Produktion zugrunde, wie es in Begriffen wie »material- und funktionsgerecht«

Eine Grundlehre der Gestaltung tritt mit einem Anspruch auf, der, wenn überhaupt, nur sehr schwer einlösbar ist. Die Grundlehre will etwas lehren, was sich nach allgemeiner Auffassung gerade der Lehrbarkeit, die eine rationale Einsicht voraussetzt, weitgehend entzieht. Sie will den schöpferischen künstlerischen Gestaltungsprozeß nicht nachahmen und nachempfinden lassen, sondern einsichtig und verständlich machen. Schöpferische Gestaltung gilt — für die einen vielleicht rationaler Einsicht überlegen, für andere eher unterlegen, für wieder andere ihr ebenbürtig — für alle aber als Widerpart und im Gegensatz zu rationaler, vor allem wissenschaftlich geleiteter Welterfahrung des Menschen. Gestaltungslehren stehen daher vor einem kaum auflösbaren Dilemma: Sie sollen etwas rationaler Einsicht aufschließen, was per definitionem primär nicht rational erfaßbar ist. Man muß sich zu helfen wissen. Man muß die Vorgänge,

die der Gestaltung zugrunde liegen, zu umschreiben, sie in Analogie zu rationalem oder wissenschaftlichem Denken zu erläutern versuchen. Aus der Vielzahl der Beispiele, die so verfahren, sei auf zwei Ansätze hingewiesen. Rudolf Arnheim entwickelt konsequent eine "Psychologie des schöpferischen Sehens". Der künstlerischen Gestaltung liegt ein "anschauliches Denken" zugrunde, das mit Hilfe der Erkenntnisse einer wissenschaftlichen Psychologie beschrieben werden kann. Erst dieses analytische Verfahren macht Grundelemente der Gestaltung sichtbar, die weder im Schaffensprozeß selbst, noch in seiner schöpferischen Nachahmung wahrgenommen werden. Lehrbar wird Gestaltung erst über diese analytisch gewonnenen Elemente. Gyorgy Kepes schlägt einen anderen Weg ein. Seine "Sprache des Sehens" ist als Reaktion auf die wissenschaftlich-technische Entwicklung in unserer Welt zu sehen. Den Fortschritten in Wissenschaft und Technik

und den Welterfahrungen, die durch sie vermittelt werden, ist der Mensch in seinem Leben, im Leben des Alltags, im Leben der Kunst noch nicht nachgekommen. Er ist in seinen kulturellen Erfahrungen zurückgeblieben. Nur eine neue Sprache des Sehens, die den Grunderfahrungen der wissenschaftlichen Einsicht entspricht, vermag den menschlichen Erfahrungsraum zu erweitern und den Horizont aufzuschließen. Kepes neue Sprache des Sehens ist das Ergebnis der Auseinandersetzung mit den neuen Erkenntnissen der Wissenschaft. Ohne diese analytische Vorarbeit könnten die Grundlagen der Sprache des Sehens nicht ermittelt und noch weniger vermittelt werden. Jede Vergewisserung der Grundelemente erfolgt heute in Abhängigkeit von der wissenschaftlichen Erfahrung. Arnheims anschauliches Denken als Verbindung von Wahrnehmung und Denken ist der Versuch, den cartesianischen

Dualismus zu überwinden. Seine Umschreibungen und Erklärungen sind nur auf dem Hintergrund einer philosophisch-wissenschaftlichen Tradition nachvollziehbar, in der Körper und Geist strikt getrennt gehalten wurden. Kepes einlinige Sicht des wissenschaftlichen Fortschritts vermag man in einer Zeit, die die Grenzen des Wachstums und der Wissenschaft deutlich gemacht hat, kaum noch nachvollziehen können. Es gibt andere Ausgangspunkte — zwangsläufig, weil jede Gestaltungslehre auf andere Erfahrungen und Einsichten zurückgeht. Die Gestaltungslehre, die im folgenden entfaltet wird, könnte sich des Begriffs "visuelles Schema" bedienen, um das Problem der Prinzipien von Gestaltung auf einen Begriff zu bringen. Man kann es so ausdrücken: Die Erfahrungen in Welt und Umwelt gerinnen zu geistig-visuellen Schemata als den Grundelementen der Gestaltung. Ein visuelles Schema ist eine

zum Ausdruck kommt. Es wurde ein kongeniales Design für industrielle Massenproduktion entwickelt. Der soziale Anspruch, der damit verbunden war und gerade im Umkreis des Bauhauses immer wieder hervorgehoben wurde, soll nicht verkannt werden, aber die industrielle Produktion wurde im Grunde nicht in Frage gestellt, im Gegenteil wohl eher als angemessener Ausdruck einer

Zeit und einer Gesellschaftsentwicklung gesehen, die von Wissenschaft und Technik in ihren Grundlagen bestimmt wurde. Fortschritt und Fortgang der menschlichen Gesellschaft und Zivilisation wurden von Wissenschaft und Technik geprägt, die materielle Güterproduktion erfolgte auf der Grundlage von wissenschaftlich-technischen Erfindungen, die anderen Lebensbereiche hatten sich die-

Gestaltungsmöglichkeit, die in neuen Situationen, in neuer Umgebung, in neuer Welt abgewandelt werden kann, die zu neuen Variationen von Gestaltung in veränderter Umwelt anregt. Ein visuelles Schema kann man als Grundlage zur Generierung von Gestaltungsmöglichkeiten bezeichnen. Auch dieser Versuch einer analytischen Annäherung an Gestaltungsprozesse ist wissenschaftlichen Erfahrungen und Einsichten verpflichtet. Noam Chomskys Theorie der Generativen Grammatik geht von der Annahme aus, daß dem menschlichen Sprachvermögen universale Prinzipien zugrundeliegen, die Sprache und ihre Abwandlungen, Variationen begründen und zu neuen sprachlichen Äußerungen, Sprachen und Sprachsystemen befähigen. Man kann auch an die Entwicklungspsychologie Piaget denken. Nach Piaget entwickelt der Mensch in der aktiven Auseinandersetzung mit der umgebenden Welt Verhaltensschemata, die seine Handlungen auf den verschiedenen Entwicklungsstufen, zunächst auf der sensumotorischen, dann auf den Stufen der konkreten und formalen Operationen strukturieren, d.h. ihnen Gestalt verleihen. Gemeinsam ist diesen linguistischen und psychologischen Vorstellungen, daß die Vielzahl der Wahrnehmungen und Handlungen, die Handlungsmöglichkeiten und Handlungsvariationen nicht willkürlich, uferlos und formlos sind, sondern Abwandlungen grundlegender Strukturschemata darstellen.

Ein visuelles Schema wäre demnach als eine Organisation geistig-sinnlicher Erfahrung zu beschreiben, durch das viele Gestaltungsmöglichkeiten begründet werden und das zur Hervorbringung vieler Ausdrucksmöglichkeiten befähigt. Wie können solche visuellen Schemata gewonnen werden? Die Grundlage zu ihrer Entwicklung kann nur im schöpferischen Gestaltungsprozeß selbst liegen, sie können nur in einem solchen Prozeß erfahrbar gemacht werden. Darin liegt eine Gefahr: Jeder Gestaltungsprozeß ist zwangsläufig subjektiv, einmalig. Es kann nicht um diesen ganz persönlichen Ausdruck gehen. An dem Gestaltungsprozeß sollen Grundprinzipien sichtbar gemacht werden. Der Nachvollzug soll nicht Nachahmung und Imitation einer subjektiven Ausdrucksweise sein, — im Gegenteil, die persönliche Sichtweise wird verallgemeinert, indem die Wirksamkeit allgemeiner Elemente nachgewiesen wird, — Elemente, die jeder Weltsicht zugrunde liegen oder die, anders gewandt, sich zu einem visuellen Schema zusammenfügen. Die schöpferische Sichtweise wird von Grunderfahrungen geprägt, die sich mit Stichworten wie Standort, Dialektik, Raum und Licht (Farbe) umschreiben lassen. Die Grundlehre enthält beispielhafte Verwirklichungen dieser Grunderfahrungen. Durch Darbietung, Aufnahme, Wiedergabe und Auseinandersetzung mit der Struktur einer Sichtweise entstehen, auf deren Basis immer wieder neue Gestaltungen und Gestaltungsabänderungen möglich werden. Jede Gestaltung enthüllt einen Standort in der Welt. Die Gewinnung eines Standorts wird als Muster für eine gestalterische Erfassung und für einen gestalterischen Zugriff auf Welt und Umwelt behandelt. Der Standort wird zunächst abstrakt erfaßt, er wird dann sinnlich beispielhaft entfaltet, um sich schließlich zu einer konkreten Synthese zu verdichten.

Die folgende Grundlehre führt dies für die Standortgewinnung vor wie auch für die Grunderfahrungen der Dialektik, des Raumes, des Lichtes. Die Blätter der Grundlehre sind als eine Erfahrungs- und Entscheidungshilfe für diesen Vorgang anzusehen.

Die Erfahrungen, die zu Gestaltungen führen, folgen einer gewissen Gesetzmäßigkeit, die es zu beachten gilt. Gegebenheiten werden wahrgenommen, gesehen (Empirie), sie werden aufgenommen, in ihren tieferen Gestaltungen erfaßt (Intuition), sie werden klar umrissen gesehen und erkannt (Logos), sie

ser Entwicklungsdynamik anzupassen — daran schien kein Zweifel zu bestehen. Die kulturelle Sphäre war hinter dieser Entwicklung zurückgeblieben; dies Bewußtsein wurde von dem Soziologen Ogburn schon zu Beginn des Jahrhunderts mit dem Begriff des »cultural lag« treffend gefaßt. Wurde diese Lücke aber nicht im Bereich der Gestaltung durch das moderne Industriedesign geschlossen, wurde die Anpassung an die industrielle Massenproduktion nicht durch dieses Design eben erreicht? Wie sollte es und wie soll es zum Zweifel an einer industriellen Entwicklung kommen, wenn gerade die adäquate Gestaltung der Produktion dieser Entwicklung erreicht war oder ist?

Die »Grenzen des Wachstums«, die Grenzen einer technisch-industriellen Entwick-

werden wieder entäußert, gestaltet (Realisation). Die Grundlehre nimmt diese Abfolge auf und macht sie zur Grundlage der Lehrerfahrungen. Das Lernen von Gestaltung wird durch diese formale Struktur erleichtert, für einige vielleicht ein übertriebener Formalismus. Wenn aber auch die Ökonomie als Gestaltungsprinzip anerkannt und berücksichtigt wird, dann ist auch diese klare Gliederung gerechtfertigt, die den Ablauf der Lehre und damit die Zeit und die Mittel, die zur Verfügung stehen, einschränkt. Die inhärente Didaktik ist das eigentliche Kernstück der Gestaltungsgrundlehre. Ihre Aufgabe ist es, die Grundprinzipien der Gestaltung sichtbar zu machen, die Entwicklung von Sichtweisen bei den Teilnehmern anzuregen, die Handhabung solcher Sichtweisen oder Schemata einzuüben, indem deren Anwendung und Anwendbarkeit in neuen Situationen, neuen Umgebungen und neuen Erfahrungsfeldern mit neuen Mitteln, mit neuen Verfahren, mit neuen Geräten gezeigt wird. Didaktik ist — so

gesehen — eine Technik der Phantasieentwicklung, die in gelungen Gestaltungsvorgängen ihren erfolgreichen Abschluß findet.

Nach den Worten des Generaldirektors der UNESCO liegt der Grund, warum Menschen häufig die Kontrolle über den Gang der Ereignisse verlieren, zweifellos darin, daß man ökonomischen Gesetzen die absolute Herrschaft eingeräumt hat, ohne kulturelle Ziele zu berücksichtigen. "Die Konferenz erkannte die Kultur als den Kern allen positiven Bemühens und hat uns dadurch geholfen, unsere Anstrengungen auf mehr Solidarität in der Welt zu richten — in einer Welt, in welcher die Völker und der Einzelne kreativer sein werden."

aus: UNESCO-Dienst 9/82

lung, die die Natur nicht nur ausbeutet, was immer schon gesehen wurde, sondern ihre Schätze, ihre Vorräte auch unwiederbringlich auf- und verbraucht, was jetzt erst in voller Schärfe gesehen wird, sind dem menschlichen Bewußtsein im letzten Jahrzehnt sehr deutlich geworden. Das Ende der technisch-industriellen Entwicklung mit dem Raubbau an der Natur ist berechenbar geworden, es

sei denn, es erfolgt ein Wandel in der gesellschaftlich-organisierten Produktion. Dieser Wandel wird heute gefordert, von einer Umweltbewegung, die sich aus allen Gruppen und sozialen Schichten rekrutiert. Verlangt wird der Erhalt der Natur, die Abkehr von Produktionsformen, die Raubbau an der Natur betreiben. Es wäre überraschend, wenn dieser tiefgreifende Wertwandel, wenn diese

Das Wort

Handhabung, über die ich
schreibe, und wie ich damit
umgehe.

Dieser Plan hat eine
Gestalt und wer es nicht sieht
und fühlt, dem ist
nicht zu helfen.

Dieses ist eine Idee, ein Konzept
als in sich geschlossene
Form sich darbietend. Man lege
es gesondert auf ein Pult
oder stelle es auf
einen Notenständer.

Dies ist ein Kunstwerk. *

Alle Zutaten zu diesem Plan
müssen zusammengetragen
werden und diese
Bereitschaft wird hier
vorausgesetzt.

Es ist ein Konzept für eine
Form; diese Form, verehrter
Leser, ist in deiner Hand.

*ein gestalterisches Projekt

Das Objekt, das Oktavformat
17,5 x 12,5 cm,
ist das Viertel des Ganzen,
das als Grundlage zu dieser
Arbeit dient,
das Format 70 x 50 cm.

Absicht

Diese Anleitung ist in der
Zusammenarbeit von Menschen
aller Stände
entstanden und wendet sich
an Bürger, Lehrer
und Schüler der Berufsschulen.

Die Autoren kommen aus
Europa, es sind die Menschen
die für Sie, für Dich
diese Anleitung erarbeitet,
aufgestellt, kritisiert, ausprobiert und
beobachtet haben.

Fragen wir uns doch einmal:
"Ist ein Fußballspiel die
Anwendung von Spielregeln?
Ein Fußballspiel ist nicht die Anwendung von Spielregeln,
sondern die
Spielregeln beschränken
die Willkür
des Fußballspielers, wodurch
erst ein Spiel wird."

Zitat Bazon Brock,
Besucherschule documenta 7,
Kassel 1982

Die Disziplin der Phantasie
darf nicht begrenzt werden.

Mitwirkung

Durch kritische Mitarbeit
der Studenten und Tutoren,
durch die kritische
Mitarbeit und Beobachtung
der Mitglieder der Arbeitsgruppe
entstand diese Arbeit.

Vier Menschen, die zur
Verwirklichung
dieser Anleitung beigetragen
haben, danke ich:
Robert Guderian,
Luise Müller,
Ralf Blaschke und
Stefan Schulz-Dornburg.

Bogen 3: Introduktion

Einsichten nur auf den politischen Raum beschränkt blieben und nicht auf alle Sphären
menschlichen Lebens übergriffen. Auch die
Lehre von der Gestaltung und die Erarbei-
tung ihrer Grundlagen kann sich nicht mehr
so ungefragt auf die Formen industrieller
Produktion beziehen, wie es zur Bauhaus-
Zeit, aber auch noch später, sicher noch
möglich war. Die Grenzen des Wachstums
haben auch hier Grenzen deutlich gemacht.
Die Suche nach grundlegenden Gestaltungs-
formen muß sich wieder auf Formen der Erzeugung, Formen des Hervorbringens beziehen, bei denen die Substanz der Prozesse erhalten bleibt und die Grundlagen, auf
denen alles ruht, nicht im Verlauf der Erzeugung aufgebraucht und verzehrt werden.
Notwendig erscheint eine Rückbesinnung

Die Jahreszeiten			
FRÜHLING	SOMMER	HERBST	WINTER

Der Gestaltungsprozeß			
EMPIRIE	INTUITION	LOGIK	REALISATION
SINNESERFAHRUNG	AUSDRÜCKEN SENSIBILISIERUNG	FORMULIEREN	UMSETZEN
Geste / Tanz	Zeichen / Semiotik	Sprache / Poetik	Zahl / Musik
Körper-Sprache	Bild-Sprache	Wort-Sprache	Transfer
MATERIAL	PROZESS	GESETZ	MATERIALISATION
Erfahrungen durch Experiment und Beobachtung	Spontanes Erfassen und Erkennen	Gedanken folgerichtig aneinanderreihen Entwickeln eines Arbeitsplanes	Entwickeln und Ergreifen von Initiative Erfahrenes, Erkanntes, Geplantes umsetzen und durchführen

Bogen 16: Die Jahreszeiten

auf Abläufe, bei denen sich Verbrauch und Erneuerung nicht ausschließen, sondern bedingen. Eine solche Form von Abläufen findet sich nicht in der Technik, wohl aber in der Natur. Vergehen und Entstehen, Entstehen und Vergehen ist das Prinzip der Natur. Vergänglichkeit und Schöpfung, Erschöpfung und Erneuerung — dies symbolisieren die *Jahreszeiten*. Ein Gestaltungswille, der

die Ambiguität der technisch-industriellen Entwicklung sieht, der die Gefahren dieser Entwicklung nicht verleugnet, wird sich auf Formen von Erzeugung und Produktion beziehen wollen, die menschlicher und gleichzeitig auch natürlicher sind. Er wird in dem jahreszeitlichen Wechsel eine natürliche Ausdrucksprache vernehmen, an deren Grundprinzipien sich ein Gestaltungsprozeß

Die Jahreszeiten Es war eine Mutter die hatte vier Kinder: den Frühling, den Sommer, den Herbst, und den Winter	Empirie	Erfahrungen durch Experiment und Beobachtung	Auffinden prozeßhafter Ent- wicklungen und Abläufe in Natur, Wissenschaft, Kunst, Politik, Wirtschaft, Soziologie Untersuchen und Vergleichen der Bedingtheiten
Der Frühling bringt Blumen der Sommer den Klee der Herbst bringt die Trauben der Winter den Schnee	Intuition	Spontanes Erfassen und Erkennen	Aufzeigen der Abhängigkeit von Materialeigenschaften und Materialverhalten Gestaltungsmöglichkeiten Verwendungsgebiete
Kinderlied	Logik	Gedanken folgerichtig aneinanderreihen Entwickeln eines Arbeitsplanes	Konzipieren, Auswählen der Bereiche Planen des Gestaltungsprozesses
	Realisation	Entwickeln und Ergreifen von Initiative Erfahrenes, Erkanntes, Geplantes umsetzen und durchführen	Jahreszeitlicher Kreislauf Frühling, Sommer, Herbst und Winter zur Grundlegung eines Gestaltungsprozesses

orientieren kann. Die Tendenz zur Verwissenschaftlichung gerade auch der Gestaltungsausbildung, die durch manche Grundlehren durchschimmert, wird so gesehen eher zweifelhaft erscheinen müssen. Die Tendenz zur Verwissenschaftlichung der Ausbildung zeigt sich im Gebrauch exakt bestimmbarer Elementarisierungen, etwa von klar definierten Formen, von geometrischen Formen, von klaren Texturen, von exakten Mustern usw. Die Rückbesinnung auf natürliche, jahreszeitliche Abläufe wird auch den Begriff der Elemente wieder anders fassen müssen, wieder tiefer, »natürlicher«.

Eine Grundlehre der Gestaltung, die zu Selbstfindung und Selbsterfahrung führen und damit schöpferische Potentiale befreien soll, wird sich also dem tiefgreifenden Wan-

Didaktik		Prozeßablauf (Schema)
Unterrichtsmaterial zusammentragen Verwendbarkeit untersuchen Auswahl treffen und begründen Einordnen in Fachgebiete	Empirie	Wahrnehmen der elementaren und geschaffenen Umwelt durch die Sinnesorgane Erkennen der Eigenschaften und der Verhaltensweisen
Methodische Abläufe auffinden und entwickeln Einsatz der Mittel bedenken und planen Anwendungsgebiete aufzeigen	Intuition	Ideenfindung durch Zufall und Gegebenheiten Entwickeln, Schulen von Einfall und Phantasie Sichtbarmachen der Originalität
Methodische Abläufe auffinden Nach pädagogisch-didaktischen Gesichtspunkten erfassen Auf ihre Wirksamkeit untersuchen Anwendungsgebiete begründen Ordnungssysteme aufstellen	Logik	Auslösen kreativer Verhaltensweisen Einleiten von Aktionen Verwirklichung durch planvolles Vorgehen Werkbezogenes Einsetzen der Mittel und Techniken
Unterrichtsbeispiel aus dem Bereich der Gestaltung	Realisation	I. Zweckfreie Lösung: Gestaltetes Objekt II. Zweckgebundene Lösung: Produkt

Bogen 19: Didaktik

del von Werten und Anschauungen, der in den letzten Jahren eingetreten ist, nicht verschließen können. Eine solche Gestaltungslehre wird sehr deutliche Neubestimmungen vornehmen und gewohnte Bahnen verlassen müssen. Sie wird zunächst im ersten Zugriff sehr subjektiv ausfallen, wie das bei jedem Neubeginn der Fall ist. Am Anfang steht ein subjektiver Ausdruckswille. Die

Überführung dieses neuen Ausdrucks in nachvollziehbare, faßliche und lernbare Formen ist ein weiter Weg. *Die Jahreszeiten*, eine neue Grundlehre der Gestaltung, befindet sich noch auf diesem Weg. Noch überwiegt die Subjektivität; in dem Satz der Introduktion »Dies ist ein Kunstwerk« wird es auch zum Ausdruck gebracht. Dieser sehr subjektive Charakter der Gestaltungslehre

154

Die Jahreszeiten begrenzt die Verwendung dieser Grundlehre. Losgelöst aus dem Umfeld des subjektiven Zugriffs und der daran gebundenen gestalterischen Vorstellungen ist sie nur schwer nachvollziehbar.

In den *Jahreszeiten* hat die Grundlehre in Form einer Gesamtplanung Gestalt angenommen; die Grundlehre entfaltet sich erst im Nachvollzug dieses gestalteten Gesamtplans, nicht in der Teilnahme an oder der Aufnahme von einzelnen Elementen oder Abschnitten. Obwohl der gesamte Plan dieser Gestaltungslehre hier — aus Platzgründen — nicht vorgestellt werden kann, sollen keine Umschreibungen, Erläuterungen oder theoretischen Erklärungen für alle Teile der Gestaltungslehre erfolgen. Vielmehr soll der Leser und Betrachter gleichsam in die Werk

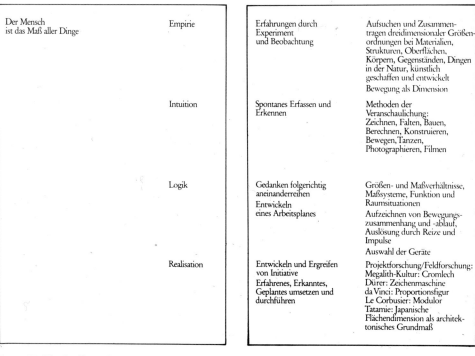

Der Mensch ist das Maß aller Dinge			
	Empirie	Erfahrungen durch Experiment und Beobachtung	Aufsuchen und Zusammentragen dreidimensionaler Größenordnungen bei Materialien, Strukturen, Oberflächen, Körpern, Gegenständen, Dingen in der Natur, künstlich geschaffen und entwickelt Bewegung als Dimension
	Intuition	Spontanes Erfassen und Erkennen	Methoden der Veranschaulichung: Zeichnen, Falten, Bauen, Berechnen, Konstruieren, Bewegen, Tanzen, Photographieren, Filmen
	Logik	Gedanken folgerichtig aneinanderreihen Entwickeln eines Arbeitsplanes	Größen- und Maßverhältnisse, Maßsysteme, Funktion und Raumsituationen Aufzeichnen von Bewegungszusammenhang und -ablauf, Auslösung durch Reize und Impulse Auswahl der Geräte
	Realisation	Entwickeln und Ergreifen von Initiative Erfahrenes, Erkanntes, Geplantes umsetzen und durchführen	Projektforschung/Feldforschung: Megalith-Kultur: Cromlech Dürer: Zeichenmaschine da Vinci: Proportionsfigur Le Corbusier: Modulor Tatamie: Japanische Flächendimension als architektonisches Grundmaß

Bogen 37: Die vier Dimensionen

statt dieser Grundlehre geführt werden und Texte, Muster und Beispiele der Gestaltungslehre kennenlernen. So werden in diesem Beitrag folgende ausgewählte Teile — meist unverändert und im Originalsatz — aus der 1984 in einer Druckauflage von 100 Exemplaren erschienenen Fassung der *Jahreszeiten* vorgestellt:

Das *Inhaltsverzeichnis* — es vermittelt einen Eindruck von dem gesamten Plan der Gestaltungslehre.

Das *Vorwort* — es enthält einige theoretische Erklärungen zur Gestaltungsabsicht.

Die *Introduktion* — sie ist der subjektive Widerpart zum Vorwort; in ihr äußert sich der subjektive Zugriff dieser Gestaltungsgrundlehre in seiner ganzen Kompromißlosigkeit.

Aus dem theoretischen Teil werden die Kapitel *Jahreszeiten* und *Didaktik*, aus dem praktischen Teil das *Raummodell* sowie die Kapitel *Die vier Dimensionen* und *Schrift* vorgeführt.

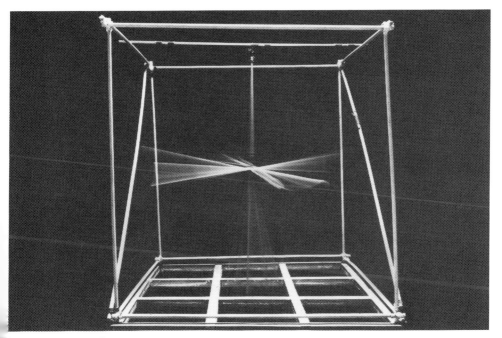

Bogen 38: Raummodell

Auf den folgenden vier Seiten Bogen 39—42:
1. Dimension
Von Punkt zu Linie
2. Dimension
Von der Linie zur Fläche
3. Dimension
Von der Fläche zum Raum
4. Dimension
Von dem Raum zur Zeit

Schrift

Buchstaben — Gestalt
Wort — Gestalt
Satz — Gestalt
Text — Gestalt

Es scheint, daß ein Wort: »Es gibt viele Menschen, die Sonnenuhren lesen können, aber wenige können sie bauen« auf die Schrift ebenso zutrifft.

Die hier vorgelegte Methode des Schriftentwerfens und Zeichnens habe ich von meinem Berliner Lehrer Willem Hölter gelernt. Meine Arbeit ist die Systematisierung oder Reduzierung auf die Grundelemente der Gestaltung Quadrat, Punkt, Linie und Kreis in bezug zu einem Raster, bestehend aus neun Teilen. Dieser Raster ist uns aus der byzantinischen Kultur tradiert (vgl. M. Pejaković, Broj iz svjet losti, Zagreb 1978). Gleichzeitig ist anzumerken, daß die chinesischen Schulhefte für die Schreibübung diesen Raster zeigen.

Für das Schreiben von Buchstaben empfehle ich, das A und das O als Grundbuchstaben anzusehen, für die Zahlen die Eins und die Null. Diese vier enthalten die gesamte Problematik des Schreibens.

Es hat sich ergeben, daß 12 cm als Buchstaben- und Zahlendimension angemessen zum Üben der Buchstabengestalt sind. Kreide aller Sorten empfiehlt sich als Material zum Schreiben. Kreide ist weich, leicht korrigierbar und nie endgültig.

Anleitung zur Anatomie der römischen Capitalis-Schrift:

Man nehme einen Bogen 70 x 50 cm Papier und Kreide, die ein deutliches Figur-Grund-Verhältnis möglich macht. In das Quadrat mit neun Teilen zeichne man mit geringstem Druck die Buchstaben A und O nach dem hier dargestellten Vorbild. Dabei stellen wir fest, daß sich das A in das Quadrat einfach einbringen läßt, während das O die Grenzen des Quadrats sprengt! In der Verallgemeinerung dieser Erkenntnis, daß runde Formen immer kleiner wirken als eckige, lassen sich alle übrigen Buchstaben theoretisch richtig herstellen.

In der Praxis ist das sehr mühevoll und verlangt den ganzen Menschen. Ich vergleiche es gerne mit der Übung des Bogenschießens. Die Schrift sollte stehend am Tisch oder an der Staffelei geschrieben werden und aus der Mitte des Körpers entstehen. Diese Mitte bezeichnen die Tänzer als »das Energiezentrum«, und sie ist eine Handbreit unter dem Nabel des Menschen zu suchen.

Ich praktiziere diese Schrift als die »Macht der Mitte«. Man lese dazu: Rudolf Arnheim, Die Macht der Mitte, Eine Kompositionslehre für die bildenden Künste, Köln (DuMont) 1983.

Auf den folgenden drei Seiten Bogen 49—51: Grund schrift und Zahlen

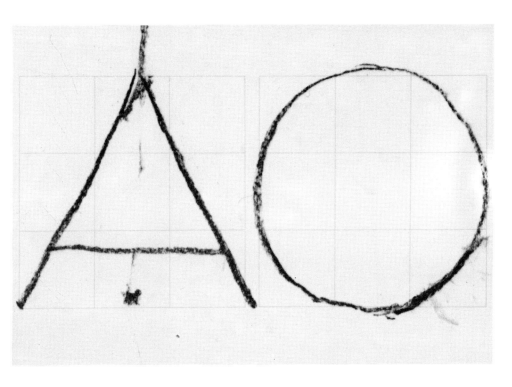

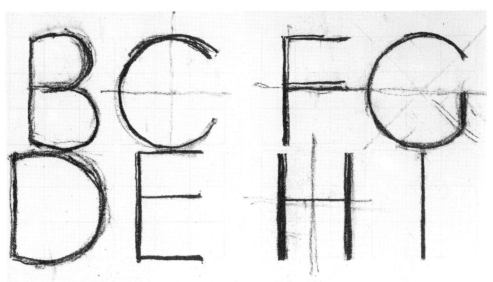

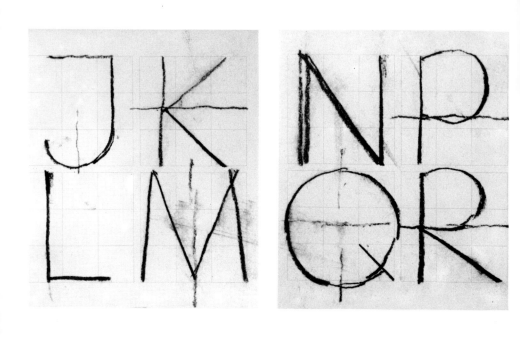

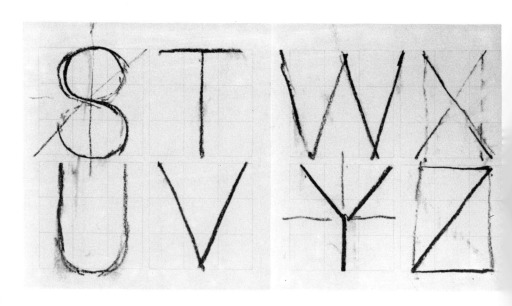

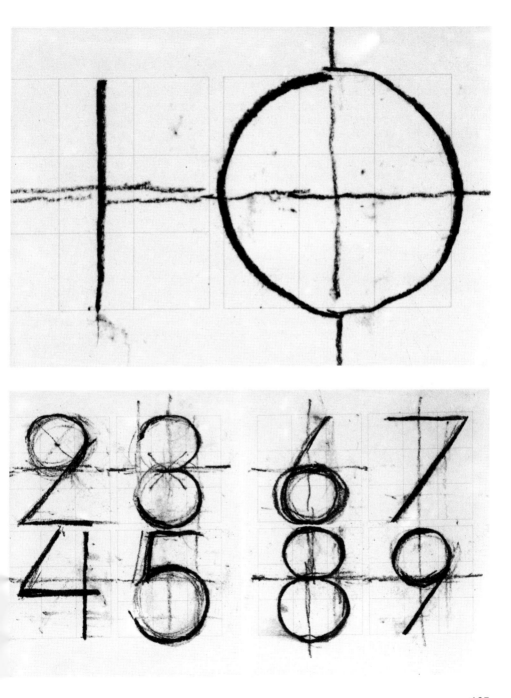

Nachwort

Die Grundlehre der Gestaltung *Die Jahres-zeiten* ist in einem Lehrforschungsprojekt an der Universität — Gesamthochschule — Essen entwickelt worden. Diese Grundlehre verdankt ihre Entstehung der fruchtbaren Zusammenarbeit von Dozenten, Tutoren und Studenten der Essener Hochschule. Die Ausarbeitung und Entwicklung der Grundlehre konnte im Jahre 1983 abgeschlossen werden. Durch die großzügige Unterstützung einer privaten Stiftung wurde die Drucklegung der Grundlehre ermöglicht, so daß ein Jahr nach Abschluß der Arbeiten die Grundlehre auch gedruckt vorgelegt werden konnte.

Die Jahreszeiten — eine Systematik der Grundlagen der Gestaltung sind in einem mehrjährigen *gemeinschaftlichen* Arbeitsprozeß entstanden. Alle Teile der Gestaltungslehre sind gemeinsam besprochen, behandelt und bearbeitet worden, aber es lassen sich auch für die einzelnen Mitarbeiter Schwerpunkte ihrer Beteiligung und Mitarbeit ausmachen.

Der Plan und die Ideen, die im Verlauf der Arbeit Gestalt gewonnen haben, stammen von Franz Rudolf Knubel. Die Entwicklung von Aufbau und Abfolge der Grundlehre und ihre Strukturierung hat Luise Müller übernommen. Sie hat auch die Didaktik der Grundlehre entwickelt. Ralf Blaschke hat der Grundlehre Gestalt verliehen. Gestaltung und Formgebung stammen von ihm. Die theoretisch orientierten Texte (also die Einführung in diesen Beitrag zu dem Bottroper Symposium und das Vorwort zu den *Jahreszeiten* selbst) sind von Wolfdietrich Jost geschrieben worden, die Introduktion und die Erläuterungen zur Schrift von Franz Rudolf Knubel. Die Einzelarbeiten sollen aber nicht überbetont werden. Eine Gemeinschaftsarbeit hat ihren Abschluß gefunden.

Stefan Lengyel

Konturen einer möglichen Grundlehre für Industrial Designer

Wenn man über Grundlagen spricht, denken viele an die klassische Grundlehre mit formalästhetischen Übungen, wie sie in den meisten Ausbildungsstätten praktiziert wird. Formalästhetische Übungen sind zwar ein wesentlicher, aber *nur ein* Teil der Grundlagen im Industrial Design. Ihr Inhalt ist vorwiegend syntaktischer Natur, d. h. Einübung in eine formale Grammatik. Sie stehen in der Regel isoliert vor dem fachspezifischen Teil der Ausbildung. Um ihren tatsächlichen Zweck zu erfüllen, müßten diese Formübungen nicht von konkreten Funktionen getrennt, sondern in deren Abhängigkeit durchgeführt werden.

Gestalterische Lösungen sollen nicht in einer formalen Ästhetik gesucht werden, sondern man muß von Bedingungen ausgehen, die eine Form vom Gebrauch her bestimmen. Hierdurch wird sowohl die für das Design notwendige integrative Denk- und Arbeitsweise geübt, als auch der nahtlose Übergang von Grundlagen in das Fachstudium gesichert.

Im Mittelpunkt der Grundlagen des Industrial Design müssen die menschenbezogenen Faktoren der gegenständlichen Umwelt stehen, wobei das Interesse sich vorwiegend auf die Analyse von Strukturzusammenhängen und auf die *Prozeßhaftigkeit* und Veränderbarkeit von Gebrauchsvorgängen und deren ästhetische Aspekte und Wahrnehmung konzentriert.

Da die visuelle Wahrnehmung, die die Form vermittelt, Hinweise gibt auf die durch jeweils bestimmte Formen vertretenen Inhalte, müssen die Zusammenhänge zwischen Form und Inhalt auf ihre Funktionen hin untersucht werden. Die hierdurch gewonnenen Erkenntnisse bilden dann die Grundlagen der ästhetischen Praxis.

Obwohl die Geschichte der Designausbildung eine Zuwendung zu unterschiedlichen Schwerpunkten aufweist — wie z. B. in den fünfziger Jahren die Ergonomie, in den sechziger die Planung und Methodologie, in den siebziger die sozialen Aspekte, in den achtziger die Sinnlichkeit —, wurde die Frage nach der richtigen Form nie aus dem Auge verloren. Die Form ist nämlich die wichtigste Sprache des Objektes, welche sowohl unbewußt wie bewußt wahrnehmbare Informationen vermittelt. Das heißt, die Form hat einen entscheidenden Einfluß bei der Urteilsbildung, welche nicht nur die Akzeptanz, sondern auch den späteren Gebrauch des Objektes ständig begleitet.

Industrial Design ist ein Entwurfsprozeß mit dem Ziel, Form- und Gebrauchsqualitäten von industriell hergestellten Produkten und Produktsystemen mitzubestimmen und sie den Bedürfnissen des Menschen — sowohl dem Einzelnen als auch der Gesellschaft — anzupassen. Um eine sinnvolle Gebrauchsfunktion zu ermöglichen, ist das Industrial Design auf die Analyse und Synthese von technischen, ergonomischen, wirtschaftlichen, sozialen und ästhetischen Aspekten aufgebaut; es schließt alle Bereiche der von der technischen Produktion geschaffenen Umwelt des Menschen ein. Bei der Wechselbeziehung zwischen Mensch und Objekt wissen wir einerseits, daß unsere Wertschätzungen, unsere Lebensformen sich in dem Umgang mit Objekten im täglichen Gebrauch spiegeln und Aufschluß geben über den Stand und die Entwicklung der Gesellschaft sowohl in wirtschaftlicher als auch in kultureller Sicht. Es ist daher dringend erforderlich, die Frage nach den Grundsätzen und Funktionen des Design zu stellen.

Auf der anderen Seite steht ebenso unbestritten die Tatsache, daß menschliche Tätigkeiten Ziele haben, diese Ziele aber nicht die Dinge, sondern das — eigentlich immaterielle — Glück sind, daher müssen menschliche Ziele für jede Produktentwicklung maßgebend sein.

Die Erforschung von *menschlichen Bedürfnissen*, sowohl im privaten als auch im gesellschaftlichen Kontext, ist deshalb die erste Stütze aller Designhandlungen und muß im Studium entsprechend verankert sein.

Demnach sollte sich die erste Frage bei den Grundlagen *nicht nach der Methode* richten, wie etwas gestaltet wird, sondern *nach der prinzipiellen Entscheidung*, was überhaupt gestaltet werden soll.

Durch das Design werden in erster Linie diejenigen Komponenten eines Objektes bestimmt, die die Funktionen des Gebrauchs, d. h. die Umgangsformen, Verhaltens- und Handlungsstrukturen, maßgebend beeinflussen.

Da die Formen des Umgangs mit den Objekten — sowohl im Gebrauch als auch in der voranliegenden Produktion — auch die zwischenmenschlichen Beziehungen beeinflussen, wird deutlich, daß Design eine wichtige gesellschaftliche, ökonomische und kulturelle Funktion hat.

Einer der elementaren Problembereiche

des Grundlagenstudiums ist deshalb die Untersuchung von Objektwirkungen, wodurch der Weg zur Erfassung von Produkteigenschaften eröffnet wird. Durch die Produkteigenschaften werden wiederum die Gebrauchsformen bestimmbar.

Die Eigenschaften eines Produktes sind durch die Untersuchung von dessen Grundfunktionen erfahrbar. Diese sind grob in die Bereiche der objektbezogenen und der menschenbezogenen Funktionen zu unterteilen. Unter objektbezogenen Funktionen sind die technisch-physikalischen Eigenschaften, unter menschenbezogenen Funktionen sind die Nützlichkeit, Bedienbarkeit usw., das heißt Gebrauchsfunktionen, darunter auch die ästhetischen, kulturellen Aspekte, zu verstehen.

Bei der Entwicklung eines Industrieproduktes fallen in der Regel die Aufgaben aus dem Bereich der objektbezogenen Funktionen dem Ingenieur und die menschenbezogenen dem Designer zu. Während der Ingenieur für die *Umweltverträglichkeit* der Produkte zu sorgen hat, trägt der Designer die Verantwortung für die *Sozialverträglichkeit* der Produktwelt.

Man soll davon ausgehen, daß bei jedem Designobjekt die Priorität in einer rational begründeten praktischen Funktion liegt, die einerseits durch den technisch-strukturellen Aufbau, andererseits durch die Gestaltung realisiert wird.

Aufgabe des Designstudiums ist es deshalb, die Fähigkeit zu entwickeln, im Spannungsfeld zwischen Zielsetzung und Leistungsaufwand / technischer Struktur und Erscheinungsform, zwischen Rationalität und Emotionalität, gestalterische Lösungen zu finden.

Gutes Design ist dadurch gekennzeichnet, daß alle diese Eigenschaften, die ein Objekt charakterisieren, miteinander eine Einheit bilden. Nur diese Verbindung gewährleistet für den Benutzer einen bedarfsgerechten Umgang (Einheit der Handlung —

E. Kant) und die Möglichkeit der Urteilsbildung.

Mit anderen Worten: Design erfüllt seine Aufgabe dann optimal, wenn die Form dem Inhalt zum besseren Funktionieren verhilft bzw. der pragmatische Umgang mit dem Objekt emotionell positiv »begleitet«, d. h. »unterstützt« wird.

In der Praxis ist dieser Einklang allerdings bei vielen Produkten nicht vorhanden. Die Gründe für das Nichtübereinstimmen sind unterschiedlich. Bei sogenannten rein technischen Objekten, wie z. B. bei vielen Maschinen, Arbeitsgeräten, ist die Form oft ohne die Berücksichtigung der sinnlich wahrnehmbaren syntaktischen und semantischen Aspekte festgelegt worden, eine Verschlechterung der Gebrauchsfunktion ist die Folge. Der Grund für solche Gestaltung ist meist eine falsche Interpretation der Funktion. Die Form bei solchen Objekten ist nicht unter Berücksichtigung aller Funktionen entstanden, sondern nur aus Bedingungen der Technik, des technischen Aufbaus, der Art der Herstellung und höchstens einer elementaren Ergonomie. Dies führt zu einer einseitigen Überbewertung der objektbezogenen Faktoren und damit zu einer Einschränkung des Gebrauchswertes, d. h. zu einem Verzicht auf höhere Qualität. Dieser eindimensionale technische Funktionalismus führt bei der Produktentwicklung oft zum Konflikt zwischen Technikern und Designern. Die Einsicht, daß die Produkte nicht nur durch technische Bedingungen entstehen können, hat sich bis jetzt nicht überall durchgesetzt. Auf diese Haltung ist es zurückzuführen, daß viele Objekte, vor allem Arbeitsplätze, immer noch nicht den Anforderungen entsprechend gestaltet sind.

Eine andere extreme Position nehmen solche Produkte ein, bei denen die *formale Gestaltung maximale Leistungen verspricht*, aber die objektbezogenen Faktoren, die technische Leistung bzw. Qualität auf einem unvergleichbaren, meistens niedrigeren Niveau stehen. Da bei der Wahrnehmung von Objekten die emotionale Wirkung, die unbewußte Wahrnehmung von Produktformen der bewußten, rationalen Bewertung voransteht, wird oft die formale Gestaltung, die ästhetische Wirkung, als Tarnung von mangelhaften praktischen Funktionen verwendet. Mit anderen Worten, es wird ein höherer Wert vorgetäuscht. Um in diesem Spannungsfeld arbeiten zu können, müssen die Designer zuerst die tatsächlichen Zusammenhänge zwischen strukturellem Aufbau, rationellen Bedingungen und formaler Erscheinung, ästhetischer Wirkung kennenlernen. Erst dann kann über die Produktform entschieden werden.

Aufgabe des Grundstudiums ist es deshalb, in erster Linie die Zusammenhänge zwischen dem objektiven materiellen Aufbau, praktischer Funktion u. a. und deren subjektiver Wahrnehmung aufzudecken. Mit anderen Worten: die Problematik der Vermittlung von Inhalten durch die gestaltete Form den Studenten bewußt zu machen. Dies kann aufgrund von Analysen bestehender Objekte sowie durch entsprechende Entwurfsübungen erfolgen.

Als Einleitung sollen drei Beispiele auf die Problematik der visuellen Wahrnehmung hinweisen.

Zunächst ein zweidimensionales Problem:
— Olympia-Pictogramm (Aicher)
Bemerkung: Trotz klarer Raster manche Details abweichend, wegen Erkennbarkeit oder optischem Ausgleich.

Das zweite Beispiel
— Vase (Birkhoff) zeigt, daß das zweidimensionale Raster nicht ohne weiteres auf räumliche Objekte übertragbar ist (der Rotationskörper erscheint schmaler als in der Zeichnung). Das heißt, dreidimensionale Objekte dürfen nicht zweidimensional entworfen werden.

Das dritte Beispiel
— Petersplatz Rom (Bernini) zeigt, daß nicht die klare Geometrie, sondern die zu er

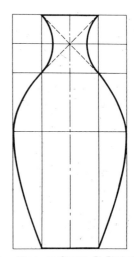

Entwurf einer Vase von George D. Birkhoff, 1933.

Oben: Otl Aicher, Olympia-Piktogramme, 1972
Rechts: Ob die ästhetische Wirkung der Birkhoff-Vase bei räumlicher Betrachtung die gleiche ist, bleibt fraglich.

Dies zeigen ein Würfel und ein Zylinder (maßlich gleich); räumlich gesehen erscheint der Zylinder schlanker und höher als der Würfel.

Giambattista Piranesi: St. Peter in Rom

zielende optische (perspektivische) Wir kung die Priorität bei der Gestaltung des Raumes hat.
Die Form folgt der Wahrnehmung (Wahrnehmungserwartung).

Im folgenden möchte ich deshalb nicht auf die bewährten Beispiele der klassischen Grundlehre eingehen, sondern Beispiele vorstellen, die zunächst die Zusammenhänge zwischen Form und Inhalt in ihrer funktionalen Wechselbeziehung veranschaulichen. Es sind Studienarbeiten auf dem Gebiet der technisch-physikalischen Funktionen, Natur-Analogien, Kinetik.

Bei Übungen aus dem technisch-physikalischen Bereich ist das Ziel, eine Struktur, eine Form mit meßbaren Parametern zu entwickeln. Hierbei sollen die praktischen, objektiv meßbaren Aspekte bewußt herausgestellt werden, um dadurch die menschenbezogene emotionale, subjektive, also die nicht exakt meßbare Komponente des Design später bewußt analysieren zu können.

Beim ersten Untersuchungsfeld wird als Beispiel die Kraft — in diesem Fall Zug- und Druckkraft — als meßbares, aber nicht sichtbares Phänomen als Kriterium für die Formentwicklung angegeben. Die Aufgabe war, eine Konstruktion zu entwickeln, bei der nur solche Materialien verwendet werden, die — durch ihre Struktur bedingt — *nur eine einzige Funktion* übernehmen können: für Zugkräfte Seil, für Druckkräfte Stange. Diese ausgewählten Konstruktionselemente stellen einen physikalisch bedingten Zusammenhang zwischen Form und Funktion dar. *Die Form folgt dem Material.*

Die durch die Kombination dieser zwei rational erfaßbaren Grundelemente entstandene Konstruktion hat selbstverständlich auch eine Form, die allerdings *ohne Berücksichtigung der menschenbezogenen Faktoren entstanden* ist. Die Wahrnehmung der Form erfolgt aber nicht nur bewußt — sondern auch unbewußt, emotional. Das heißt, die Form wird auch ästhetisch (und symbolisch) erfaßt. Man könnte noch weiter gehen und feststellen, daß das Produkt durch seine Form Erkenntnisse vermittelt, die bei der späteren Bewertung von ähnlichen Formen als Vorprägung — als Beeinflussung der Erwartungsstruktur — fungiert. Sehr vereinfacht: man erwartet von einer solchen oder ähnlichen Konstruktion, daß die auf Zug belasteten Elemente dünner als auf Druck belastete Elemente sind und an bestimmten Stellen der Konstruktion auftreten. Oder man erkennt bei einem solchen Objekt, welche Funktionen die verschiedenen Form-(Konstruktions-)elemente haben. *Die Form folgt der Konstruktion.*

Das zweite Beispiel ist eine Konstruktion mit einem Papierbogen. Hier steht *nur ein Material für zwei Funktionen*, Zugkräfte und Druckkräfte, zur Verfügung. Die ursprüngliche Form des Papierbogens erlaubt praktisch nur eine Zugbelastung. Bei diesem Modell wird demonstriert, daß das Papier durch die Verformung — in diesem Fall Biegen, Falten — sowohl Druck- als auch Zugkräfte aufzunehmen vermag. An diesem Fall wird die formale Änderung als maßgeblicher Fak-

Spielobjekt mit dem Ziel, Gleichgewicht (Unwucht) zu demonstrieren

tor für die Änderung der technischen Eigenschaften herausgestellt.

Die Funktion folgt der Form.
Ein anderes Untersuchungsfeld ist die Analogiebildung nach der Natur, wie z. B. selbsttragende Schalenkonstruktionen, Gelenkverbindungen. Ein besonders aufschlußreiches Feld für Grundlagenstudien ist die Kinetik. Das Phänomen der Bewegung ist eine zusätzliche wichtige Dimension bei der Gestaltung. Besonders deutlich wird es, wenn man sich den Kreisel oder das Fahrrad vorstellt. Diese Objekte »leben« nur in der Bewegung, ohne diese liegen sie »hilflos« herum, während z. B. ein Tisch (als Objekt) unverändert bleibt, ob man ihn benutzt oder nicht.

Das letzte Beispiel behandelt die nutzerspezifischen Erwartungen gegenüber Gebrauchsobjekten, wobei die Problematik der Wechselbeziehung zwischen Objekt und Mensch dargestellt werden soll. Das Beispiel zeigt die semantischen Faktoren bei der Produktform. Das ursprüngliche Kehrblech ist aus Stahl geschmiedet und mit einem Holzgriff versehen. So ist es bekannt geworden. Später wurde der Griff auch aus Blech gefaltet. Als die technische Entwicklung eine preisgünstigere Herstellung — gespritzt aus Kunststoff — ermöglichte, wurde eine Anzahl von funktionalen Vorteilen dieser Technologie erkannt. Z. B. Rostfreiheit, geringes Gewicht, kleinere Verletzungsgefahr durch geringere Materialhärte usw. und

Spielobjekt zur Demonstration der Gravitation als möglicher Kraft. Wenn das Objekt weggerollt wird, spannt sich das Gummiband bzw. wickelt sich das Seil auf. Nach dem Stillstand wirkt das Gewicht als »Antriebskraft« und rollt das Objekt zurück.

Links: Traditionelles Kehrblech aus Stahlblech
Mitte: Kunststoff-Kehrblech, das dieser traditionellen Formgebung folgt
Unten: Eine neue Design-Lösung, die den technisch-physikalischen Bedingungen von Kunststoff entspricht (Studienarbeit)

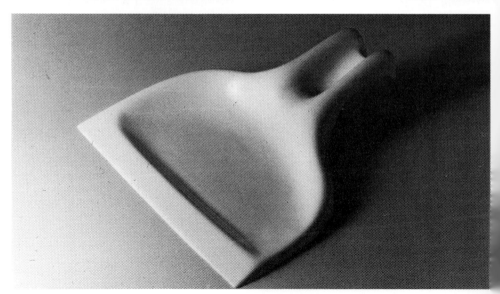

größere Freiheit bei der Formgestaltung, rationelle Herstellung. Das Kehrblech aus Kunststoff sieht seinem Stahlblech-Vorfahren jedoch sehr ähnlich. Hierbei hat die technisch-physikalische Änderung kaum Auswirkung auf die formale Erscheinung gehabt. Beim Kunststoff-Kehrblech hat man die schon bekannte Erscheinungsform des alten Metall-Kehrblechs übernommen, um den Erwartungen des Benutzers gegenüber der Produktform zu entsprechen. Hierbei stehen die rationalen und emotionalen Strukturen im Widerspruch zueinander. Auf der Rückseite des Kehrblechs wurden Rippen angebracht, die aus statischen Gründen unumgänglich waren. Diese Art der Anbringung des Griffs auf der Behälterrückwand ist die vorprogrammierte Bruchstelle. Die abgebildete Studienarbeit stellt demgegenüber einen Versuch dar, die Gestaltung unter Beibehaltung der praktischen Gebrauchsfunktionen aus den technisch-physikalischen Gegebenheiten zu entwickeln. Das Produkt zeigt neben der verbesserten Handhabung eine *Übereinstimmung der technischen Gegebenheiten mit der Form*. Die erzielte emotionale Wirkung wurde allerdings nicht vorausbestimmt, sondern ist *ein Resultat des systematischen Vorgehens*.

Als Fazit stellt sich die Grundsatzfrage: entwickelt man Produktformen nach eingeschliffenen, emotionalen Erwartungen des Benutzers, oder entwickelt man sie aus den rationalen Gegebenheiten und läßt die Form als neuen emotionalen Eindruck auf den Benutzer wirken. Die Verantwortung für diese Entscheidung trägt nicht der Designer allein.

Eine Nichtberücksichtigung der Erwartungen der Benutzer führt oft zu Unverständnis, deshalb ist es notwendig zu wissen, wie weit kann die rational notwendige Produktform dem Benutzer emotional zugemutet werden. Da die Erwartungen des Benutzers durch seine bisherigen Erfahrungen, seinen kulturellen Stand, usw. geprägt sind, entsteht das Problem, daß diese neuen Produkte unter

Umständen abgelehnt werden. Um diese Ablehnung zu vermeiden, gibt der Hersteller (oder der Designer) gezwungenermaßen dem neuen Produkt — das technisch-physikalisch mit dem alten nicht mehr übereinstimmt — eine seiner neuen Struktur nicht entsprechende *alte Erscheinungsform*. Dadurch werden die eingefahrenen Erwartungen weiterhin befriedigt, das Produkt wird akzeptiert. Hierbei entsteht jedoch ein Widerspruch zwischen der rational bedingten Struktur und der formalen Erscheinung. Auf diesen Widerspruch sind u. a. formaler Ästhetizismus und Gestaltungskitsch zurückzuführen, wie z. B. das aus Kunststoffschaum gespritzte Möbelstück, dessen Form von einem aus Holz geschnitzten Vorläufer abgegossen wurde. Es sollte keinen verwundern, daß aus einer solchen Praxis nicht nur ein ästhetisches Chaos, sondern auch eine völlig verzerrte Einstellung zu Umwelt und Natur erwächst. Daß solche und ähnliche Praktiken zu kritiklosem Produzieren und Konsumieren führen, ist nicht zu vermeiden. Auf die hieraus ableitbare Problematik der Absatzwirtschaft kann an dieser Stelle eingegangen werden.

In Anbetracht der ökologischen Notwendigkeiten ist in vielen Lebensbereichen eine Revision der bisherigen Gebrauchsgewohnheiten erforderlich, weil sie nicht mehr den geänderten materiellen und gesellschaftlichen Tatsachen oder Notwendigkeiten entsprechen. Zur Lösung dieser Problematik kann das Design durch seine handlungsprägenden Eigenschaften wesentlich beitragen, insbesondere durch die emotionale Wirkung sinnlich wahrnehmbarer Objektinformationen. Das heißt, wir müssen Produkte entwickeln, die aus diesen veränderten Gegebenheiten entstehen und allerdings weiterhin den Menschen die *Befriedigung auf beiden Ebenen, der rationalen und emotionalen*, ermöglichen. Hierbei ergibt sich die Notwendigkeit, den unter diesen Bedingungen entwickelten Produkten vernünftigerweise neue

Formen zu geben, wodurch neue ästhetische und symbolische Wirkungen entstehen. Die hier dargelegten Beispiele und Gedanken gehören meines Erachtens unverzichtbar zu den Grundlagen der Designausbildung. Sie gewähren einen direkten Zugang zu elementaren Problemen der Produktgestaltung: Wechselwirkung Form — Funktion. Sie schaffen klare Grundlagen für die Gestaltung und vermitteln eine Seh- und Denkweise, auf die kein Produktgestalter verzichten kann. Daß die Entwurfsarbeit schon im Hauptstudium, aber spätestens in der Praxis auch auf einer Reihe weiterer Aspekte beruht, ist selbstverständlich. Bei meinen Ausführungen handelt es sich nur um einen Einstieg durch systematische Formentwicklung in das weite Feld der Designgrundlagen.

Abschließend möchte ich erwähnen, daß das Ziel der Ausbildung das bedürfnisorientierte Design ist. Um dies zu erreichen, sind die Fragen zu untersuchen: für wen, wozu, was und schließlich wie soll ein Produkt geschaffen werden? Hierfür sind Studien notwendig, die die Probleme der Umweltverträglichkeit, der Sozialverträglichkeit sowie des gesellschaftlich-ökonomischen Nutzens erläutern.

Für den Designer heißt es im einzelnen, daß bei der Konzeption nicht nur die konkrete pragmatische Produkt-Benutzer-Beziehung ausschlaggebend ist, sondern daß auch die Frage beantwortet werden muß, welchen Einfluß hat die Gestaltung einerseits auf die Produktion (Arbeitswelt), andererseits auf die soziokulturellen Zusammenhänge.

Da die visuelle Wahrnehmung, die die Form vermittelt, Hinweise gibt auf die durch jeweils bestimmte Formen vertretenen Inhalte, müssen die Zusammenhänge zwischen Form und Inhalt auf ihre Funktionen hin untersucht werden.

Aufgabe des Grundlagenstudiums sind u. a. die Entwicklung einer formalästhetischen Sprache, welche in konkretem *Gebrauchszusammenhang* entwickelt und trainiert werden muß, da ästhetische Eigenschaften nicht isoliert betrachtet werden können. Durch diese Vorgehensweise wird ein nahtloser Übergang in den fachspezifischen Teil des Studiums erreicht.

Die Studenten müssen wissen,

— daß ihre wichtigste Aufgabe die Einbettung der Technik in die kulturellen Zusammenhänge ist,

— daß sie zur Sozialverträglichkeit der Technik wesentlich beizutragen haben und die Bedingungen dafür schaffen, daß der Mensch nicht bloß zu einem angepaßten integrierten Glied des Systems wird, sondern seine Identität behält und sich mit Hilfe der Technik kreativ entfalten kann,

— daß durch die Gestaltung Gebrauchsgewohnheiten beeinflußt werden, wodurch ein direkter Einfluß auf wirtschaftliche Zusammenhänge ausgeübt wird.

Zusammenfassend: Design beeinflußt das Produkt, das Produkt beeinflußt die Gebrauchsformen, Gebrauchsformen beeinflussen die zwischenmenschlichen Beziehungen.

Design ist deshalb kein künstlerisches, kein technisches, sondern ein soziokulturelles Phänomen.

Pan Walther

Sehen, Empfinden und Gestalten — Fotografie elementar

Sie werden fragen, wieso »Fotografie elementar: eine Gestaltungslehre mit Licht«, und warum für die Fotografie und den Film überhaupt eine Gestaltungslehre nötig ist.

Wir Fotografen, zu deutsch Lichtbildner, zeichnen weder mit einem Bleistift, noch mit einem Pinsel, sondern mit einem sehr komplizierten Gerät und nur mit Licht. Übrigens, Leute, die sich mit Fotografie und Film beschäftigen, können eben nicht mit dem Pinsel und dem Bleistift zeichnen, im Sinne der herkömmlichen Methode. Es ist den meisten ein widerliches, lästiges, unnötiges und langweiliges Unterfangen, für sie ein zeitraubender Umweg. Es wird auch überhaupt nicht zum Fotografieren gebraucht und im Vergleich zur Fotografie, dem Zeichnen mit Licht, ist es gerade so, als würde man heute mit dem Pferdewagen nach Rom fahren. Wer mit dem Licht wirklich bildnerisch arbeiten kann, wird dies sofort bestätigen. Wer würde denn für Zeitungen, Zeitschriften heute noch Zeichnungen machen, wenn er fotografieren, also mittels Licht abbilden kann.

Sicher ist auch heute noch die Bauhausgrundlehre in ganz bestimmten Punkten für uns sehr aktuell, nur müssen wir ganz klar unterscheiden, mit welchen Mitteln wir uns ausdrücken. Die Ausdrucksweise sollte genauso exakt und präzise sein, wie dies Itten schon sehr früh formulierte. Er sagte: »Anfänger müssen zur Schulung des scharfen, exakten Beobachtungsvermögens ganz genaue, fotografisch genaue Zeichnungen, auch farbige, nach der Natur machen. Ich will Auge und Hand schulen und das Gedächtnis. Also Auswendiglernen des Gesehenen« (Zitat Itten aus dem Buch »Bauhaus-Pädagogik« von Rainer Wick). Darum ist die Schulung der elementaren Formwerte und der elementarsten Grundsehensweise von außerordentlicher Bedeutung.

Um hier nicht vordergründig zu bleiben und möglichst stark reagieren zu können, brauchen wir die elementare Gestaltungslehre, in der besonders das Erleben und Erkennen, das Empfinden und das Sehen dauernd geübt werden müssen. Allerdings nicht mit Bleistift und Pinsel, sondern mit der Optik und dem Licht. Ein solches Üben sollte schon rechtzeitig in der Schule beginnen, es müßte zur Bildung des Menschen gehören, genauso wie Mathematik, Deutsch und Geographie. Außerdem verhindert es eine Verkopfung des Menschen, denn sonst würden sie ihrer Phantasie und Kreativität beraubt. In unseren Schulen wird Wissen vermittelt, wenn es aber darum geht, dieses Wissen für uns nutzbringend einzusetzen, versagt die Pädagogik. So ist das auch bei der Fotografie. Wie ein guter Schriftsteller mit der Bedeutung der einzelnen Wörter und ihrer Wirkung arbeiten muß, so muß ein guter Lichtbildner die Formensprache seiner Bilder beherrschen. Gestaltung beinhaltet also immer zwei Dinge: Die persönliche Erfahrung, das

Erlebnis mit dem Gegenüber, und die Fähigkeit, dieses Erlebnis entsprechend auf das Silber des Films oder Papiers zu bannen. Die Bildsprache, deren Gesetze uns ja intuitiv vermittelt werden, wie auch die Gesetze der gesprochenen Sprache, müssen wir uns bewußt machen und den Umgang mit ihr neu erlernen. Die Übung gibt uns die Selbstsicherheit im Umgang mit der Technik und mit dem Licht. Hat die Technik ihre eigenen Mechanismen, nach denen sie funktioniert und in die wir nur bedingt eingreifen können, so ist das Licht von unserer leitenden Hand abhängig. Das Licht alleine hat keine gestaltende Bedeutung. Erforderlich ist die Fähigkeit des Fotografen, mit Licht zu arbeiten und es einzusetzen. So wie wir aus einer unstrukturierten Ansammlung von Wörtern und Silben diese mit jeder weiteren Übung zu strukturieren verstehen und am Ende unterschiedlichste Sätze mit unterschiedlichen Aussagen zusammensetzen. Am Anfang stehen ganz einfache und elementare Übungen. Ein guter Lichtbildner arbeitet nicht nur mit dem Auge, sondern auch mit dem Kopf, denn er kann ja nur das fotografieren, was er verstanden hat. Er wird außerdem versuchen, das Verstandene so zu fotografieren und auszuarbeiten, wie er es erlebt hat und wie er es empfunden hat. Genauso wie das Erkennen und das Empfinden geübt werden müssen, so muß auch der Umgang mit den Materialien geübt werden, um damit optimal arbeiten zu können. Unsere Gestaltungslehre kann und darf nichts Formales sein. Gestaltung muß in die Tiefe gehen, denn sie ist ein Dokument unserer Persönlichkeit, genauso wie ein Gedicht oder ein Musikstück. Die Persönlichkeit des Fotografen muß uns aus seinen Bildern ansprechen. Unter diesem Gesichtspunkt sollte jeder Lichtbildner arbeiten.

Einzelheiten über meine pädagogische Praxis finden Sie in meinem 1981 im Verlag Laterna Magica erschienenen Buch »Sehen, Empfinden, Gestalten«. Ich beschränke mich deshalb im folgenden auf einige ausgewählte, knapp kommentierte Unterrichtsbeispiele (Übungen) aus meiner fotografischen Gestaltungslehre, wie ich sie seit über zehn Jahren an der Fachhochschule in Dortmund in der Studienrichtung »Fotografie / Film-Design« unterrichte.

Übung 1: Das Chaos als Chemigramm

Der einfachste Weg, Formen und Strukturen auf das Fotopapier zu bringen, ist das Chemigramm. Man benötigt dazu nur einige Chemikalien wie Kupfersulfat, Natriumsulfid und Blutlaugensalz. Indem man diese Chemikalien auf dem Fotopapier verreibt, verändert sich das Bromsilber. Es entstehen dabei Farben wie Rot, Grün, Gelb oder Blau und kaum zu manipulierende Strukturen und Formen. Das Ergebnis dieser Chemikalien-Experimente mutet unserem Auge zunächst recht chaotisch an. Ich fordere dann die Studenten auf, sich einen kleinen Rahmen aus schwarzer Pappe zu machen und nach möglichst aufregenden Ausschnitten aus diesem »Chaos« zu suchen. So machen sie genau das, was der Mensch seit Anbeginn der Welt mit dieser macht: Er bringt die vorgefundene »Unordnung« in neue, ihm logisch erscheinende Zusammenhänge.

1.—3. Experimentelle Auseinandersetzung mit dem Chaos als Grundübung. Ein Chemigramm mit verschiedenen Chemikalien auf Bromsilberpapier, Fleckwirkung und Struktur sind ungeordnet.
4. Ein sensibles Chaos, das eine Baumscheibe vermuten läßt.
5. Bearbeitung mit Entwickler, Gesicht. Abgrenzung und Fleckwirkung — ein Zufallsergebnis.
6. Räumliches Chaos, Durchdringung. Entwickler und andere Chemikalien wurden auf das Papier aufgetragen, wobei aber schon zuviel gestaltet wurde.

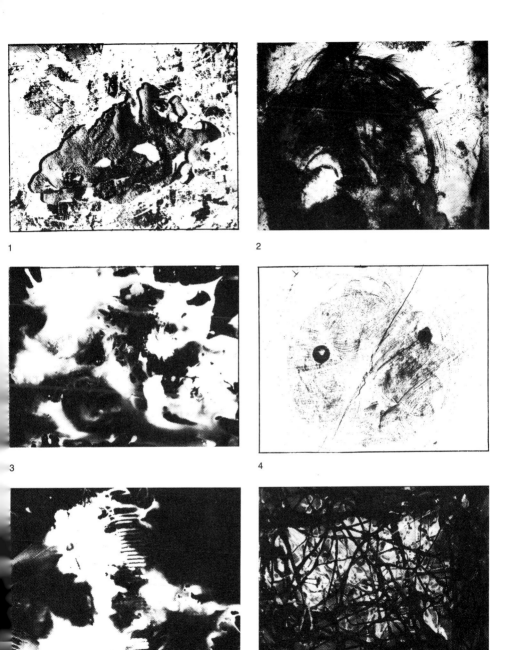

1

2

3

4

6

Übung 2: Das Chaos als Fotogramm

Als klassische Anfängerübung gilt das Fotogramm. Nimmt man diese Arbeit ebenso unvoreingenommen und offen in Angriff, wie dies beim Chemigramm der Fall ist, d. h., verteilt man ohne bewußt ordnenden Eingriff Dinge auf dem Fotopapier, bevor man es belichtet und entwickelt, so kann das Ergebnis ein ähnliches Chaos sein wie beim Chemigramm. Mit dem Unterschied, daß nun nicht Strukturen, Farben und Flecken die Elemente gestalterischer Auseinandersetzung sind, sondern vornehmlich relativ großflächige Formen ohne Binnenstruktur. Indem die Studenten versuchen, in diesem Chaos zu »lesen« und es zu ordnen, entwickeln sie ein sicheres Gespür für Flächen und Kontraste.

1. Bild 2 gespiegelt zusammengesetzt. Die Spiegelung widerspricht dem Zufall
2. Chemikalien auf Papier und Folie
3. Erste einfache Bildentstehung aus Bild 4, wie bei der Klexographie (Schmetterling), Ordnungsfaktor in der Vielfalt
4. Chemikalien auf Folie, durch Druck verändert
5. Scherben auf Fotopapier
6. Der Wald, ein totales Chaos

1

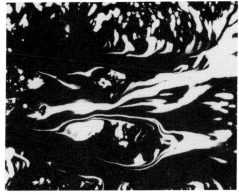

2

3

4

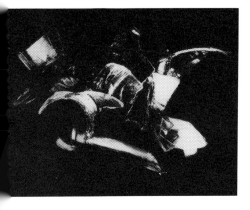

6

Übung 3: Die Struktur

Strukturen finden sich überall. Sie sind ein entscheidender Faktor bei der optischen (und auch taktilen) Wahrnehmung unserer Umwelt. In der Fotografie zeigt sich, daß das Licht für die Abbildung von Strukturen eine große Rolle spielt. Mit ihm kann die Wirkung von Strukturen gesteigert werden, oder es kann dazu beitragen, sie zarter und feiner erscheinen zu lassen. Streiflicht trägt nicht umsonst den Namen »Relieflicht«. Durch das Spiel von Licht und Schatten wird Tiefe in Gegenstände mit unebener Oberfläche projiziert.

1. Verlaufende Struktur, Wasser und Sand
2. Sackleinenstruktur, mit Rissen und Flekken
3. Struktur, Haut eines Tieres
4. Durch Bewegung des Materials entstand eine verwandelte Struktur
5. Verlaufende Struktur, plastisch
6. Korbgeflecht, Struktur

1

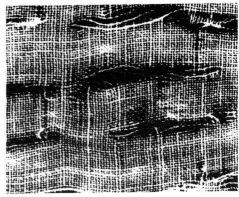

2

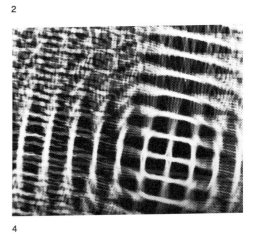

3

4

5

6

183

Übung 4: Tonwerte

Nicht nur Formen und Strukturen spielen in der Fotogestaltung eine wichtige Rolle, sondern auch und vor allem die Tonwerte. Die klassische Grundübung zur Sensibilisierung für Tonwerte ist die in jeder Fotografenausbildung obligatorische Anfertigung eines Graukeils. Um diese allgemein unbeliebte und als unkreativ abgewertete Aufgabe aufzulockern, versuche ich, stärker die Phantasie der Studenten einzubeziehen. Ziel ist es, ein Fabeltier, einen Phantasievogel u. ä. auf das Fotopapier zu bringen, indem man mit Hilfe von Schablonen und unterschiedlichen Belichtungszeiten ein Fotogramm mit differenzierten Grautönen erzeugt. Dabei soll das fertige Bild mindestens über fünf oder sechs Tonabstufungen verfügen.

1. Das Fliegen wurde gut erfaßt, zweimal die Diagonale.
2. Das schnelle Laufen
3. Abstürzen
4. Zwar sehr klar im Umriß, aber kaum Tonwerte
5. Fliegen; die fehlenden Teile werden optisch ergänzt.
6. Flatternder Wolkenvogel

1

2

3

4

5

6

Übung 5: Der Umriß

Jeder Gegenstand, jede Person hebt sich von der Umgebung ab, und zwar nicht nur durch Farbe oder Oberflächenstruktur, sondern vor allem durch den Umriß. Es kann für die Gestaltung entscheidend sein, wie deutlich dieser Umriß herausgearbeitet wird. Um dies zu üben, lasse ich die Studenten mit Schablonen experimentieren: Die durch die Schablone definierte Fläche soll mit einer Struktur gefüllt werden, während das Umfeld neutral weiß oder schwarz bleibt. Und umgekehrt soll die Umgebung der Schablone mit einer Struktur versehen werden, während die eigentliche Form ohne jede Struktur bleibt. Dabei machen die Studenten die Erfahrung, daß eine willkürliche Fläche nicht mit einer willkürlichen Struktur gefüllt oder umgeben werden kann. Weiterhin wird klar, daß der Umriß und das gewählte Bildformat in einem guten proportionalen Verhältnis zueinander stehen müssen.

1. Eine ganz einfache Grundübung von symmetrisch gleichen Formen.
2. Das gleiche wie oben: Das Weiß auf dem schwarzen Grund wirkt größer.
3. Verwerfung: Das Schwarz wirkt hier kleiner als das Weiß.
4. Die gleichen Formen, nun aber vollkommen aufgelockert und auf das Blatt verteilt. Es wirkt sehr verspielt.
5. Eine Baumform mit Baumstruktur, dennoch keine Einheit zwischen innerer Struktur und Kontur, sondern ein unausgewogener Flächenbezug.
6. Wieder eine Baumform mit Baumstruktur, wobei hier der Umriß der Struktur entspricht und das Verhältnis zwischen Figur und Grund ausgewogener wirkt.
7. Der Umriß wird angefressen, ist unklar und zu knapp im Raum.
8. Auflockerung von Umriß und Struktur

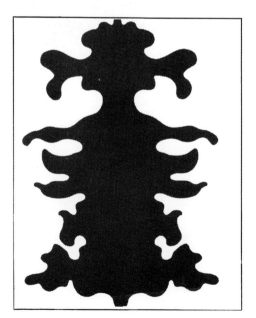

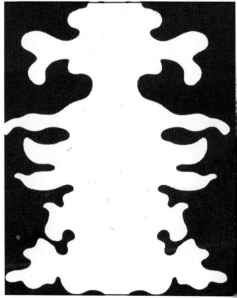

1

2

3

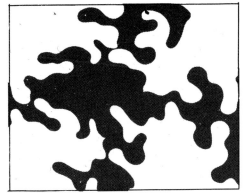

4

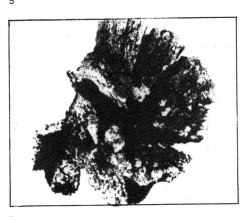

5

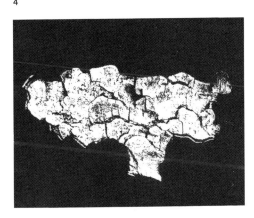

6

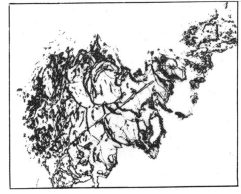

7

8

Übung 6: Feste Formen sehen und verwandeln

Ziel dieser Übung ist es, die vielfältigen Möglichkeiten der Veränderung vorgegebener oder vorgefundener Formen kennenzulernen bzw. experimentierend zu entdecken. Formveränderungen können nicht nur durch einen Perspektivwechsel bereits während der Aufnahme, also direkt, erzielt werden, sondern auch indirekt über den Umweg in der Dunkelkammer. So läßt sich das Negativ durch einfaches Umkopieren verhärten, man kann es solarisieren oder ein Positiv und ein Negativ übereinanderkopieren und dabei leicht verschieben. Man kann auf Raster zurückgreifen oder das Motiv seitenverkehrt nebeneinanderkopieren und dadurch symmetrische Gebilde aufbauen, die kaum mehr etwas mit der Ausgangsform zu tun haben.

Umwandlung der Fotografie eines Olivenbaumes:
1. Einfache Verhärtung
2. Einfache Verhärtung mit Einlage eines feinen Rasters
3. Mehrfachpseudosolarisation
4. Negativ und Positiv sind minimal gegeneinander versetzt, wodurch eine plastische Wirkung erzielt wird.

1

2

3

4

Übung 7: Die räumliche Tiefe

Obwohl das Fotopapier wie jedes andere Stück Papier nur zwei Dimensionen hat, also flächig ist, hat der Fotograf — wie auch der Maler — zahlreiche Möglichkeiten, den Eindruck räumlicher Tiefe zu erzeugen. So etwa durch die Gegenüberstellung von Groß und Klein, durch den Kontrast von Hell und Dunkel und durch die Nutzung der Linearperspektive. Die Illusion von Räumlichkeit kann sowohl bei der fotografischen Aufnahme selbst erzielt werden, als auch bei der Arbeit in der Dunkelkammer durch Benutzung von Schablonen und durch Mehrfachbelichtung des Fotopapiers.

1. Die Räumlichkeit wurde durch Linearperspektive erreicht (Zentralperspektive).
2. Durch stärkeres Kontrastgefälle im Hell-Dunkel-Bereich verstärkt sich der Raumeindruck.
3. Umkehrung von 1. Der helle Bildgrund scheint weniger tief und das Gitter weniger dicht. Das Mittelquadrat drängt nach vorne.
4. Das lineare Gitter weicht verstärktem Hell-Dunkel-Verlauf und scheint mit dem verkleinerten Mittelquadrat räumlich einen tiefen Schacht freizugeben.
5. Eine Originalaufnahme von Betonbaupfeilern.
6. Hier ist von der Originalaufnahme ein Dia auf hartem Material mit einem Raster zusammenkopiert.

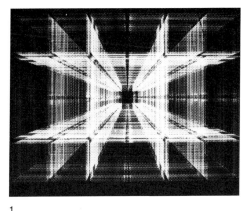

1

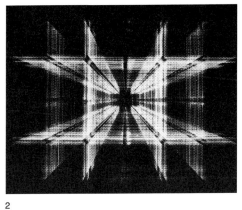

2

3

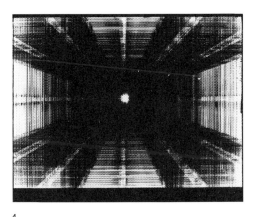

4

5

6

Übung 8: Die Bewegung

Bewegung ist ein grundlegendes Lebens- und Gestaltungsprinzip. Die Fotografie verfügt über die Möglichkeit, Bewegungen für den Bruchteil einer Sekunde einfrieren zu können. Sie kann genauer hinsehen, als dies dem menschlichen Auge möglich ist. Aber wie ist es, wenn wir die Bewegung nicht als eingefrorene Geste, sondern als Prozeß darstellen wollen? Dann muß der Fotograf die Belichtungszeit verlängern.

Bewegung von Kreisen im Kreis, Bilder 1—4. Rotieren nach innen und außen, nach rechts und links, durch Verschiebung und Drehen im Kreis. Bei Bild 1 mit fester und bei den späteren Bildern immer stärker verlaufender Grauabstufung durch mehr Drehung.

Thema Raupe: Langsame Bewegung, schnelle Bewegung, Vogel (Bilder 5—10). Das Ganze wurde erreicht durch mehrfaches Aufsetzen einer Bleistiftlampe und deren Verziehen auf dem Fotopapier.

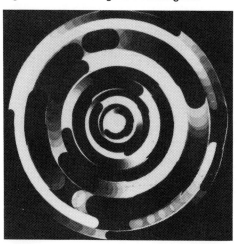
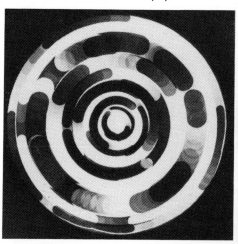
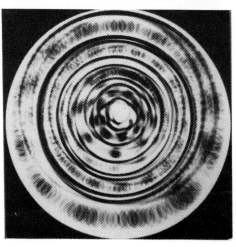
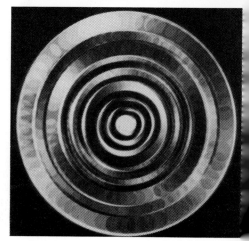

5

6

8

10

Übung 9: Das Muster

In unserer unmittelbaren Umgebung finden sich die vielfältigsten Muster. Sie zu erkennen und mit ihnen gestalterisch zu arbeiten, gehört mit zu den Zielen meiner Foto-Grundlehre. Um auf foto - grafischem Wege eigene Muster zu entwickeln, empfehle ich den Studenten, von einem möglichst grafischen Foto auszugehen, die Papierabzüge zu zerschneiden und neu zusammenzusetzen. Dabei können Muster von großen formalen Reizen entstehen, aber auch monotone Spielereien. Dies hängt vom Ideenreichtum und dem Einfühlungsvermögen des Gestalters ab, der die Fähigkeit entwickeln muß, zu abstrahieren und aus einzelnen Bildelementen schon vorher deren Gesamtwirkung als Collage abzusehen.

1. Eine Negativ/Positiv-Komposition als Ansatz zu einem Muster
2. Aus dem gleichen Grundnegativ nun eine Kombination: der Beginn eines Musters.
3. Ein sehr zartes feines Muster. Verwendet wurde eine Struktur, die über eine Solarisation gemacht wurde.
4. Hier wurden Negativ und Positiv zusammen verwendet.
5. Hier hat die Musterung etwas sehr Durchdringendes und wird so etwas räumlich.
6. Das vorherige Material wurde weiter verwandelt und verfeinert.

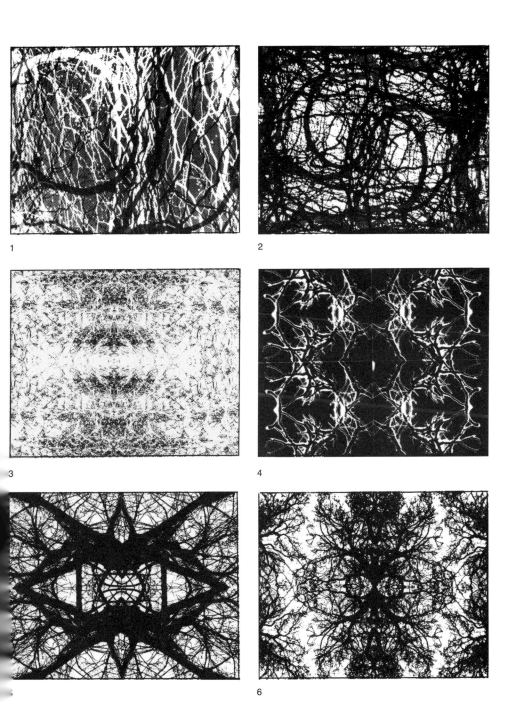

1

2

3

4

6

Übung 10: Reihung, Häufung und Streuung

Reihung, Häufung und Streuung sind grundlegende Möglichkeiten, dem formalen Chaos (siehe die ersten Übungen) zu begegnen. Die Reihung ist das einfachste Ordnungsprinzip, ein Ordnungsprinzip, das allerdings eine inhaltliche Entsprechung haben muß, um nicht nur Formalismus zu bleiben. Andere einfache Ordnungsmöglichkeiten, die die Monotonie der Reihung aufbrechen und zu einer Lockerung und Dynamisierung des Bildes führen können, sind die Häufung und die Streuung. Finden diese Prinzipien nicht im Dunkelkammerexperiment, sondern in der Kamerafotografie Anwendung, so ist nicht nur die Suche nach dem richtigen Standort, sondern auch der Einsatz der richtigen Brennweite von großer Bedeutung.

1. Eine Reihung ganz einfacher Art
2. Eine über die ganze Fläche zur Mitte hin starke Häufung
3. Eine nach außen hin wirbelnde Streuung
4. Reihung
5. Reihung und Häufung
6. Häufung und Streuung

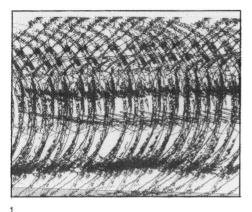

1

2

3

4

5

6

Eine abschließende Übung: Die Lichtformgebung

Lichtformgebung bedeutet den bewußten Einsatz von Licht, um Strukturen und Formen eines Objektes fotografisch genau zu erfassen. So muß zum Beispiel eine Orange in der Weise beleuchtet und fotografiert werden, daß die typische Apfelsinenhaut zu erkennen ist. Streiflicht macht die Strukturen der zu fotografierenden Gegenstände erst richtig sichtbar, während eine frontale Beleuchtung das Motiv flach und langweilig werden läßt.

Bei der Übung auf S. 199 kann man sich zu einem Zauberer entwickeln. Aus einem weißen Nichts heraus entsteht ein Ei, eine weiße und eine schwarze Scheibe. Diese Übung ist sehr wichtig, weil die Studenten erkennen können, was man alles mit dem Licht machen kann, wie vollkommen falsch oder wie gut, wie richtig, man es einsetzen kann.

Die weiße Gipsform, Abb. 5, mit flachem Licht zeigt, wie stark der weiße Gips reflektiert, aber so gut wie nichts von der Form der Plastik ist vorhanden; alles wirkt flach.

Abb. 6. Die Form kommt durch die Anwendung des Lichts sehr gut und plastisch heraus, sogar etwas übersteigert, durchdringend. Das ist nun ein sehr wichtiger Punkt: Wie weit darf man mit dem Licht gehen, daß es nicht zu einer zu effektvollen Wirkung kommt (Effekthascherei)? Bei allen Sachaufnahmen ist das Material das wichtigste. Holz, Metall, Kunststoff usw. müssen gut wiedergegeben werden, selbst wenn diese Werkstoffe bearbeitet wurden ist entscheidend, daß dies auch gut sichtbar wird.

Das sehen wir in Abb. 7 und 8 sehr gut. Die Form wird bei Abb. 7 geradezu aufgehoben (vergleichen Sie dazu die Aufnahmen der Eier).

Abb. 8 zeigt durch das Relieflicht die Form der Plastik sehr gut.

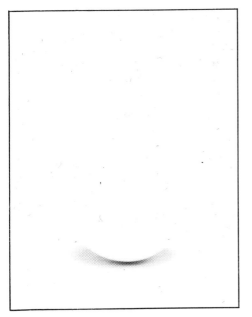

1

2

3

4

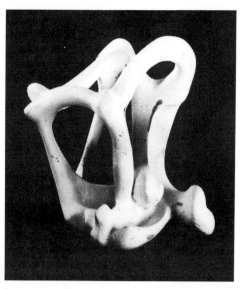

5

6

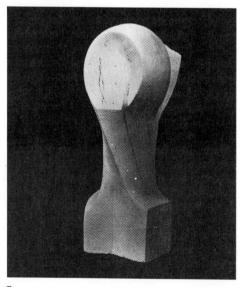

7

8

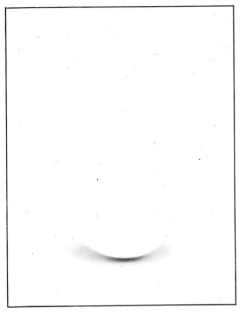

1

2

3

4

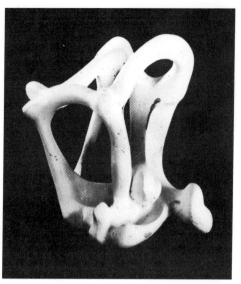

5

6

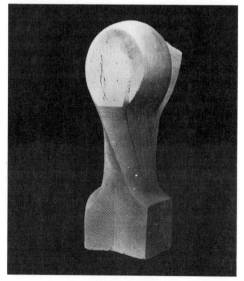

7

8

Rolf Lederbogen

Ist die Bauhaus-Pädagogik aktuell?

Erfahrungen mit dem Institut für Grundlagen der Gestaltung in Karlsruhe

Die Fragebeantwortung setzt voraus, daß der Antwortende sich ausführlich mit dem pädagogischen Programm des Bauhauses beschäftigt hat, sie setzt ferner voraus, daß er einen vollständigen Überblick über die pädagogischen Bemühungen in der augenblicklichen künstlerischen Erziehung besitzt, und daß er schließlich seine eigenen Beiträge in diesem Rahmen analysiert. Ein schweres Unterfangen.

Mein Beitrag bezieht sich auf die Ausbildung von Architekturstudenten, und hier wiederum auf die Grundlagen der Gestaltung. Ich bringe daher nur einen Teilaspekt zur Frage: »Ist die Bauhaus-Pädagogik aktuell?« Die Frage ist schwer zu beantworten. Es gibt kein klares *Ja* und auch kein klares *Nein!*

Meine Ausführungen sind in drei Abschnitte gegliedert. Im Vorspann werde ich Studienbeispiele eines Studenten der Karlsruher Technischen Hochschule um die Jahrhundertwende bringen. Diesen werde ich Hinweise aus dem Bauhaus-Programm gegenüberstellen. Der größere zweite Abschnitt nach diesem Vorspann gilt dem Bericht von Lehrergebnissen in den »Grundlagen der Gestaltung« in Karlsruhe. Den dritten beschließenden Teil werde ich wiederum dem Bauhaus-Programm widmen, die augenblickliche Situation in Karlsruhe und die sich daraus ergebenden Forderungen darstellen.

1. Teil. Vorspann

Vor kurzem entdeckte ich ein Konvolut nahezu sämtlicher Studienarbeiten, die ein Student um die Jahrhundertwende in Karlsruhe an der Technischen Hochschule bis zum Diplom angefertigt hatte. Ich zeige einige Beispiele daraus und stelle Arbeiten seiner jeweiligen Vorbilder gegenüber. Zunächst fertigte der Student trockene Naturstudien mit den geometrischen Archetypen an, danach eine sorgfältig und liebevoll kolorierte Arbeit für das Fach Baukonstruktion, und im Wintersemester 1897/98 eine Bauaufnahme der Gesimsecke am Palazzo Strozzi in Florenz (Abb. 1). Er wird nicht selber dort gewesen sein, sondern wie üblich nach vorhandenen Unterlagen dieses Blatt ausgearbeitet haben. Sein Lehrer, der links unten diese Arbeit testierte, hatte selber 30 Jahre zuvor eine Fülle von Reiseskizzen hergestellt und als Musterblätter herausgebracht.

Es folgte ein Blatt aus der Reihe »Säulenordnungen der Griechen« im Sommersemester 1898. Sein Lehrer Josef Durm bewies die Wichtigkeit solcher Studien mit dem Erweiterungsbau der Karlsruher Kunsthalle 1893—96 (Abb. 2). Die Diplomarbeit von 1903 des hoffnungsvollen Studenten schließlich zeigt ein Zirkusgebäude in Karlsruhe (Abb. 3). Im Hintergrund sind links die Türme des Rathauses und rechts der evangelischen Stadtkirche von Friedrich Weinbrenner zu sehen. Der

1

3

2

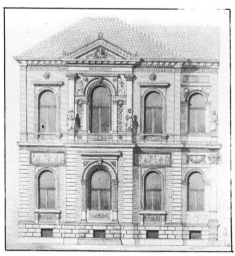

Entwurf ist eine Verbeugung an den Karlsruher Architekten, der 1808 die evangelische Kirche Sankt Stephan baute (Abb. 4). Abschließend noch ein perspektivisches Bild des Zirkusprojektes (Abb. 5). So rückgewandt und an Friedrich Weinbrenner orientiert, wie es auf den ersten Blick erscheint, war die Arbeit aber nicht. Wenige Jahre später nämlich baute Wilhelm Kreis auf der IBA (Internationale Baufach-Ausstellung 1913 in Leipzig) den Betonpalast mit Kuppelbau und griechischem Portikus (Abb. 6).

Aus diesen wenigen Blättern und den Vergleichen zu den Arbeiten der Lehrer können wir das pädagogische Programm der Architekturabteilung in Karlsruhe um die Jahrhundertwende deutlich ablesen: Starke Orientierung an historischen Vorbildern mit der sorgfältigen Aufnahme des historischen Repertoires, auf der anderen Seite eine starke Anlehnung an die Lehrer. Das ganze Programm ist akademisch trocken und ohne großen Spielraum für die Entfaltung des einzelnen Studierenden.

Im Vergleich dazu das Bauhaus-Programm etwa zwanzig Jahre später. Ich will mich im Rahmen des Vorspannes auf wenige Hinweise zur Bauhaus-Pädagogik begrenzen.

4

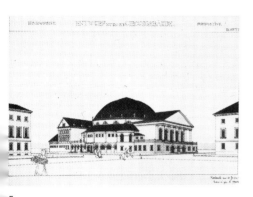

5

Der Stundenplan des Wintersemesters 1921/22 zeigte ein ausgefülltes Programm bis zum Samstagabend. Solch ein Stundenplan wäre nach unseren heutigen Begriffen illusorisch. Welcher Lehrer wäre bereit, am Samstagnachmittag von 17.00—19.00 Uhr Unterricht zu halten (es war damals Itten), und welcher Student gar würde kommen? Der Semesterplan aus Dessau vom Wintersemester 1928/29 war ebenfalls prall gefüllt. Beide Pläne aber zeigen, und deswegen bringe ich diese wichtigen Beispiele, keine Hinweise auf eine historische Vorlesung, Übung oder ähnliches. Der ganze historische Ballast war über Bord geworfen worden! Würde ich hier anhalten und sagen, die Bauhaus-Pädagogik ist auch heute voll aktuell, könnte ich folgerichtig jegliche Weiterbeschäftigung mit diesem inzwischen historischen Thema ablehnen. Was interessiert es mich, welch ein pädagogisches Programm vor 60 Jahren aufgestellt und vor 50 Jahren liquidiert wurde?

Die bekannten Bilder, Studienarbeiten aus der Grundlehre bei Itten 1921 oder die Steinbildhauerei im Bauhaus Weimar 1923, zeigen zwei weitere Aspekte sehr deutlich: Die Arbeiten sind an der zeitgenössischen Kunst angebunden und sie sind eng an den Arbeiten der Meister orientiert. In der Bildhauerwerkstätte steht zum Beispiel vorne rechts eine Skulptur von Oskar Schlemmer. Im selben Kanon bewegen sich die Gesellenarbeiten. In diesen Beziehungen ist das pädagogische Programm des Bauhauses nicht von dem zu unterscheiden, was ich eingangs aus der Jahrhundertwende von Karlsruhe brachte: nämlich die Orientierung an den zeitgenössischen Tendenzen und die Anlehnung an die Arbeiten der Lehrer. Während man zu dem ersteren Teil sagen kann, daß diese pädagogische Ausrichtung immer aktuell und nicht Bauhaus-typisch ist, habe ich bei dem zweiten Aspekt »Anlehnung an die Arbeiten der Meister« starke Bedenken.

2. Teil. Lehrergebnisse

Ich komme zum Bericht über die Arbeit in Karlsruhe. Das Konzept der Fakultät für Architektur zeigt einen grundsätzlichen Unterschied zu dem Bauhaus-Programm. Während nach der Skizze von Paul Klee über Idee und Struktur des Bauhauses von 1922 die Vorlehre obligatorisch von allen Studierenden zunächst durchlaufen werden mußte, um sich erst dann zu einem bestimmten Fach entscheiden zu können, und während das Studienziel »Bau und Bühne« nur allgemein gehalten ist, hat sich der Studienanfänger in Karlsruhe von vornherein entschieden, Architektur zu studieren. Eine grundsätzliche Differenzierung in bestimmte Fachgebiete an Stelle der Architektur gibt es nicht. Ferner sind die Grundlagen der Gestaltung nicht als Vorlehre vorgeschaltet — durch die man sich wie in dem Märchen durch den Kuchenberg hindurchfressen mußte, um schließlich in das Paradies zu gelangen —, sondern die vier hauptsächlichen Lehrgebiete Grundlagen der Gestaltung, Konstruktion, Statik und Geschichte laufen parallel, überschneiden sich teilweise und

dienen dem gemeinsamen Ziel des komplexen Entwerfens (Abb. 7). Wir meinen, daß die Parallelität verschiedener Fächer nicht nur im Studienablauf lebendiger für den Studierenden ist, sondern daß sich durch die Beschäftigung mit verschiedenen Bereichen automatisch ein Übertragen der Kenntnisse eines Faches in ein anderes Fach ergibt: Synthese. Somit ist die Bauhaus-Pädagogik *nicht* mehr aktuell.

In dem Fach Grundlagen der Gestaltung werden gleichzeitig drei Lehrziele verfolgt:
— Das Kennenlernen und Handhaben der Gestaltungsmittel: Stärken der Sensibilität.
— Das Umsetzen von einer Dimension in eine andere Dimension: Training der Raumvorstellung.
— Das Anwenden der abstrakten Gestaltungsmittel und Erweitern der gewonnenen Kenntnisse in konkreten Aufgaben: Projektarbeit.
Zu diesen drei allgemeinen Lehrzielen kommt das Erkennen der eigenen Stärken und Fähigkeiten des Studierenden hinzu. Alle diese vier Lehrziele werden artikuliert auf das Ausbildungsziel des Architekten hin: »Grundla-

7

8

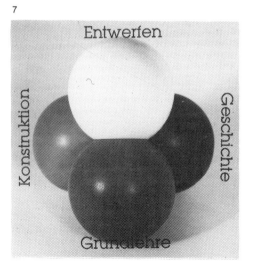

gen der Architektur«. Wenn man dabei beachtet, daß das Hauptgewicht auf dem Selbermachen, dem Selberproduzieren, liegt und hierfür drei Werkstätten Holz, Metall (Abb. 8) und Keramik mit guter Ausstattung und unter Leitung von Fachmeistern zur Verfügung stehen, wird man Parallelen zu dem allgemeinen Konzept der Grundlehre am Bauhaus finden und die Frage »Ist die Bauhaus-Pädagogik noch aktuell?« mit *Ja* beantworten.

9 10

11 12

3 14

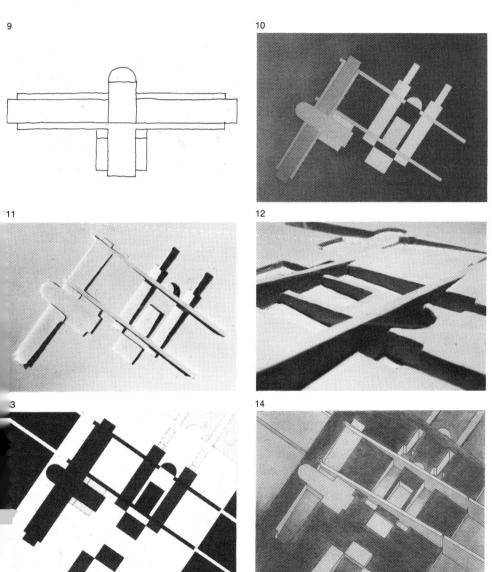

Ich werde nun aus dem zweijährigen Studienprogramm wenige Beispiele im zeitlichen Ablauf zeigen. Dabei soll deutlich werden, daß außer dem Kennenlernen und Handhaben der Gestaltungsmittel immer wieder die Umsetzung von einer Dimension in eine andere und nach Möglichkeit auch die Anwendung in einem »Projekt« verfolgt wird.

Begonnen wurde mit einer in ihrer Gestalt bestimmten Fläche (Abb. 9). Der Aufbau der gegebenen Gestalt, ihre Proportionen und die Größe ihrer Einzelelemente waren zu analysieren. Daraus war dann eine Ergänzung der Gestalt in der Weise zu entwickeln, daß ein gleichgroßer Flächeninhalt hinzu kam. Die vorhandenen Elemente und Proportionen waren dabei zu verwenden, während die Ausgangsfigur unverändert blieb (Abb. 10).

Das Ganze sollte als neue Gesamtfigur in ein gegebenes Blattformat gesetzt und bei dieser Gelegenheit sollten auch einfache Zeichentechniken ausprobiert werden. Dieses Ergebnis konnte als Grundriß betrachtet und entsprechend der farblichen Ausarbeitung als Relief fortgesetzt werden. Die dunkelsten Farbabstufungen erschienen für das Relief am niedrigsten, die hellsten Abstufungen dagegen am höchsten (Abb. 11 und 12). Als dritter Schritt war zu der erfundenen Figur ein korrespondierender Umraum zu bestimmen. Auch hier sollten die typischen Merkmale der ersten Konzeption angewandt werden (Abb. 13). Das Ganze wurde schließ-

15

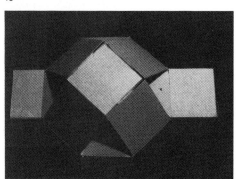

16

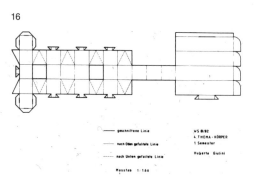

17

18

lich in einer Parallelprojektion als Ausschnitt der Gesamtkomposition, wiederum zum Kennenlernen von Darstellungstechniken, umgesetzt (Abb. 14).

Zusammenfassend eine angewandte Aufgabe: Aus einem ebenen Karton war durch Biegen, Falten und Stecken ein dreidimensionaler, in sich stabiler Körper herzustellen (Abb. 15). Der Körper hatte innen zwei Unterteilungen aufzuweisen. Das Ganze mußte ohne zusätzliche Halterungen und ohne Kleben, nur durch Falten und Ineinanderstecken, entstehen. Das abgewickelte Schnittmuster

war in kleinerem Maßstab auf einem gesonderten Blatt darzustellen (Abb. 16).

Der nächste Arbeitsabschnitt stand unter dem Thema »Körper«. Zunächst war ein körperhaftes Objekt zu entwickeln, das eine Reihe von Bedingungen zu erfüllen hatte, zum Beispiel aufsteigende Ausbildungen mit drei Zonen: Fußzone oder Sockelzone, Schaft oder Rumpf, Kopf oder Krone. Dazu vertikale Reliefierungen, horizontale Gliederungen und ähnliches, das die aufsteigende Ausrichtung des Objektes unterstützen sollte (Abb. 17).

Wichtig erscheint mir, daß solche Objekte in eine andere Umgebung oder Situation gestellt werden, um ihren Modellcharakter zu verfremden. Besonders eine landschaftliche Umgebung verändert den Maßstab der Objekte (Abb. 18).

Als nächster Schritt war zu dem körperhaften Objekt des vorhergehenden Themas ein Gegenkörper zu entwickeln. Dieser sollte in seiner Gestalt mit dem ersten Objekt korrespondieren, zum Beispiel Ähnlichsein, Ummanteln oder Integrieren. Zunächst eine zeichnerische Lösung des ersten Körpers (Abb. 19), dazu eine Modellausführung (Abb. 20), dann mit dem Gegenkörper (Abb. 21).

19

Im folgenden Abschnitt »Innenraum« waren als Problemstellung zunächst zwei verschiedene Systeme zu entwickeln, die innerhalb eines Ganzen gleichzeitig und gleichwertig integriert sein sollten: Simultaneität. Innerhalb einer Struktur war eine Abfolge einer kleineren Raumgruppe zu entwerfen. Diese Raumgruppe sollte mit einer zweiten Raumgruppe überlagert werden. Beide Systeme mußten sich durchdringen, die Räume sollten von außen Licht erhalten. Die Farbgebung konnte die Differenz der Systeme aufheben oder unterstreichen (Abb. 22). Das Modell einer anderen Arbeit zeigt schon in der äußerlichen Gestalt die Überlagerung und Durchdringung zweier gleichwertiger Systeme (Abb. 23), in der Innenausbildung wird dies durch zusätzliche lineare Elemente aber noch gesteigert (Abb. 24).

In der nächsten Aufgabe war ein Innenraum zu entwerfen, der von außen Licht erhält. Zwei bis drei Teile der Wände, des Bodens und der Decke waren als bewegliche Körper auszubilden. Nach dem Bewegen dieser Teile konnten neue Raumfiguren mit veränderter Lichtführung entstehen. Die Veränderungen waren durch unterschiedliche Oberflächen und Farbgebung zu steigern (Abb. 25 und 26).

Auch hier wurde der Abschnitt »Innenraum«, mit den Überlagerungen verschiede-

ner Systeme und der Veränderungsmöglichkeit in eine angewandte Aufgabe, nämlich in ein Bühnenbild, übertragen. Gegeben war die Bühne des Kleinen Hauses im Karlsruher Staatstheater, zur Auswahl standen drei verschiedene Schauspiele. Die Abbildungen zeigen Variationen zu dem Schauspiel »Ich will ein Kind haben« von Serge Tretjakoff (Abb. 27 und 28).

Im letzten Teil des Lehrprogrammes werden alle die Erfahrungen gesammelt und in einem konkreten Projekt angewendet. Es wird hiermit der Rahmen einer allgemeinen Lehre für Gestaltung verlassen. Die Lösungen interessieren in diesem Zusammenhang sicherlich nicht so sehr. Dennoch bin ich der Auffassung, daß es zu den Lehraufgaben nicht nur gehört, Vokabeln und grammatikalische Regeln zu lehren, sondern daß auch die Anwendung und Übersetzung in andere Situationen innerhalb einer pädagogischen Aufgabe zu leisten ist.

Das Projekt wurde mit der Akademie der bildenden Künste Karlsruhe abgesprochen. Diese Hochschule besitzt einen verwilderten Park, in dem während des Sommers die Bildhauer-Studenten arbeiten. Hier war unter dem Oberthema »Außenraum« eine Sommerausstellung von Skulpturen der Lehrer und Absolventen zu planen. Es war ein Katalog von Arbeiten der aktiven Lehrer, ehema-

208

20

21

22

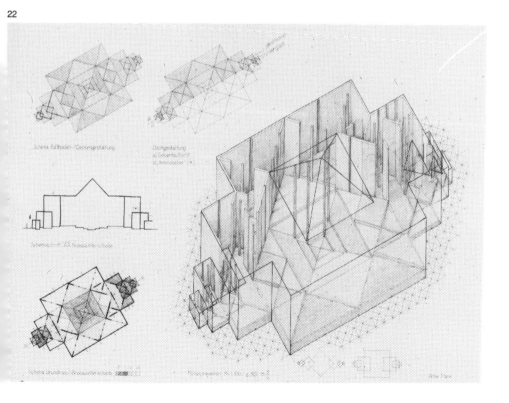

lger Absolventen und auch ehemaliger, noch im Karlsruher Raum arbeitender Lehrer zusammengestellt worden. Die Parksituation war zunächst zu analysieren, ebenso die auszustellenden Objekte. Nach dieser Vorarbeit war der Skulpturengarten mit Erschließung, Raumbildung und Aufstellung der Objekte zu entwerfen.

23

24

25

26

27

28

3. Teil. Schluß

Ich komme zum Schluß meiner Ausführungen. Das Konzept der Karlsruher Grundlagen für Gestaltung fasse ich noch einmal zusammen: Auf Abbildung 29 ist in der horizontalen Abwicklung der Zeitfaktor zu sehen: Aufbauend auf den Darstellungstechniken mit Plangrafik und Modellbau führen die Grundlagen der Gestaltung von Fläche und Relief zu Körper und Raum. Jeder dieser Abschnitte, und damit komme ich zu der vertikalen Einteilung, folgt der Methodik: Kennenlernen der Materialien und Elemente, Umsetzen in Zweidimensionalität und Dreidimensionalität und Anwendung in einem Projekt.

Die Abbildung 30 zeigt eine mögliche Erweiterung über den engen Rahmen einer Diplomprüfungsordnung hinaus.

Ich habe hier Spitzenergebnisse gezeigt, die natürlich ein übersteigertes Bild geben. Es fehlen Beispiele nicht gelungener Arbeiten, es fehlen auch sogenannte Pflichtlösungen, die nur widerwillig unter Zwang wegen des Diplomzeugnisses angefertigt wurden. Es fehlt aber vor allem das breite Spektrum der vielen annehmbaren und guten Lösungen. Diese würden demonstrieren, daß es selbst bei enger Aufgabenstellung und unter Beachtung der Spielregeln in der Gestaltung so viele richtige Lösungen gibt, wie potente Teilnehmer sich einsetzen. Es ist also nicht möglich, wie in den exakten Naturwissenschaften oder in der Geschichtswissenschaft, daß eine Lösung richtig oder falsch ist. Jeder, der als Preisrichter in einem Wettbewerb teilgenommen hat, kennt dieses Bild.

Ich möchte aber die Bilder mit den Spitzenergebnissen noch steigern. Ich will das mit idyllischen Aufnahmen ergänzen: Das Arbeiten in der Holzwerkstätte und in der Metallwerkstätte (Abb. 8), Studenten auf Exkursionen im benachbarten Lothringen und nach Frankfurt während des Sommers. Das sind Idyllen, die Realität sieht aber anders aus:

Bis 1970 wurden pro Jahr in einem besonderen, hochschuleigenen Zulassungsverfahren circa 50 Studenten pro Jahr zugelassen. Da das Grundlagenprogramm über zwei Studienjahre lief, hatte ich zwei Kurse parallel mit je 50 Studenten, einer Summe also von 100 Studenten, zu betreuen. Die Zulassungsziffer wurde auf Grund der Kapazitätsverordnung bis 1980 auf das Doppelte erhöht. Die Zulassung erfolgt seitdem nicht

29

GRUNDSTUDIUM

Darstellung	Gestaltungslehre		
1. Plangrafik · Modellbau	2. Oberflächen	3. Körper	4. Raum

←———————————————————————————————→

Methodik	Wahrnehmung	Wahrnehmung	Wahrnehmung
Zweidimensional	Materialien	Volumen	Innenraum
Dreidimensional	Farben + Formen	Licht	Außenraum
Geometrie	Textur	Bewegung	Licht
Naturstudium	Struktur	Umraum	Bewegung
Typografie			
Repro-Technik	Darstellung	Darstellung	Darstellung
Anwendung	Projekt	Projekt	Projekt

mehr über ein Verfahren mit Nachweis der gestalterischen Befähigung durch die Hochschule selbst, sondern zentral über die Quernote des Abiturs ausschließlich durch den Computer. Landeskinder und Heimschläfer erhalten Bonus. Der Lehrkörper für das Fach »Grundlagen der Gestaltung« setzte sich zusammen aus den beiden Handwerksmeistern für Holz und Metall, drei wissenschaftlichen bzw. künstlerischen Assistenten und einem Professor. Ab Wintersemester 1983/84 wurde die Zulasssungsquote nochmals erhöht auf rund 150 Studenten, so daß diese sechs Lehrpersonen bei gleichbleibenden Werkstattgrößen, bei gleichbleibendem Etat und in denselben Räumen insgesamt 300 Studenten zu betreuen haben würden. Eine der wissenschaftlichen Angestelltenstellen wurde jedoch gestrichen. Stattdessen teilen sich zwei Mitarbeiter nun eine der verbleibenden zwei Stellen. Sie sind nur noch teilzeitbeschäftigt. Der Schreinermeister scheidet aus Altersgründen aus. Die Wiederbesetzung der Stelle ist für ein Jahr lang gesperrt. Das Fach ist in der Konstitution nicht mehr lehrbar.

Komme ich zurück auf die Frage »Ist die Bauhaus-Pädagogik aktuell?« und sehe hierzu mir zwei Bilder an, nämlich das Foto der Metallwerkstatt in Weimar 1924 mit Moholy-Nagy und Dell in der Mitte, umgeben von allen Lehrlingen, ferner die Anzeige aus Dessau »Unsere Bauhäusler — 170 Studierende«, so haben wir hier eine der wesentlichen Voraussetzungen für das Gelingen einer Gestaltungslehre: Die kleine Zahl in der Werkstatt, die kleine Zahl in der gesamten Hochschule.

Ich fasse zusammen:

Abzulehnen ist der isolierte Vorkurs ohne bestimmtes Ausbildungsziel als Vorhof für die höheren Weihen.

Abzulehnen ist außerdem die Bindung der Lehre an die persönlichen Arbeiten des Lehrers.

Schließlich ist die »Geschichtslosigkeit« des Bauhaus-Programmes abzulehnen.

Aktuell ist, außer den allgemeinen Regeln eines jeden pädagogischen Programmes:
1. »Subjektives Erleben und objektives Erkennen führen zu künstlerischen Gestaltungsfähigkeiten hin: unauflösbarer Bedingungszusammenhang. Ganzheit. Ganzer Mensch« (Johannes Itten).
2. Integration von Kunst und Technik.
3. Handwerksausbildung mit Abschluß.

STUDIENKONZEPT GRUNDLAGEN DER GESTALTUNG

Vorstudium	Grundstudium	Vertiefung	Nachstudium
für Externe vor Berufswahl	Pflichtfach	Wahlpflichtfach	für Externe aus dem Beruf
Vorbereiten Nachholen Trainieren	Darstellungsmethoden Gestaltungslehre Nachholen	Einzelgebiete Projekte Kooperation	Rekapitulation Neue Methoden Trainieren
Werkstattkurse	Werkstattkurse	Werkstattkurse	Werkstattkurse
Praktikum	Vordiplom	Hauptdiplom	

4. Kleine Studentenzahlen in den Abteilungen und kleine Studentenzahlen in der ganzen Hochschule.
5. Zulassung durch die Hochschule bei Voraussetzung einer gestalterischen Befähigung und bei Vorkenntnissen.

Folgende Punkte *steigern* ein pädagogisches Programm:
1. Parallelität der Lehrgebiete, Grundlagen der Gestaltung, Konstruktion, Geschichte, Entwerfen.
2. Allgemeingültigkeit der Lehrinhalte bei Trennung von der persönlichen Arbeit des Lehrers.
3. Unkompliziertes Berufungsverfahren für Lehrer aus der Praxis, die am Ort der Hochschule wohnen und arbeiten werden.
4. Übernahme von Lehraufgaben für Externe vor der Berufswahl zur Vorbereitung, zum Nachholen, Vorbereiten und für Externe aus dem Beruf für Rekapitulation, für neue Methoden und auch für das Trainieren (Abb. 30).

In diesem Sinne ist eine *Neue Schule für Gestaltung* zu gründen, in der die Grundlagen der Gestaltung und die Geschichte mit Konstruktion und Entwerfen integriert sind. Die Neue Schule für Gestaltung hat die Lehrgebiete Gartenarchitektur, Architektur, Innenarchitektur, Bühnenbild, Industrieform, Kommunikationsdesign und Fotografie. Die Werkstätten für Kunststoff, Holz, Metall, Modellbau, Fotografie und Druckerei dienen zusammen mit dem Werkhof diesen Lehrgebieten (Abb. 31).

Die in der neueren Literatur vergessene Werkakademie (Hochschule für Gestaltung in Kassel) postulierte bereits 1951: »Aus jüngster Vergangenheit zählt zu den Anknüpfungspunkten für rechte Werkerziehung das einstige, bereits historisch gewordene Bauhaus in Weimar und Dessau. Es kopieren oder gar in alter Form wieder aufleben lassen zu wollen, hieße Tradition gänzlich mißverstehen. Es gilt, die Erfahrungen und Grundsätze des Bauhauses, den veränderten Verhältnissen der Gegenwart entsprechend, sinnvoll anzuwenden und weiterzuentwickeln«.

31

Friedrich Christoph Wagner

Körper, Raum, Aktion, Musik —
Eine Grundlehre, nicht nur für Architekten

$o = 48$

Beginn einer Improvisation, die von acht Studenten und mir selbst am 27. November 1978 gesungen wurde.

1

Was Sie soeben hörten, war nicht ein einstudierter Chor mit einer bestimmten Musik. Es waren einige Takte aus einer Improvisation mit Architekturstudenten, die u. a. dazu diente, einen bestimmten Raum zu charakterisieren. Später wird noch ein Beispiel aus einem anderen Raum folgen.

Im folgenden möchte ich Ihnen den Ansatz meiner Lehre in groben Zügen anhand von Beispielen vorstellen. Grundlage meiner Arbeit sind Grundmuster menschlichen Seins und Verhaltens und nicht ästhetische Maximen. Wenn Sie nun Bilder von formalen Übungen sehen, so deshalb, weil in den Grundlagen der Gestaltung zunächst syntaktische Sachverhalte geklärt werden müssen. Ausgangspunkt und Ziel bleibt trotzdem immer menschliches Verhalten und nicht ein ästhetisches Prinzip! Leben soll Freude machen, warum nicht auch die Arbeit? — gera-

Eigener Hut

Arbeit mit Ton

de angesichts einer wahnsinnigen, unvorstellbaren nuklearen Bedrohung. Ich möchte niemanden anleiten zu resignieren. Eine umfangreichere Darstellung meiner Lehre finden Sie in meinem Buch »Grundlagen der Gestaltung«.

Eine Bemerkung noch vorweg: Die Arbeiten, die ich zeige, sind am Fachbereich Architektur der Fachhochschule Düsseldorf entstanden. Ich betreue dort pro Woche etwa 160 Studierende. Zur Hilfe habe ich zwei Tutoren, die sich eine Stelle teilen. Die Studienarbeiten müssen zuhause gebaut werden. Vorlesung und Korrektur gibt es in den Räumen der Hochschule. In einer Tischlerei stehen wenige Arbeitsplätze zur Verfügung. An der Fachhochschule Düsseldorf werden im Bereich der Grundlagen der Gestaltung die Fächer Wahrnehmungslehre (zweidimensionale Darstellungsmittel), Farblehre und Freihandzeichnen von Kollegen Prof. Thomas Dawo, Prof. Carl Krasberg und Prof. Hans-Günther Hofmann gelehrt. Aus der Lehre der Kollegen zeige ich keine Beispiele.

2

Erste Übungen der Studierenden sind immer wieder spielerische Aufgaben: eigener Hut, spontanes Arbeiten mit Ton, spontanes Malen, Raum aus Stäben, phantastische Architektur, Stegreif-Theater, Stuhl-Improvisation u. ä. Ziel dieser Aufgaben ist die Anleitung zu spontaner Äußerung, zum Abbau der in der Schulzeit erworbenen Ängste und Hemmungen und besonders der Vorurteile. Die Aufgaben werden meist so gestellt, daß das Vorwissen nicht hilft, sondern eher hindert, und die Studierenden gezwungen sind, ihre Vorurteile aufzugeben. Selbstverständlich ist das nur ein erster Anlauf ohne gestalterischen Anspruch.

3

Der nächste Schritt führt in die Thematik *Leibraum, Körper, Wahrnehmung, Logik der Form, Archetypen, Idealgestalten.*

Diese Inhalte bilden die Grundlage meiner Lehre und sollen deshalb breiter ausgeführt

Raum aus Stäben

Stuhl-Improvisation

werden: Wir Menschen finden uns in einem Leib vor, der in bestimmter Weise geordnet ist. Die Erfahrungen in unserem Leben sind weitgehende abhängig von der Form unseres Körpers. Wir nehmen mit ihm wahr, und er ermöglicht uns das Leben im dreidimensionalen Raum. Offensichtlich besitzen wir ein unbewußtes Bild unseres Körpers, das veränderbar ist und das wir an verschiedene Situationen anpassen können. Diese Sachverhalte sind weitgehend untersucht worden und wir stützen uns auf Arbeiten aus der Gestaltpsychologie.

Ein Schema dieses Bildes ist das dreidimensionale Achsenkreuz: oben — unten, vorn — hinten, rechts — links. Wir tragen seine Merkmale an unserem Körper und ordnen mit ihnen den Raum um uns herum. Die Ordnung ist bestimmt durch unser Gesichtsfeld und durch die Standebene. Die Euklidische Geometrie entspricht diesem Schema und liefert brauchbare Modelle für den Handlungsraum: er läßt sich damit ordnen und erfassen.

Ein weiteres Schema des unbewußten Bil-

des unseres Körpers trägt topologische Merkmale und ist bestimmt durch: Ganzheit (Beziehungen von Teilen in einem Ganzen), Grenze, Sphären, Innen-Außen, Ich-Du-Wir-Beziehungen, Ruhe — Bewegung, Hell — Dunkel, eng — weit, nah — fern u. a. m. Wir benutzen dieses Schema, um Orte, Beziehungen und Vorgänge einander und uns selbst zuzuordnen. Die verschiedenen Sinne: Gesichtssinn, Lagesinn, Gehör, Tastsinn, Geruch bringen Schwerpunkte in die genannten Schemata hinein. Ein Beispiel ist die Euklidizität des Gesichtssinnes: wir sehen z. B. rechte Winkel und parallele Linien, wo auf unserer Netzhaut keine solchen erscheinen. Viele optischen Täuschungen haben darin ihre Ursache.

Die Gestaltgesetze und Prägnanzprinzipien im Sinne der Wahrnehmungspsychologie (Wolfgang Metzger und Edwin Rausch) haben direkte Beziehungen zu den genannten Eigenschaften des Leibraumes. Ich setze diese Wahrnehmungsphänomenologie als bekannt voraus und möchte nicht näher darauf eingehen.

Die Leibraumstrukturen führen nun zu Systemen des *Handelns*, des *Ordnens*, des *Wertens* und der *Bedeutung*. Das im einzelnen zu zeigen überschreitet den Rahmen meines Vortrags, und ich verweise hier auf mein Buch »Grundlagen der Gestaltung« im Verlag Kohlhammer, Stuttgart, in dem meine Lehre ausführlich dargestellt ist. An einem Beispiel möchte ich diesen Zusammenhang erläutern.

Vorne — Hinten ist ein *Handlungsmuster*: wir sind einseitig nach vorne orientiert und bewegen uns entsprechend. Gleichzeitig ist *Vorne — Hinten* ein einfaches *Ordnungsmuster* zur Unterscheidung von Orten und Richtungen, das mit rechts und links kombiniert die Vierteilung ergibt: ein eindeutiges Ordnungsprinzip. Das *Wertsystem* ist in der Sprache sehr ausgeprägt:

Vorne ist eindeutig positiv geprägt, hinten meist negativ. Entsprechend bedeutet vorne sein: Macht, Führungsposition, Überblick, Aktivität, Selbstwert. Die Fassade ist Bedeutungsträger im Sinne der zugewandten Seite. Die Rückseite wird bedeutungslos bzw. unbedeutend. Hintennach sein bedeutet Abhängigkeit. Die Abhängigen benutzen den Hintereingang.

Aus den genannten Leibraum-Phänomenen können eine Reihe von *Urakten* und *Urbildern* abgeleitet werden, die zu Gestalten der Architektur führen. Sie besitzen eine solch grundlegende Einfachheit, daß sie analog zu den seelischen Urbildern, wie sie C.G. Jung beschrieben hat, als *Archetypen* bezeichnet werden. Der Wiener Günter Feuerstein hat diese Analogie glaubhaft dargestellt in seiner Dissertation über Archetypen in der Architektur.

Urakte und Urbilder der Architektur, nach Feuerstein

Ur-Akt		Zeichen		Architekturgestalt	Wirkung
»Ich-Sein«	●	Punkt		Ort, Zentrum, Altar, Festlegung, Steinsetzung	Konzentration
Stehen		Vertikale		Malstein Aufrichtung, Pfahl, Turm Säule	Achtung Machtanspruch
Liegen	—	Horizontale		Lagerung, Wohnung Deckung	Ruhe, Frieden Sicherheit
Orientieren		Vierteilung, Kreuz		rechter Winkel, Ordnung, Vierteilung	Ordnung, rationale Erfassung
Gehen		Reihe, Linie		Weg, Reihung	Verbindung, Folge
Abgrenzen		Sphäre, Kreis, Quadrat		Einfriedung, Mauer Wall und Graben	Abgrenzung Sicherheit
Ausgraben		Grube		Arena, Grab	Innenraum Versammeln
Aufhäufen		Berg		Pyramide, Treppe	Außenraum Aufsteigen

In diesem Schema sind die wichtigsten Archetypen dargestellt, wobei ich nicht ganz mit Feuerstein übereinstimme. Die bezeichneten Architekturgestalten kann man vorfinden, seit Menschen etwas hinterlassen haben. Sie werden miteinander verbunden oder überlagert und bilden die Grundlage aller von Menschen entwickelten Gestalten. Auch von Zeichensystemen wie z. B. der Schrift. Die Kenntnis der Urbilder hilft, die Komplexität der Gestaltfindung bei der Entwicklung von Architektur zu überschauen und zu beherrschen und so ihre Wirkung abzuschätzen.

Aus dem bisher Dargestellten lassen sich einige Grundmuster der Wahrnehmung und der Beurteilung von Formen erklären. Es wird deutlich, daß wir Gestalten auf eine sinnfällige *Logik* hin betrachten und spontan beurteilen. Wir erkennen die Ordnungen der Verknüpfung von Formen in einem Ganzen und leiten daraus eine *Logik der Form* ab.

Eine allgemeine Grundlage für diesen Vorgang bildet die Schwerkraft. Wir folgern aus ihr bei der Anschauung von Formen Anhaltspunkte für die Beurteilung von Standfestig-

keit, Gewicht, Lage im Raum, Zustand von Bewegungen wie z. B. Fallen, Gleiten, Fließen, Schweben, Pendeln. Wir versuchen immer, Formen als Ergebnisse von Vorgängen und Handlungen zu verstehen. Eine andere Art formaler Logik leiten wir von *Ideal-Gestalten* ab. Das sind Körper, die unserer Anschauung als vollkommen erscheinen: Kugel, Doppelkegel, Zylinder, Würfel, Halbkugel und Pyramide.

Bemerkenswert ist, daß das Volumen dieser Körper einfache Verhältnisse aufweist: wenn Höhe und Durchmesser = 1 sind, verhält sich das Volumen von Doppelkegel zu Kugel zu Zylinder zu Würfel wie 1 : 2 : 3 : 4. Diese Formen sind konvex und besitzen einfachste ideale Ordnungsmerkmale, nämlich Zentren und Achsen. Sie enthalten gleichsam die Summe aller formalen Logik und sind deshalb als Symbolträger für höchste Werte hervorragend geeignet.

Eine weitere Art formaler Logik entspricht den *Beziehungen* zwischen Formen. Wir nennen sie, analog zu unserer leiblichen Erfahrung, Verbindung, Übergang, Trennung, Abgrenzung, Verlauf, Berührung, Verletzung, Verknüpfung u. ä. Solche Formvorgänge entsprechen topologischen Grundmustern. Sie sind die Grundlage der morphologischen Veränderung und der Vielgestaltigkeit der Überlagerung der Urbilder.

Der formalen Logik steht eine *formale Unlogik* gegenüber. Ihre deutlichste Ausprägung hat sie in Ersatzformen. Das ganzheitliche Denken enthält die Frage nach echt und unecht. Niemand will getäuscht werden. Wenn man Holz sieht, soll es auch Holz sein. Wenn etwas schwebend erscheint, soll es auch schweben — es sei denn wir spielen Theater! Dort im Theater genießen wir den Reiz der Täuschung.

Nun folgen Beispiele von plastischen Übungen, in denen sich Studierende mit einfachen Grundmustern des Leibraumes und mit archetypischen Gestalten auseinandersetzen.

Idealkörper

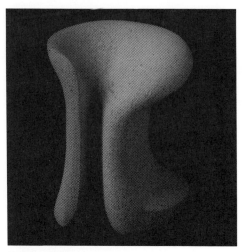

Stehende Figur

Form-Ende, Abschluß

Hängende Figur

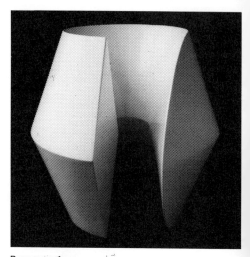

Bewegungsform

220

4

Der nächste Schritt bei der Anwendung topologischer Ordnungsmuster führt zu Gestalten des *Architektur-Raumes.*

Die Abbildung zeigt Raumgestalten der Architektur, die nach den Merkmalen *Innenraum, Zwischenraum* und *Außenraum* geordnet sind. Die Anordnung ist ein Denkmodell und ist nicht wertend oder als Darstellung einer Entwicklung gemeint.

Schema der Raumgestalten der Architektur

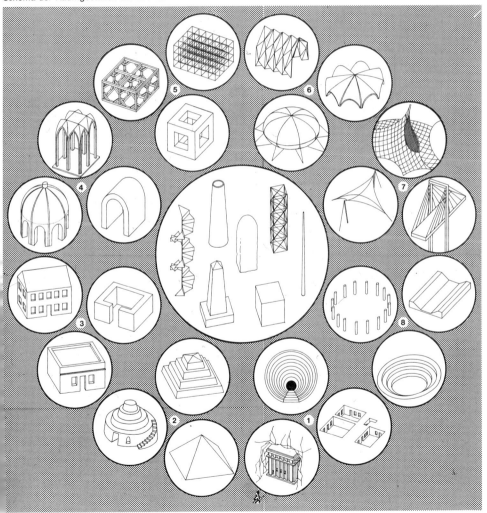

1 *Höhle* — Innenraum ohne Außenform
2 *Grabhügel* — Kleiner Innenraum mit großer Masse als Außenform, künstlicher Berg
3 *Mauer und Wand* — Rechteckige oder runde Räume mit scheibenartigen Begrenzungen und horizontalen Dekken
4 *Gewölbe und Kuppel* — Raumerweiterung nach oben, Verschmelzung von Räumen (Romanik, Gotik, Barock)
5 *Fachwerk, Skelett* — Auflösung der Raumgrenzen, Zwischenraumformen
6 *Haut, Membrane, Schale* — geometrisch bestimmte Formen von großen, weiten Hallen
7 *Seilkonstruktionen* — Zelt, weite Räume, freier Zwischenraum zwischen Boden und Dach
8 *Platz, Spielfeld* — freier Raum, begrenzt durch plastische Formen oder andere Zeichen.

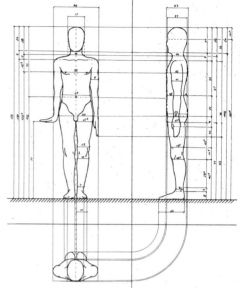
Körpermaß und Modul

Im inneren Kreis sind aufgerichtete Gestalten, Selbstdarstellungen des Menschen, den acht Bereichen zugeordnet.

An diesen Beispielen wird deutlich, wie Material, Konstruktion, geometrische Muster und topologische Raumordnungen, geprägt durch geistige Haltungen von Menschen, Architektur-Gestalten bestimmter Art ermöglichen. Für die Gestaltungs-Vorgänge in der Architektur spielen die Körpergröße der Menschen, die Reichweite ihrer Sinnesorgane, die Grundstrukturen ihres Verhaltens sowie ihr Verhältnis zu Material und Konstruktion eine entscheidende Rolle. Selbstverständlich gehört dazu auch die Problematik der technischen Erweiterung der Sinnesorgane. Es bedeutet ein falsches Verständis von Technik, wenn Wohnen in Hochhäusern übereinander angeordnet wird — das Telefon ersetzt nicht die Qualität und Intimität des Wohnens auf Rufdistanz!

Topologische Strukturen studieren wir am eigenen Körper und am Verhalten von Menschen. Dazu ist die Zusammenfassung verschiedener Forschungen in dem Buch »Die Sprache des Raumes« von E. T. Hall sehr hilfreich. Für die Systematisierung topologischer Ordnungen benutzen wir die Regeln der Symmetrie.

Ein didaktischer Grundsatz, den ich bei allen Übungen durchzuhalten versuche, ist der Wechsel von räumlich-plastischer Arbeit und Zeichnen. Ich gehe so weit, daß ich absichtlich Aufgaben stelle, die im Entwicklungsprozeß nicht zeichnerisch gelöst oder dargestellt und geplant werden können. Die Lösungen werden am plastischen Arbeitsmodell entwickelt und erst nachdem sie räumlich verwirklicht sind mit Zeichnungen analysiert.

Die folgenden Bilder zeigen Beispiele für einige typische Merkmale des architektonischen Raumes: Ort, Distanz, Zwischenraum, Platz, Innen-Außen, Raum und Licht. Alle plastischen Modelle besitzen weiße Oberflächen. Die Raum- und Licht-Modelle haben im Inneren auch andere Farben.

Architektonischer Ort

Zwischenraum

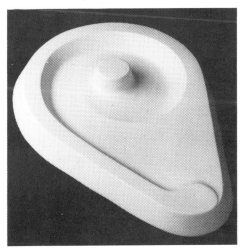

Platz

Zwischenraum

223

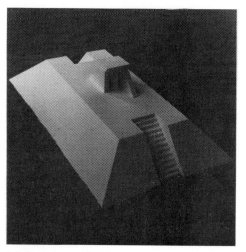

Zwischenraum und Umraum

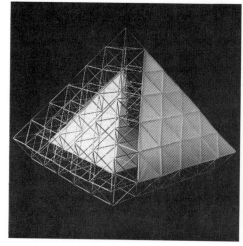

Innen — Außen

Raum und Licht

Raum und Licht

Geometrische Ordnungen und *Proportionen* studieren wir am Würfel, an Flächenstrukturen und an Raumstrukturen.

Der Würfel stellt das Ordnungsmuster des Leibraumes sinnfällig dar und enthält ein räumliches Proportionssystem, das auf seine 13 Achsen bezogen ist. In Zahlen lautet es $1 : \sqrt{2} : \sqrt{3}$ = Kante : Flächendiagonale : Raumdiagonale.

Wenn der Würfel in kongruente Körper geteilt wird, erhält man plastische Formen, die diesem räumlichen Proportionskanon entsprechen. Die räumliche Drei-, Vier- und Sechs-Teilung des Würfels bzw. von Quadern schult das räumliche Sehen und Denken allgemein und im Bezug auf Proportionen. Im Gegensatz dazu stehen die üblichen proportionalen Teilungen von Strecken und Flächen wie sie z. B. mit dem sog. »Golde-

nen Schnitt« vorgenommen werden. Selbstverständlich haben solche Teilungen ihre Bedeutung, sie sind nur nicht räumlich. Wir stellen sie am Monochord dar, das es erlaubt, die Verhältnisse nicht nur zu messen, sondern auch zu hören.

Würfel- und Quaderteilungen sind so komplex, daß sie nur am Modell z. B. aus Plastillin oder Ton entwickelt werden können. Die geometrischen Grundlagen werden in der Vorlesung dargestellt. Die am Arbeitsmodell gefundene Lösung wird in der Ebene auf Karton abgewickelt. Dann werden die einzelnen Körper gebaut und wieder zum Würfel zusammengesetzt. Der nächste Arbeitsschritt besteht darin, die Teile zu einer neuen Plastik — nicht zu einem Würfel — zusammenzusetzen und diese Form in einer einfachen Axonometrie darzustellen.

Dreiteilung des Würfels

Vierteilung des Würfels

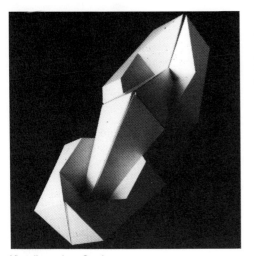

Vierteilung eines Quaders

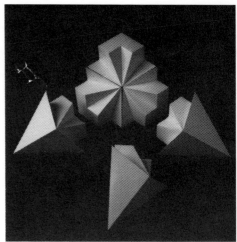

Sechsteilung des Würfels

6

Bei der Arbeit mit *Strukturen* legen wir im allgemeinen regelmäßige Strukturen zugrunde. Die beiden Graphiken zeigen die regelmäßigen Flächennetze:

a) geschlossene Strukturen: die Platonischen Körper: *Tetraeder, Oktaeder* und *Ikosaeder* sowie ihre Dualkörper *Würfel* und *Pentagon-Dodekaeder.*

Regelmäßige Flächenstruktur und ihre anschauliche Darstellung

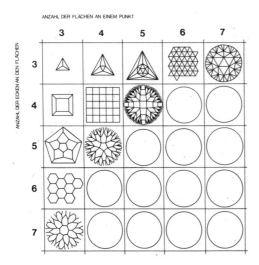

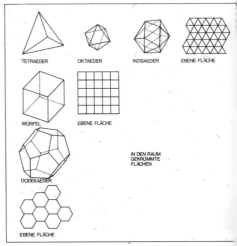

Geschlossene Flächenstruktur

Ebene Flächenstruktur

Gekrümmte Flächenstruktur

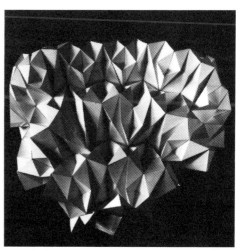

Gekrümmte Flächenstruktur

b) Ebene Strukturen aus *Dreiecken, Quadraten* und *Sechsecken.*

c) Offene, im Raum gefaltete Strukturen.

In geschlossenen, ebenen und offenen Flächenstrukturen können regelmäßige, halbregelmäßige und polymorphe Gestalten entwickelt werden. Für die Gestaltbildung sind übergeordnete Systeme und besonders die Randbildung von Bedeutung.

Grundlage für die *Raumstrukturen* ist das Kubische System. Die Materie ist zu komplex, als daß ich sie an dieser Stelle weiter ausführen könnte. Das besondere Problem ist wieder die Gestalt und dabei die Randbildung.

TETRAEDER

OKTAEDER

IKOSAEDER

WUERFEL

DODEKAEDER

KUBOKTAEDER

228

R-Struktur aus Körpern

R-Struktur aus Körpern

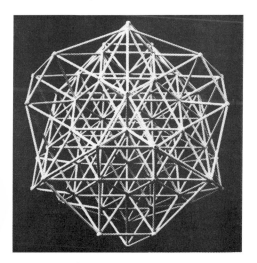

R-Struktur aus Stäben

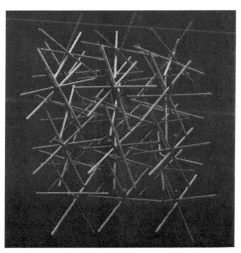

R-Struktur aus Stäben und Zugseilen

7

Die bisher dargestellten Themen befassen sich mit der Gestaltung von Objekten, der Auseinandersetzung mit Materialien und mit Gesetzmäßigkeiten und Ordnungsmustern des Leibraumes. Ich halte es für entscheidend, daß Studierende nicht nur lernen, auf Formen zu übertragen und so Gestalt zu entwickeln, sondern daß sie mit dem eigenen Körper, dem Verhalten, der Stimme usw. Formen und Gestalten entwickeln, also die Grundlagen der Gestaltfindung angehen, die Wurzeln der Kreativität. Das geschieht aber nur, wenn sie in einer *Gruppe* in einen *Gestaltungsprozeß* verwickelt werden. Deshalb bilde ich immer wieder kleine Gruppen, meist in Seminar-Form.

Ich will an dieser Stelle nicht zu sehr in Einzelheiten gehen. Einige typische Dinge will ich trotzdem berichten:

— Ich arbeite mit Gruppen von 8 — 15 Teilnehmern.

— Ich beginne mit Wahrnehmungsübungen: Sehen, Hören, Tasten u. ä., um die Gruppe zu einer gemeinsamen Sprache und Arbeitsmethode zu führen.

Als Beispiel sei das Hören herausgegriffen. Ich verdeutliche verschiedene Ebenen und Fähigkeiten des Hörens, auch des gemeinsamen Hörens.

Übung 1: akustisches Hören
Übung 2: Empfindung bei einem Geräusch
Übung 3: Bedeutung von Musik hören
Übung 4: Bedeutung von Sprache hören

— Ich biete als Leiter die Arbeitsmethode und benutze dazu die Formalisierung des schöpferischen Prozesses, wie sie Lawrence Halprin und Jim Burns in den USA entwickelt haben.

Hilfsmittel sind *subjektiv*: Fähigkeiten, Ziele, Motivation, Gefühle, Erwartungen, Wissen etc., *objektiv*: Räume, Material, Werkzeug, eine Situation, das Wetter, andere Menschen etc.

Partituren sind klar formulierte Aufgaben, die weit oder eng gefaßt sein können und damit schwieriger oder leichter zu bewältigen sind. Z. B. »Halbiere ein Blatt Papier vom Format 20 x 30 cm!« ist eng formuliert und auch bei x möglichen Lösungen leicht auszuführen. »Möbliere den Wohnraum von Familie Schmitt innerhalb von vier Tagen« ist weit gefaßt und damit komplexer und schwieriger zu lösen, weil sehr wenig festgelegt ist.

Die *Ausführung* ist der Weg, auf dem Ziele erreicht werden. Sie ist sehr entscheidend, weil hier der Kampf mit der Materie ausgestanden werden muß. Jedes Material birgt eigene formale Möglichkeiten und Grenzen. Raumgedanken werden ohne Verwirklichung im Material nicht konkret. Im Gedanken an einen wunderbaren Sessel kann man nicht sitzen.

Die *Wertung und Entscheidung* enthält die Reflexion über die anderen Bereiche. Diskussion der Ergebnisse, Kritik, Auswahl und Entscheidung über weitere Schritte finden in diesem Bereich statt.

Das Entscheidende bei diesem Arbeitsmodell, das sich für einzelne und für Gruppen eignet, ist nun, daß man nicht in mehreren Bereichen gleichzeitig — es sei denn nach Absprache — arbeitet, sondern klar trennt. Man arbeitet auf ein Ziel zu und wartet nicht auf Zufälle, die es nicht gibt. Ich halte nichts von der Methode, bei der man arbeitet wie ein Anhalter, der auf Autos wartet — wie lange will ich warten auf den genialen Einfall, und woher weiß ich, daß er genial ist?

Die Arbeit ist also zielgerichtet und nicht ergebnisorientiert. Sie lebt davon, daß jeder sich äußern darf, daß ein Ausgleich zwischen spontanem Chaos und zielgerichteter Kontrolle entsteht. Die Thematik wird der Gruppe vorgeschlagen oder sie wird von der Gruppe selbst erarbeitet.

Die folgenden Bilder können nur Andeutungen solcher Arbeit sein.

Der HPBA Zyklus nach Lawrence Halprin

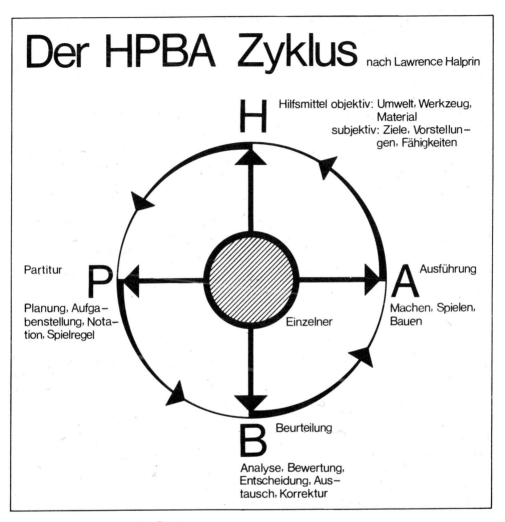

H Hilfsmittel objektiv: Umwelt, Werkzeug, Material
subjektiv: Ziele, Vorstellungen, Fähigkeiten

Partitur **P**

Planung, Aufgabenstellung, Notation, Spielregel

Einzelner

A Ausführung

Machen, Spielen, Bauen

B Beurteilung

Analyse, Bewertung, Entscheidung, Austausch, Korrektur

Formalisierung des schöpferischen Prozesses

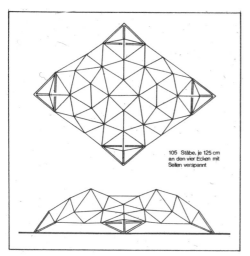

F-Struktur aus Stäben für ein Festzelt

Festzelt

Studium von Zwischenräumen

46 Seminar »Gewänder«

Seminar-Masken

Seminar »Gesten und Haltungen«

Seminar »Gesten und Haltungen«

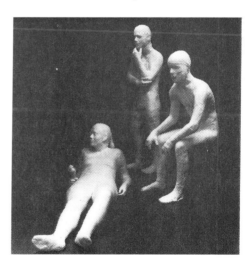

Seminar »Gesten und Haltungen«

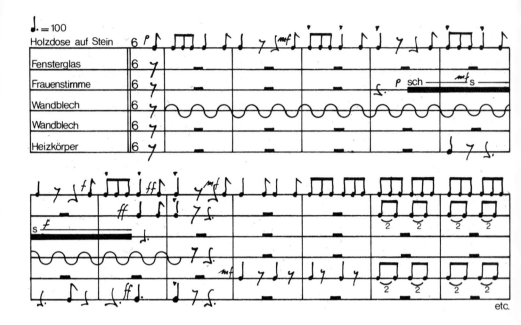

Beginn einer Improvisation, die von 7 Studierenden und mir selbst am 4. Dezember 1978 ausgeführt wurde. Der Raum bestand aus gläsernen Wänden und Glastüren, er besaß einen glatten Steinfußboden, Plattenheizkörper und Blechverkleidungen an den Wänden. Die Decke war verputzt.

8

Zum Abschluß stelle ich ein *Denkmodell* der *Grundlagen der Gestaltung* vor, das mein Ziel noch verdeutlichen soll. Es werden dabei modellhaft drei Bereiche des menschlichen Lebens, bezogen auf Gestaltungsprozesse, einander zugeordnet. Gestaltung ist immer gesellschaftlilch und politisch von Bedeutung. Man muß das nicht bei jeder Übungsaufgabe beweisen. Hier möchte ich auf einige Zusammenhänge hinweisen. Im Bild stellen drei Raumrichtungen drei wesentliche Bereiche dar:

1—2 *Kreativität — Leib*
Physisches Leben, Wachstum, Machen, schöpferische Kraft
3—4 *Gemeinschaft — Seele*
Seelisches Sein, soziales Verhalten, Beziehungen, Empfindungen

5—6 Sinngebung — Geist
Geistiges Leben, Wertsysteme, Ich-Findung, Erkenntnis, Suche nach Gott

So ergeben sechs Kraftfelder, die im Bild Würfelflächen entsprechen, einen Innenraum: ein Modell der Gestalt menschlichen Lebens.
Sechs Würfelkanten im Bild entsprechen *Seins-Komponenten* und wirken *statisch*: Es treffen sich je drei in zwei Polen, zwei sich gegenüberliegenden Würfelecken.
Die übrigen sechs Würfelkanten bilden einen Ring, der eine Art Wellenbewegung beschreibt. Er entspricht den *Handlungskomponenten* und wirkt *dynamisch*. So fließen im Modell statische Seinsgrundlage und dynamische Handlungsgrundlage zum Gestaltungsprozeß des Lebens zusammen.

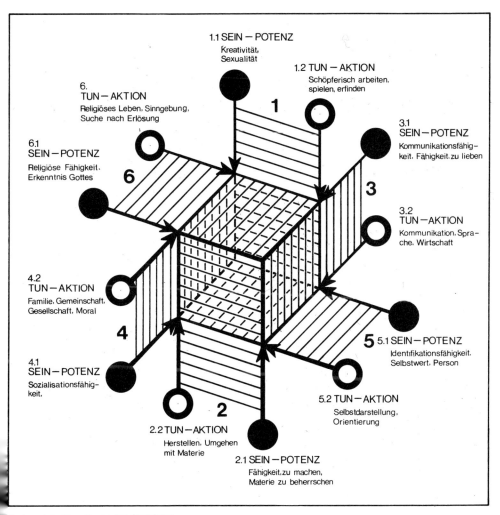

1.1 SEIN — POTENZ
Kreativität, Sexualität

1.2 TUN — AKTION
Schöpferisch arbeiten, spielen, erfinden

6.
TUN — AKTION
Religiöses Leben, Sinngebung, Suche nach Erlösung

6.1
SEIN — POTENZ
Religiöse Fähigkeit, Erkenntnis Gottes

3.1
SEIN — POTENZ
Kommunikationsfähigkeit, Fähigkeit, zu lieben

3.2
TUN — AKTION
Kommunikation, Sprache, Wirtschaft

4.2
TUN — AKTION
Familie, Gemeinschaft, Gesellschaft, Moral

4.1
SEIN — POTENZ
Sozialisationsfähigkeit,

5.1 SEIN — POTENZ
Identifikationsfähigkeit, Selbstwert, Person

5.2 TUN — AKTION
Selbstdarstellung, Orientierung

2.2 TUN — AKTION
Herstellen, Umgehen mit Materie

2.1 SEIN — POTENZ
Fähigkeit, zu machen, Materie zu beherrschen

Denkmodell »Grundlagen der Gestaltung«

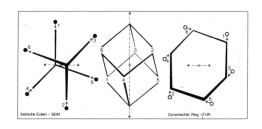

Einzelteile des Modells

Statische Ecken – SEIN

Dynamischer Ring –TUN

235

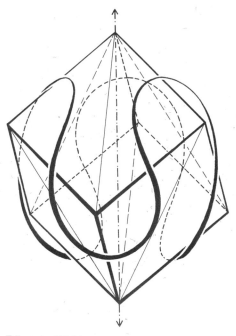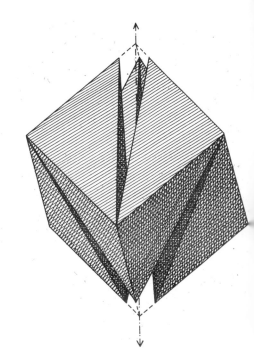

Teilung des Würfels

Da der Würfel das Anschauungsbild unseres Leibraumes darstellt, ist es von Bedeutung, daß Statik und Dynamik dieses Modells nicht nur Theorie sind, sondern praktisch ausgeführt und anschaulich gemacht werden können.

Der Würfel wird als Körper mit zwei Polen aufgefaßt. In der Abbildung »Teilung des Würfels« wird das Prinzip der Aufspaltung entsprechend dem dynamischen Ring gezeigt. Die geschwungene Linie verfolgt die Ringkette aus rechtwinkligen Dreiecken, indem sie jede Würfelkante rechtwinklig schneidet und als endloses Wellenband den Würfel umspielt. Dann wird der Würfel an den Polen aufgespalten. Dieser Vorgang wird soweit fortgeführt, bis der Ring aus Körpern umgestülpt werden kann. Besser als an Bildern ist der Vorgang am Modell aus Karton zu verfolgen. Die statischen Ecken werden durch kristalline Körper dargestellt. Der Ingenieur Paul Schatz hat diesen von ihm »Umstülpbarer Würfel« genannten Vorgang mathematisch untersucht und auch zur Konstruktion von Maschinen angewendet. Von den durch ihn damit verbundenen anthroposophischen Ideen möchte ich mich ausdrücklich distanzieren. Es braucht keinen Okkultismus, um dieses Phänomen zu erfassen.

Das Modell ist in sich geschlossen. Leben bleibt ein Gestaltungsversuch in Grenzen. Kein Mensch kann über sich selbst hinausgelangen, obwohl darin alle religiöse Sehnsucht und Anstrengung ihr Ziel hat. Aber *ohne* eine Begegnung mit dem lebendigen Gott und ohne Hingabe an ihn wird Gott innerhalb des Systems gedacht. Das heißt, Gott ist eine religiöse Idee und nicht lebendig.

Wenn Gott eine Idee oder ein Begriff ist, dann bin ich Atheist und kann Karl Marx zu

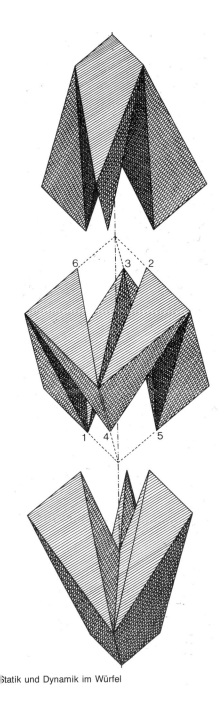

Statik und Dynamik im Würfel

stimmen, wenn er Religion als Opium für das Volk bezeichnet. Ich bin nicht religiös. Ich bin Christ und kenne Jesus Christus persönlich und gehöre auf die Seite Gottes. Seit ich ihm mein Leben gegeben habe, bin ich ein freier Mann.

Auf dieser Grundlage arbeite ich. Ich arbeite nicht »christlich«! Christliche Kunst ist ein Unding wie alles christliche; denn wenn ein Christ Tomaten pflanzt, wachsen keine christlichen Tomaten, sondern wenn er sachgemäß vorgeht, werden es ordentliche Tomaten.

Ich versuche, sachgemäß zu arbeiten und mich um Grundlagen der Gestaltung des Lebens und der Gestaltung unserer Umwelt zu bemühen. Deshalb beschäftige ich mich mit Menschen und mit grundlegenden Ordnungen menschlichen Lebens. Ich frage nach Urakten, Urbildern und Werten, die Leben aufbauen und erhalten.

In diesem Sinne versuche ich, Studierenden zu helfen, ihre eigenen Persönlichkeit aufzubauen und andere anzuerkennen, ein anschauendes Urteilsvermögen zu gewinnen, Form-Gesetze kennen- und anwenden zu lernen, Wert und Bedeutung von Formen zu verstehen und auf dieser Basis Gestalt-Prozesse zu entfalten, die das Leben lebenswert machen. Dann leben wir nicht für die Architektur oder anderes, sondern die Architektur dient uns. Menschen haben dann immer Vorrang! Das bedeutet, wenn Sie genau hinsehen, eine Revolution der Verhältnisse auf der Basis des Friedens.

Ich kann auf diesem Gebiet nur lernen und danke an dieser Stelle besonders den Studierenden, die bei mir gearbeitet und viel Mühe auf sich genommen haben. Aber ich danke auch den Kollegen hier für ihre Beiträge zum Thema und den Veranstaltern für diese Gelegenheit, an einem Thema unter verschiedenen Gesichtspunkten zu arbeiten, und wünsche, daß die Arbeit fruchtbar wird.

Und ich danke Ihnen allen, daß Sie mir so geduldig zugehört haben.

Literaturangaben

Arnheim, Rudolf: Die Dynamik der architektonischen Form, DuMont Buchverlag, Köln, 1980

Critchlow, Keith: Order in Space, Thames and Hudson, London, 1969

Feuerstein, Günther: Archetypen des Bauens, Diss. Wien, 1966, veröffentlicht in: *Transparent* (Hg. G. Feuerstein), Wien 1974, 1975 und 1976

Halprin, Lawrence and Burns, Jim: *Taking Part*, MIT Press, Cambridge Massachusetts, 1974

Meisenheimer, Wolfgang: Innenraum, ein architektonisches Urphänomen, in ad 4, Hg.: Rektor der Fachhochschule Düsseldorf, Schriftleiter Jürgen Pahl, Düsseldorf, 1978

Metzger, Wolfgang: Gesetze des Sehens, Verlag Waldemar Kramer, Frankfurt a.M., 3. Auflage, 1975

Wachmann, A., Burt, M., Kleinmann, M.: Infinitive Polyhedra, Technion, Haifa, 1974

Wolf, K. Lothar und Wolff, Robert: Symmetrie, Böhlau-Verlag, Münster/Köln, 1956

Wagner, Friedrich: Grundlagen der Gestaltung, Verlag W. Kohlhammer, Stuttgart, 1981

Lili Fischer

»Feldforschung« — Paradigma einer allgemeinen Gestaltungsgrundlehre

Vor 13 Jahren verließ ich die Hochschule für Bildende Künste in Hamburg. Was habe ich gelernt? Gelernt habe ich, daß jeder Lehrer an der Akademie das zum Gegenstand seines Unterrichts macht, was er selbst künstlerisch bearbeitet. Meine Reaktion war: gegenanzuarbeiten, mich abzusetzen und etwas Eigenes zu entwickeln. Ich stieg also aus, d. h. ich fuhr noch während der Akademiezeit auf Halligen — das sind kleine unbedeichte Inseln im nordfriesischen Wattenmeer. Hier entwickelte ich für mich das Konzept der *Feldforschung*; dieser Begriff gehört zur Ethnologie und er bedeutet: der Forscher geht vor Ort. So hatte ich das auch verstanden: der Künstler geht vor Ort. Geht in alltägliche Felder, deren künstlerische Dimension gar nicht offenbar oder verschüttet ist.

Feldforschung ist also eine Methode, eine Art Strategie. Die Untersuchungen spielen sich in zwei Phasen ab: Einer subjektiven der ersten Erprobung — ich setze mich z. B. den Bedingungen und Wirkungen einer Landschaft, einer Massage, einer Heil- oder Rauschpflanze aus. Ergebnis dieser Feldzüge sind Zeichnungen, Photos, Protokolle, Materialsammlungen, Mappen, Bücher.

Die zweite Phase ist, diese Klausurergebnisse durch andere Personen überprüfen zu lassen, zu erproben durch ihre aktive Mitarbeit. Dadurch werden Erfahrungen, ich will nicht sagen objektiv, aber: intersubjektiv. Dabei geht es nicht um x-beliebige Personen, sondern um solche aus dem je untersuchten Feld. Das Mittel dazu ist die *Animation*.

Ich entwerfe ein Drehbuch, das heißt, ich stelle Materialien, eine Situation, ein Thema bereit, ganz umrißhaft. Daraus entwickeln freiwillige, interessierte Teilnehmer ihre eigenen Vorstellungen und Handlungen. Das lief oft anders als gedacht, und gerade dabei habe ich am meisten gelernt.

Ich werde manchmal gefragt, ob ich nicht die Leute ausnutze für meine Kunst. Ich habe eher die umgekehrte Erfahrung gemacht: Sehr viele Personen-Gruppen fühlen sich von jeder Art von Kreativität ausgeschlossen und reagieren sehr wach, wenn man sie überhaupt anspricht. Und sie erfordern sehr viel Energie — so daß jeder öffentlichen Phase wieder eine der Klausur folgt.

Zur Diskussion steht »Feldforschung« als Beispiel einer »allgemeinen Gestaltungsgrundlehre«. An verschiedenen Akademien, Gesamthochschulen sowie an der Universität Hamburg hatte ich bisher mehrfach die Gelegenheit, Studenten meine Arbeitsweise anzubieten und in gemeinsamer Projektarbeit zu überprüfen bzw. auszubauen. Davon sollen im folgenden einige Beispiele gezeigt werden. Zuvor jedoch einige Angaben zur Arbeitsmethode selbst, zur Feldforschung:
— Der Kiosk *Kraut & Zauber* — behängt mit getrockneten Pflanzen, beladen mit eingewickelten Pflanzen-Sachen und umstellt mit

Kisten voller Brennesseln und Farnkräuter — gehört zur »Feldforschung V«: *Heilpflanzen*. Er verdeutlicht eine Arbeitsweise der Feldforschung: Pflanzen zu sammeln, zu trocknen, zu bestimmen, anzusetzen, anzupflanzen.

— Die *Fuhlsbütteler Herbarien* — Mappen mit Zeichnungen — sind Ergebnisse meiner persönlichen Auseinandersetzung mit Pflanzen. Sie belegen eine weitere Arbeitsweise der Feldforschung: verschiedene Erscheinungsformen der Pflanzen zu untersuchen, ihre »Wuchsformen«, »Laubläufe«, »Saftzüge«, ihre »subjektive Botanik« — und zwar nicht nur mit Bleistift oder Sepia, sondern auch mit den Farben der Pflanzen selbst. So habe ich den Queller, eine Pflanze des Wattenmeeres, mit Sepia auf Pergament gezeichnet und auf dem Papier darunter die verschiedenen Bodenschichten, Schlickstoffe einer Abbruchkante, ausgestrichen. Auf einem anderen Blatt habe ich 3 Fliederbeeren ausgequetscht. Ergebnis: 3 violette Saftzüge; jeder steht für eine Beeren-Bedeutung: die Beere als schleimlösendes Mittel, die Beere als Kompott, die Beere als Träger früherer Krankheitsmagie. Frau Ellhorns Rotlauf — Frau Ellhorn als guter Hausgeist im Holunderbusch, der man seine Krankheiten brachte.

Übrigens: Fliederbeeren geben eine besonders intensive und haltbare Farbe — wie Krokusse oder Schöllkraut; Blütenstaub von Lilien dagegen verblaßt bei Lichteinwirkung.

Es genügte mir aber nicht, die Pflanzen zu zeichnen; ich wollte sie auch anfassen, berühren, aufsetzen, anziehen. So habe ich z. B. eine Beifußwurzel an der Hacke getragen und erfahren, daß sie den Gang beflügelt. Oder ich habe Rainfarn mit der Wurzel ausgerissen, alle Seitenblätter entfernt und den Wurzelstock am Hals befestigt, so daß der Stengel mit der Dolde wie ein Sender in die Höhe ragte. Dabei stellten sich Verbindungen zu Romantikern ein.

Diese persönlichen Erfahrungen von anderen Personen überprüfen zu lassen, galt einer zweiten Phase.

— *Bockshornklee-Mehl* als warme Paste aufgetragen ist ein altes Hausmittel gegen Muskelschmerzen. Daß es dabei auch gedankliche Verspannungen löst — davon steht in den alten Hausbüchern nichts. Ich erfuhr es und wollte wissen, ob andere das auch erfahren. Einmal wöchentlich bot ich solche Erfahrungen im Kunstverein an. Überrascht hat mich dabei, wieviel wildfremde aber interessierte Leute sich unter der Einwirkung von Heilpflanzen zu erzählen hatten. Und wie lange das anhalten kann: einen Herrn treffe ich noch heute (4 Jahre später) bei Ausstellungseröffnungen, und jedesmal faßt er sich an die Schulter und schwelgt in Bockshornmehl-Erinnerungen.

— *Kräuter* mit kochendem Wasser in Eimern übergossen bringen einen unter großer Bedeckung auf Gedanken an die Herkunftsländer. In Fenchel-, Salbei-, Birkenblätter-Dämpfen sind z. B. Reisen nach Wien, ans Mittelmeer, in die Wüste oder nach Sibirien ausgetauscht worden. Meistens sind es aber auch schon Nahziele wie Moore, Sümpfe, alte Küchen, Dachstuben, die genannt werden.

— *Bäderreisen* habe ich schon häufiger angeboten und jedesmal werden sie mit gleicher Intensität praktiziert: unter den großen Laken steigt die Konzentration auf die Dämpfe und damit auf das Pflanzen-Erlebnis, steigt die Originalität von Einfällen und auch die Unbefangenheit, diese zu äußern.

— *Senfmehl* in heißem Wasser verrührt ist gut gegen Kopfschmerzen: die Füße quellen auf und der Kopf wird klar. Zu mehreren die Füße in eine Wanne getaucht bewirkt, daß diese Erfahrungen intensiv erlebt und ausgetauscht werden, vor allem, wenn Unstimmigkeiten oder Befremdung unter den Fußbadenden herrscht; hier wirkt das Bad reinigend, verbindend und stärkend für weitere Unternehmungen. Die zusätzliche Ausgabe von *Senfbadbriefen* bringt die Teilnehmer darüber hinaus auf neue Gedanken: »Senfbäder für Politiker kontroverser Richtungen«, »... bei Tarifverhandlungen«, »... bei Schlichtungsverfahren«, »... bei Abrüstungsverhandlungen«.

Die eben beschriebenen Vorgänge nenne ich — wie eingangs erklärt — »Animation«. Ausgehend von den eigenartigen Kräften einer oder mehrerer Pflanzen, entwerfe ich bzw. erprobe ich mit anderen Situationen, in denen diese Kräfte zur Entfaltung kommen können und bei den Teilnehmenden »verschlafene« Fähigkeiten wie Fühlen, Wahrnehmen, »Sich-etwas-vorstellen«, »Einfällehaben« wieder aufwecken. Dabei muß ich die einzelnen Animations-Ideen in verschiedenen Personen-Kreisen immer wieder neu durchführen, um die optimale Aktions-Struktur herauszuarbeiten, aber auch, um möglichst viele Ergebnisse von Teilnehmern zu sammeln. Zu jeder Animation gehören ein Konzept mit Angaben über Pflanzen, Ablauf, Personen, Ort und Zeit sowie Protokoll-Auszüge stattgefundener Animations-Verläufe, Teilnehmer-Äußerungen etc. Die einzelnen Animationen sind Tätigkeiten zugeordnet: z. B. *Bockshornkragen* oder *Augentrost* gehört zu »aufleben«, *Bäderreise* und *Senfbad* zu »eintauchen«.

— Ein weiteres Tätigkeitsfeld ist »riechen« mit der Animation *Kissensinn*. Pflanzen in Stoff eingenäht regen den Geruchssinn an. Ich wollte ausprobieren, ob Gerüche ganz subjektiv sind oder Verbindliches an Erinnerungen, Phantasie wecken. Ich fragte verschiedene Generationen, Teilnehmer eines Jugendhofes oder von Altenkreisen. Bei aller Individualität tauchen verbindliche Bilder immer wieder auf: Landpartien, Matratzenliebe, Kräutersammeln im 3. Reich, Heustopfen während des Krieges, Pflanzenzigaretten in der Gefangenschaft, Fieber, alte Schränke, Lakritze, böse Geister. Sich an Alte zu wenden, heißt, von ihnen alte Bräuche zu erfahren, die wir nicht mehr kennen und ihnen so ihre ursprüngliche Aufgabe zuzu-

weisen, Erfahrungen mitzuteilen. Die verschiedenen Assoziationen sind auf Kissen-Kopien von den Teilnehmern geschrieben worden. Das Kissenbuch gehört zu den bleibenden Dokumenten dieser Animation *Kissensinn*.

— Zum Tätigkeitsfeld »trinken« gehört die Animation *Teekonvent* mit verschiedenen Pflanzen-Tees. Das, was beim Schmecken und Schlucken im Gaumen, Magen und im (Klein-)Hirn passiert, haben Trinker umgesetzt: z. B. in Form von Diagrammen mit Tee-Teilen auf Tee-Kopien. Andere fertigten Schluckfahnen an: ihre Schluckwege gossen sie auf lange Papierbahnen mit Tee und notierten daneben ihre Empfindungen. Die Pflanze als Impuls, nicht nur zum intensiven Erleben oder zum Entdecken längst vergessener Erinnerungen, sondern auch zum Tätigwerden — im weitesten Sinne.

— Zum Thema »essen« habe ich schon häufiger eine *Gruppensuppe* angeboten: eine weiße Suppe wird mit einem Kraut und einem dabei auszusprechenden Wunsch gewürzt und anschließend die frühere Bedeutung des Krautes verlesen. In Frankreich würzten z. B. Teilnehmer der »soupe de groupe« für die 80er Jahre, in Hamburg die Professoren der Kunst-Akademie für den »Topf der Hochschule«. Hier wurde übrigens für »mehr Kunst«, für »Eintracht«, aber auch für »mehr Kämpfe untereinander« gewürzt. Einer sagte z. B.: »Ich gehe auf Nummer sicher und nehme Petersilie«; er bekam zu hören: »Petersilie hilft dem Mann aufs Pferd und den Frauen unter die Erd.«

Eine weitere Dimension: die Pflanze als Träger von Bedeutungen. Pflanzenteile in geheimen Briefen — als Signal für Botschaften, die sich jedoch jeder persönlich erarbeiten muß.
— Zur Gruppe der Deutungen gehört die *Rutenlesung*. Zweige werden in der Form ihres Wuchses, ihrer Ver- und Abzweigungen, ihrer Geradlinigkeit oder Windungen als mögliches Zeichen von Lebensläufen betrachtet. Auf dem Boden ausgebreitet, fin-

Beifußhacke

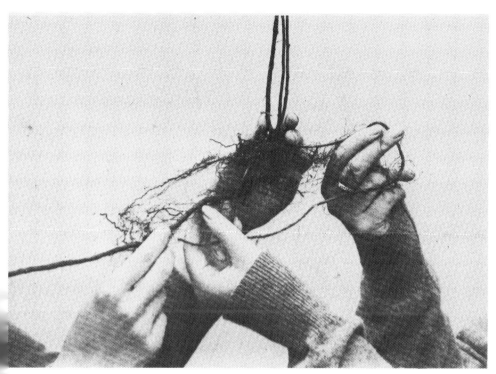

Pflanzentasten

Feuersprung, Kassel 1982

Früchtefragen

Salben- und Saftsachen, Essen 1981

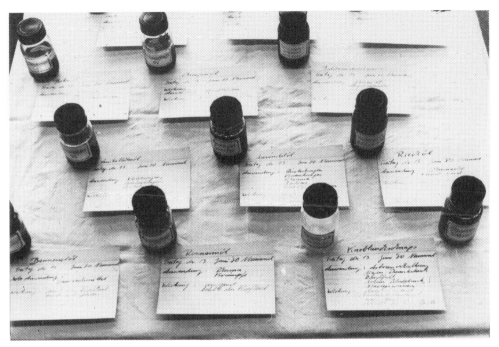

Salben- und Saftsachen, Essen 1981

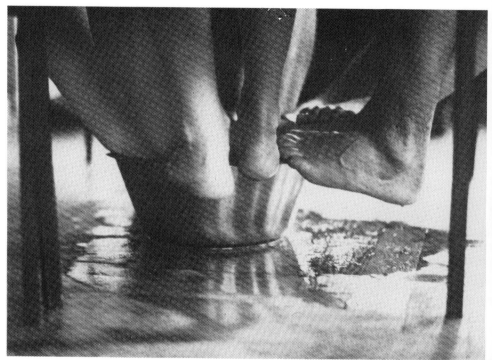

Senfbad

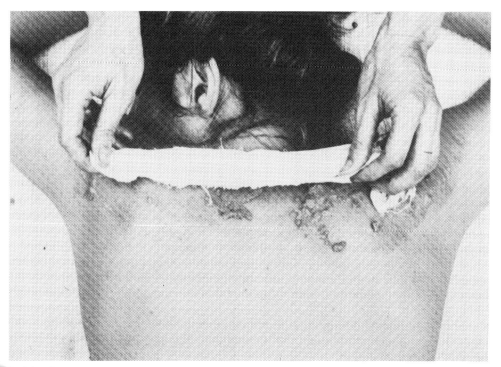

Bockshornkragen

den die Teilnehmer schweigend ihren Zweig und schreiben Biographisches an den fotokopierten Zweig. Dabei dient ihnen der Zweig als gewachsene Struktur für ihr eigenes Leben und regt sie an, ihre eigene Vergangenheit zu akzentuieren. Das führt zwangsläufig zu ganz persönlichen Auseinandersetzungen mit dem eigenen Leben, wovon Notizen wie »1. und 2. Ehe«, »Scheidung«, »Trennung«, »Krankheit«, »Berufs-Abbruch«, »neue Hoffnung« zeugen. Die Pflanze hier im weitesten Sinne als Anregung, zu sich selbst zu finden.

— Zur Gruppe der Deutung gehört auch das *Apfelorakel*. Die Apfelschale als verschlüsseltes Zeichen für Vergangenes und Zukünftiges. Neben dem Lesen und Deuten wird hier das Ahnen angesprochen. Im Stehen wird geschält. Danach hat jeder die Schale seines Nachbarn zu bestimmen. Das wiederum führt zu Auseinandersetzungen in der Gruppe: hat der Schalenbruch etwas mit abgebrochenen Kunst-Idealen zu tun? Oder ist es der Berufswechsel wegen der Familie?

— Die mögliche politische Dimension der Pflanze war Gegenstand der Aktion *Pflanzenkonferenz mit Wahl des Friedenskrauts*, an der man »in Begleitung einer Pflanze« teilnehmen sollte. Gemeint war nicht die Pflanze als Symbolpflanze für Frieden — als belangloser Palmenwedel —, sondern eine Pflanze, die unter die Haut geht und entspannende Wirkungen ausübt — bei Politikern in Debatten, vor Verträgen, bei Friedensverhandlungen. In Oslo, Bonn, Kiel, Marseille und Hamburg stellten Teilnehmer ihre Pflanzen vor, diskutierten sie, erprobten sie in Hand- oder Fußbädern und trafen anschließend ihre Wahl. In Hamburg wurde z. B. Brennessel gewählt und meine Aufgabe wird es nun sein, diese Wahl im Rathaus zur Diskussion und zur Erprobung anzubieten; der Bürgermeister scheint nicht abgeneigt; Terminverhandlungen mit der Kulturbehörde laufen noch.[1]

Das, was von den Aktionen übrig bleibt, sind Drehbücher: sie enthalten Animations-Konzepte, Fotos sowie Protokoll-Auszüge stattgefundener Animations-Verläufe und Ergebnisse von Teilnehmern. Die Bücher sind so konzipiert, daß sie den Leser wiederum zu eigenen Aktionen anregen sollen.[2]

Solche Aktionen habe ich nicht nur in Galerien, Kunstvereinen und -hallen für Kunstpublikum angeboten, sondern auch außerhalb: für Ärzte und Therapeuten in einer psychosomatischen Klinik, für Dozenten in einer Volkshochschule, für Betonburg-Bewohner in einer Freizeitstätte in einem Randgebiet von Düsseldorf, für nordfriesische Senioren im Kurhotel einer Nordseeinsel — oder auch ganz allgemein für Fernseh-Zuschauer des ARD-Nachmittag-Programms. Für mich gehören diese Aktivitäten zu meiner freiberuflichen Tätigkeit als Künstlerin: Grundlage dafür ist das Berufsbild eines Künstlers, der nicht nur in etablierten Kunsträumen wirkt, sondern auch in kunstfremden Institutionen und durch sein Angebot in dem betreffenden Umfeld neue Sehweisen und Denkanstöße anbietet, selbst aber auch dabei lernt.

Das eben aufgezeigte Spektrum von Arbeitsweisen zur Feldforschung ist im wesentlichen die Grundlage für meine Lehrtätigkeiten an Akademien oder Hochschulen. Was sich daraus in der Praxis entwickeln kann, möchte ich am Beispiel des Seminars *Salben- und Saftsachen*, das 1980 in Essen stattfand, näher erläutern.

Pflanzen angesetzt in Öl, Essig, Alkohol, zubereitet mit geschmolzenem Wachs oder Lanolin ergeben Tinkturen, Öle, Salben. Das Salben selbst hat seine Tradition und wurde von Ägyptern, Juden, Griechen u. a. mit bestimmten Bedeutungen praktiziert. Herstellung, Geschichte, Umgang im künstlerischen Sinne mit Salben — das war der Gegenstand eines Seminars als »artist in residence« an der Universität—Gesamthochschule—Essen.

Zunächst unternahmen die Studenten eigene Sammelgänge im Unigelände; jeder fand für sich Pflanzen, nahm sie mit in den Seminar-Raum, bestimmte sie, preßte sie, zeichnete sie, fotografierte sie oder präparierte sie für seine Radier-Presse. Das gehört übrigens zu den Selbstverständlichkeiten solcher Projekte: daß jeder Student seine eigene Arbeit ansetzt und entwickelt, auf die ich meinerseits bei Korrekturgesprächen auch individuell eingehe. Die gemeinsamen Aktivitäten wie hier das Sammeln-Gehen sind jeweils nur Ausgangspunkte für das persönliche Tätigwerden.

Dazu gehörte z. B. auch das mehr spielerische Umgehen, was sich bei einem Treffen in der Privat-Wohnung einer Studentin ergab: nach gemeinsamem Handbad im Storchenschnabelsud ergab sich zufällig eine Storchenschnabel-Gesichtspackung für einen Studenten; in dieser Atmosphäre entstand übrigens der gemeinsame Wunsch, das Thema »Salben« zu behandeln.

Bei Apotheken und Drogerien wurden die Bestandteile dafür besorgt, die Rechnungen liefen bei der Verwaltung unter:»Malmaterial auf pflanzlicher Basis«; die Art der Salbe oder Essenz entschied jeder für sich selbst; die Ergebnisse reichten von »Genaunach-Rezept-gemacht« wie Ehrenpreissalbe bis zu Ausgedachtem wie »Ahornblüten-Tinktur«.

Vorgänge wie Destillieren interessierten dabei auch und wurden übrigens durch das benachbarte biologische Institut ermöglicht. Bei solchen experimentellen Arbeiten ist das Quellenstudium wichtig: es reichte von der »Destelier-Kunst des wolerfahrnen Hieronymi Braunschweig« von 1610 über Kosmetik-Bücher bis hin zu ethnomedizinischen Schriften. Von Paracelsus wurde ein Gedanke aufgegriffen: Bilder zu salben und dabei den Menschen, den sie vorstellen, zu beeinflussen. Fotografien von unseren Hälsen, Bäuchen, Stirnen, Nacken, Schultern salbten wir mit unseren Essenzen und erfanden dazu Salbungs-Sprüche.

In einer öffentlichen Abschlußveranstaltung stellten wir unsere Salben-Ergebnisse vor: Studenten und Dozenten wurden (freiwillig natürlich) mit Salben, Ölen, oder Pflanzenbrei bestrichen und besprochen. Dazu wurden unsere behandelten Fotos und Salben gezeigt. In dem Drehbuch *Salben- und Saftsachen* sind die Ergebnisse dieses Seminars veröffentlicht.[3]

Ausgangspunkt eines anderen Seminars waren Bräuche, speziell »Frühlingsfeste«, deren rituelle Strukturen, volkskundliche Bedeutungen etc. mit dem Ziel, eigene »festliche« Umgangs-Formen zu finden. So wurde ein Umgang durch das Gesamthochschul-Gelände mit Studenten-Stecken geplant. Es wurden individuelle Zweige mit Studien-Erwartungen und -Wünschen bestückt, was dann bei der Stecken-Besprechung zu gemeinsamen Gesprächen führte. Auch hier steht das Objekt neben den persönlichen Arbeiten des Studenten und dient zunächst nur dazu, eine gewisse Lockerheit an Zuwendung zum Material zu vermitteln und einen vergleichbaren Ausgangspunkt für ein erstes Gespräch zu erhalten. Die meisten dieser Stecken wurden hinterher zerstört, einige Studenten nahmen sie mit nach Hause, um mit ihnen zu leben.

Ich habe häufig beobachtet, daß Studenten über Isolation an ihrem Arbeitsplatz klagten und froh waren, an solchen Unternehmungen teilzunehmen; hinzu kommt, daß ich mit kurzfristigen, d. h. einsemestrigen Lehrangeboten immer eigene aktionsbetonte Schwerpunkte setzen will.

Das Seminar endete mit dem »Feuersprung«; ausgehend von der früheren Bedeutung des Johannisfeuers (Befestigen von Partnerschaften, Feierlichkeit zur Jahresmitte mit Wunschbildung für eine gute Ernte etc.), wurde hier über das Feuer gesprungen, vorher Kritik am Semester hineingeworfen und nachher ein Wunsch für Kommendes geäußert.

Das, was bei solchen Seminaren übrig bleibt, ist: die Studenten haben zu einem Objekt/Material eine ganz persönliche, innige Beziehung aufgebaut, die auch in der

Zeit danach noch gepflegt wird. Meine Aufgabe war es, ihnen einen Weg dahin zu zeigen.

Die Konsequenzen: Sicher werden Sie jetzt denken: genau wie meine Lehrer an der Akademie habe auch ich meine eigene Arbeit zum Gegenstand des Unterrichts gemacht. Jedoch unter einem anderen Gesichtspunkt: es sind Tätigkeiten und Tätigkeitsformen, nicht aber Stile, die ich vermitteln möchte. Es gilt, faszinierende Situationen zu schaffen, damit der Student eine Zuneigung zu seinen eigenen Fähigkeiten findet.

Zu den Tätigkeiten selbst ist zu sagen: es geht mir dabei nicht nur um die traditionellen künstlerischen Arbeitsweisen wie z. B. Zeichnen, Malen, Objektemachen, sondern um das künstlerische Durchdringen scheinbar ganz normaler alltäglicher Handlungsformen wie z. B. das Herstellen von Salben, Ansetzen von Essenzen, Destillieren, Nüsse-knacken, Apfelschälen, Fußbaden, Gesichtsdampfbaden. Dadurch wird das Klima sozusagen kreativiert. Der spielerische Umgang mit Material wie Quark, Senfsoße und Hautcremes befreit den Studenten seinerseits von seinem häufig als Frust empfundenen Muß zur tradierten Qualität und animiert ihn, selbst erfinderisch tätig zu werden. Dann kommt das erfreuliche 'O ja', das man so selten an Akademien hört.

Anmerkungen

1 Die Pflanzenkonferenzen mit Wahl des Friedenskrauts, Hamburger Kunsthalle 1983
2 Kraut & Zauber, Drehbücher in 4 Teilen (u. a. mit Förderung des Kunstfonds), Hamburg 1980/83
3 Salben- und Saftsachen, Universität Essen 1981 mit einem einführenden Text von Rainer Wick.

Hans Peter Thurn

Sozialkulturelle Rahmenbedingungen der Gestaltung

1. Begriff und Theorie der Gestaltung

Die Gattungsgeschichte des Menschen ist, in einem sehr weiten Blickwinkel betrachtet, gekennzeichnet durch eine kontinuierliche Ausweitung der Möglichkeitsfelder, die sich an die jeweils vorfindlichen Realitäten anschließen. Seitdem es Menschen gibt, ist ihre Lebenswelt durch eine Dialektik von Wirklichem und Möglichem geprägt, die sich aus der menschlichen Befähigung zur Eigengestaltung dieser Lebenswelt ergibt und insofern unausweichlich ist. Zwar gestalten auch Tiere ihren Lebensraum in Eigentätigkeit, doch bleibt solches Tun stets im Rahmen *natur*bedingter Möglichkeiten; es dient in der Regel direkt oder indirekt der Arterhaltung und sprengt das durch diese funktionale Bindung abgesteckte Reiz-Reaktions-Gebiet nicht. Aufgrund ihrer Naturfixierung eröffnet sich den tierischen Verhaltensweisen kein Feld selbst bestimmbarer und willentlich verfolgbarer Möglichkeiten über die Befriedigung primärer Lebensbedürfnisse hinaus.

Anders der Mensch: Er verfügt über einen Antriebsüberschuß, der weit über die Notwendigkeiten elementarer Lebenssicherung und Arterhaltung hinausreicht; diesen Antriebsüberschuß kann er sich zunutzemachen, weil er gekoppelt ist an eine schier unermüdliche schöpferische Intelligenz, die solch eigenständige Blüten treiben kann, daß sie nahezu nichts mehr mit den Wurzeln, von denen sie ihren Ausgang nahmen, zu verbinden scheint. Anders gesprochen: Der Mensch ist nicht nur mit schöpferischer Intelligenz begabt, sondern er kann sie auch einsetzen, zu seinem Wohle ebenso wie zu seinen Ungunsten, konstruktiv und destruktiv. Mehr noch: Dieses sein generatives Energiepotential ist in sich so eigendynamisch, daß der Mensch es nicht nur verwenden *kann*, sondern geradezu aktivieren *muß*. Es stellt sich ihm nicht die Wahl, ob er jene Sphäre über Natur hinaus zu schaffen gewillt ist, die wir Kultur nennen, sondern lediglich öffnet sich ihm ein gewisser Entscheidungsspielraum darüber, *wie* er diese seine Kultur ausgestalten will. Aus dieser Sicht heraus ist es unumgänglich, von einem unausweichlichen *Gestaltungszwang* als dem Grundprinzip menschlicher Daseinsbewältigung zu sprechen. Seinen deutlichsten Ausdruck findet dieser Zwang des Menschen, die Gestaltung seiner Lebenswelt selbst in Angriff zu nehmen, in den vielfältigen Formen der *Arbeit* als produktiver Organisation zur Sicherung der Bedürfnisbefriedigung. Doch auch jenseits der Arbeit ist Gestaltung die nicht zu vermeidende Elementarform der menschlichen Auseinandersetzung mit sich selbst, mit seinesgleichen sowie mit der nichtmenschlichen belebten und sächlichen Welt. Wo immer der Mensch ißt und trinkt, Körperpflege betreibt, sich kleidet, sich eine Behausung schafft, wohnt, schläft, liebt usw., gestaltet er autoreflexiv sich selbst, nimmt gestaltenden Einfluß auf Mitmenschen und tut beides unter mannigfacher Zuhilfenahme von erst selbst durch Menschen geschaffenen Instrumenten, Werkzeugen und dergleichen mehr. In einem weiten Sinne erscheint es also schon bei der Betrachtung der Regelungsformen menschlicher Grundbedürfnisse geboten, jegliches menschliches Handeln als von gestaltender Intentionalität durchsetzt zu verstehen, wobei zu bedenken ist, daß solches Gestaltenwollen und Gestaltungshandeln nicht immer automatisch in Lebensdienlichkeit einmündet, sondern oft genug auch Lebensgefährdungen zeitigt. Dennoch ist als Grundabsicht anthropogenen Gestaltens die Verbesserung menschlicher Lebenschancen anzusehen, die sich allerdings in der Mangelgesellschaft zumeist nur in der Sozialform der Konkurrenz rivalisierender Gruppen um Naturgüter wie bebaubares Land und hegbares Vieh erreichen ließ.

Die gestaltende Regelung des »Stoffwechsels mit der Natur«, wie Karl Marx diesen Vorgang nannte[1], findet seitens des Menschen nicht nur in ihrer Urform, sondern bis heute in zwei Dimensionen und Zielrichtungen statt: Zum einen als eine Bemächtigung menschlicher Eigennatur, als eine autoreflexive Selbstgestaltung, die, unter den vorgenannten Sozialbedingungen erfolgend, ihr Ziel in der von Sigmund Freud umschriebenen »Leidvermeidung« zumindest gegenüber der eigenen Person bzw. Sozialgemeinschaft hat, aber dennoch von Leidzufügung gegenüber anderen, Außenstehenden nicht frei zu sein braucht.[2] Zum anderen vollzieht sich Gestaltung als eine anthropomorphisierende Aneignung nichtmenschlicher Außennatur, als eine Unterwerfung und Ausbeutung von Fremdnatur, deren der Mensch bedarf, um seine Selbstgestaltung optimieren zu können. Beide Strategien des naturbezogenen Modifikationshandelns sind beim Menschen angebunden an das den tierisch-reaktiven Wiederholungszwang übersteigende

Vermögen, jenseits der Natur, wenngleich in ihr vielfach verankert, eine Objektwelt eigener Sachstruktur und Sinnprägung zu erschaffen, kontinuierlich zu gestalten durch Umformungen und Umdeutungen sowie auf Dauer verfügbar zu halten, wechselnden Bedürfnissen immer wieder neu anzupassen und notwendigenfalls durch zusätzliche Erfindungen zu erweitern.

Einer Gestaltungstheorie, die den Blick auf diese hier nur angeschnittenen anthropologischen Grundfragen menschlichen Gestaltungsvermögens richtet, eröffnet sich ein weites Feld der Betrachtung und möglicher Analyse. Sie wendet sich allen Lebenstechniken, Sachwelten und Sinndimensionen zu, die vom Menschen ihren Ausgang nehmen, um sie hinsichtlich der Gründe, Ausformungen, Erscheinungsweisen und Ziele zu durchleuchten, die den sie prägenden Gestaltungswillen bestimmen. Ihr Untersuchungsbereich hat mithin einen weiten Radius. Zum einen erfaßt er das Gestaltungshandeln des Alltagslebens, sowohl hinsichtlich der bereits angesprochenen Regelung von Grundbedürfnissen wie auch mit Blick auf die Zone nichtnatürlicher, kultureller Bedürfnisse; d. h. es ist aus dieser Sicht die Kochkunst oder die Raumgestaltung ebenso untersuchungswürdig wie das Sprechen, Schreiben, Singen, Lachen, Gehen oder Tanzen. Ausgangspunkt der Untersuchung ist hier immer die biographisch-alltägliche Lebenssituation, in welcher der Gestaltende steht und von der aus er entsprechend den natürlichen, kulturellen und sozialen Bedingtheiten agiert.

Zum anderen wendet die hier umrissene Gestaltungstheorie sich jenen natürlichen, sozialen und kulturellen Prozessen zu, die aufgrund der Arbeitsteilung, welche die gegenwärtige Lebenswelt bestimmt, die nichtalltägliche Berufssituation des Gestaltungsexperten theoretisch und praktisch lenken. An die Grunddefinition der Berufssituation von Gestaltungsexperten schließt sich an die Differenzierung nach Tätigkeitsbereichen, sei es von Kunst- und Musikerziehern, Designern oder Umweltgestaltern, die alle auf der Grundlage der Handlungstheorie hinsichtlich ihrer gestalterischen Implikationen zu erörtern sind. Dabei wird stets zu bedenken sein, daß jedes Gestaltungshandeln, ob durch den Alltagsmenschen oder seitens des Experten erfolgend, motivationsmäßig in die Intersubjektivität menschlicher Existenz eingebunden ist und bleiben muß. Gestaltung, auf welcher Ebene auch immer sie sich zuträgt, wird durch Lebensbedürfnisse veranlaßt, an deren Befriedigung sie sich in jedem ihrer Schritte intentional orientieren muß. Zu einer dienlichen Teilhabe an menschlich gemeinsamer Sinnerfüllung und Lebensverwirklichung kann sie nur gelangen, wenn sie sich aus ihrer Kenntnis der Chancen und Neuralgien der zeitgenössischen Lebenswelt heraus *Maßstäbe* setzt, an denen sie sich in ihrer theoretischen und praktischen Mitwirkung zu orientieren vermag. Anthropologisch fundierte Gestaltungstheorie findet ihre pragmatische Rückbindung an Gestaltungspraxis darin, daß sie mithilft, die erforderlichen Orientierungsmarken aufzuspüren. Sie kann aber dieser Aufgabe verläßlich nur nachkommen dadurch, daß sie analytisch die Rahmenbedingungen absteckt, unter denen sich jedwedes Gestaltungshandeln vollzieht. Zu gelingen vermag ihr dies, indem sie sich einbettet in eine interdisziplinär konzipierte Kulturwissenschaft, der es darum zu tun ist, die strukturbildenden natürlichen, kulturellen und sozialen Regeln aufzudecken, aus deren Wechselwirkung heraus sich die lebensweltlichen Gestaltungsmuster heute aufbauen.

2. Das triadische Modell der Kultur

Seiner Wirklichkeit bemächtigt sich der Mensch, indem er sich den Symbolhaushalt der Lebenswelt aneignet, in die hinein er enkulturiert und sozialisiert wird. Nach Maßga-

be seines Antriebsüberschusses und seiner generativen Intelligenz sowie entsprechend der förderlichen und hinderlichen Realität, auf die er trifft, ist er in der Lage, diesen Prozeß der theoretischen und praktischen Weltaneignung sowohl rezeptiv als auch produktiv auszugestalten. In einer Fülle von Korrespondenzen mit mehr oder weniger dicht anlagernden Segmenten der Makrodimensionen von Natur, Kultur und Sozialwelt baut das Mikrogehäuse seiner persönlichen Lebenswelt auf. Lebenserhaltung ist das Ziel, das ihm dabei unablässig vor Augen steht. Erreichen kann er es nur, indem er sein Gehäuse sowohl bestandskräftig als auch anpassungsfähig an sich wandelnde Umweltbedingungen bzw. Eigenziele hält. Wie dies für den Einzelnen, so gilt Gleiches für die Gruppe. Das Koordinatensystem aus Tradition und Innovation, Integration und Segregation sowie aus mikrostruktureller Heterogenität (Vielfalt) und makrostruktureller Homogenität (Zusammenhalt des Vielfältigen) gibt das Netz ab, innerhalb dessen sowohl individuelle als auch kollektive Subjekte ihre Wirklichkeitsaneignung aktiv und passiv, als selbst Gestaltende und fremde Gestaltungseinflüsse Erduldende, meistern müssen. Die Festschreibung des eigenen Systems muß einen gewissen Minimalgrad erlangen, aber sie darf nur so weit reichen, daß stetig Handlungsspielräume offenbleiben, die es erlauben, neu auftretende Gestaltungsstrategien erfolgreich zu adaptieren, handele es sich nun um neues Wissen, neue Lebenstechniken oder neuartige Gegenstände. Verkürzt ausgedrückt: Der von den Menschen erstrebte ganzheitliche Gestaltungszusammenhang der Lebenswelt kann nur in dem Maße erstellt werden, als es gelingt, deren sächlichen und personalen Dimensionen dialogische Qualitäten einzupflanzen. Soll die Zivilisation eine multilateral lebensdienliche Gestalt finden, so muß deren Urheber, der Mensch, sie in allen ihren Erscheinungsformen, d. h. in sich selbst wie in seinen Mit-

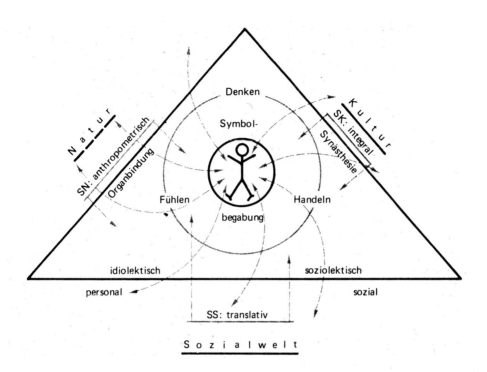

Abb. 1 Die symbolische Matrix des Gesamtlebens:
Der einzelne Mensch erfährt sich als psycho-physische Einheit und als inmitten der Lebenswirklichkeit stehend. Um den engsten Radius seiner Leiblichkeit (kleiner Kreis) schlägt er
kraft seiner Symbolbegabung einen personalen Aktionsradius (großer Kreis), den er denkend,
fühlend und handelnd ausmißt. Auf diese seine Selbstsetzung wirken von außen die schwan-
kenden Konditionen der Umwelt (Dreieck) ein (gerade, durchbrochene Pfeile S − − − ➤).
So seitens der Natur die anthropometrische Qualität der symbolischen Gesamtmatrix
(SN − − − ➤), seitens der Kultur die integrale Verflochtenheit der symbolischen Teilkon-
trukte (SK − − − ➤) sowie aus der Sozialwelt heraus deren translative Gegebenheiten und
Ansprüche (SS − − − ➤), die zudem stets der Spannung zwischen personalen und sozialen
Akzenten unterworfen sind. Auf all diese Einflüsse und Anforderungen reagiert der Mensch
dynamisch und seinerseits gestaltungsinitiativ (gebogene zweiseitige Pfeile ⟋ ⁓ ⁓ ⟍). Die
Art seiner passiven und aktiven Bezugnahmen auf die dermaßen hochkomplex veranlagte
Lebensumwelt ist jedoch zugleich zur Natur hin durch seine eigennatürliche Organbindung,
nach der Seite der Kultur hin durch seine synästhetische Grundkonstitution und in Richtung
auf die Sozialwelt durch seine idiolektisch-soziolektische Doppelbegabung fixiert (Innensei-
ten des Dreiecks).

menschen, in der anthropomorphen Objektwelt wie in der Natur, zum Sprechen bringen bzw. sprechend erhalten. Die Kohärenz des Gefüges aus Natur, Kultur und Sozialwelt, in dem der Mensch individuell und kollektiv zu leben genötigt ist, kann auf Dauer nur gewährleistet werden durch kontinuierlich erbrachte Syntheseleistungen, die ihrerseits sich kausal und intentional aus einem gemeinschaftlichen Gestaltungswillen speisen.

Für die Stabilität der Struktur, in der jegliches Gestaltungshandeln sich vollzieht, ist die *Qualität* der symbolischen Interaktion in der Lebenswelt ausschlaggebend. Ohne Detailprobleme einzelner Lebenssphären unnötig einebnen zu wollen, ist festzuhalten, daß für jedes Kulturgebäude jedweder Größenordnung die folgenden drei Merkmale sowohl konstitutiv als auch unverzichtbar sind (Abb. 1):

1. muß die symbolische Matrix der Kultur *anthropometrisch* sein. Sie muß Maßstäblichkeiten aufweisen, die den Sinnen des Menschen, seinen psychophysischen Erfahrungskonditionen, zuträglich sind. Dies betrifft optische, akustische und haptische Dimensionen ebenso wie den auf unterschiedlichste Art möglichen kinetischen und synästhetischen Umgang des Menschen mit der Wirklichkeit. Die mangelnde Berücksichtigung anthropometrischer Maßstäblichkeiten ist eine der folgenreichsten Quellen für mancherlei Neuralgien der zeitgenössischen Industriekultur. Dies lehrt etwa ein Blick auf die Nachkriegsarchitektur in Mitteleuropa. Im Mietwohnungsbau beispielsweise sank in den vergangenen Jahrzehnten die mittlere Raumhöhe ständig, während die durchschnittliche Körpergröße der Menschen ebenso kontinuierlich zunahm. Es wurde also ein Grundwiderspruch im wahrsten Sinne des Wortes errichtet, mit der Folge, daß ein Großteil der betreffenden Wohnungen für zukünftige Generationen unbenutzbar sein wird. Die zunehmende Flucht in den Altbau hat in dieser anthropometrischen Mißachtung ihren Veranlasser. In der Kategorie des *Anthropometrischen* wird somit der, freilich permanenter kultureller Modifikation unterworfene, *Naturbezug* der Symbolsprachen, ihre bei allem Wandel fortbestehende Organbindung, evident.

2. muß die symbolische Matrix der Kultur *integral* sein. Die diversen Sprechweisen müssen, wie kompliziert auch immer, miteinander einen Ganzheitszusammenhang konstituieren. Die optischen, akustischen und haptischen Grammatiken der Kultur müssen einen auf Zusammenwirkung fußenden, konsistenten Erfahrungshorizont errichten, damit der synästhetisch begabte Mensch, sie wechselbezüglich erfahrend, seine Lebenswelt zu einem sinnhaften Gefüge verdichten kann. Nur durch eine solche in der symbolischen Prägnanz der Wirklichkeit selbst schon angelegte Chance zu kompositorischer Betätigung kann der Mensch einen sinntragenden Bezug zwischen seiner persönlichen Ganzheitlichkeit und der ihn umgebenden vieldimensionalen Totalität stiften.[3] Hierzu ein die körpernächste Kulturschicht betreffendes Beispiel: Der in den letzten Jahrzehnten erfolgte Fortschritt in der Kleidungsversorgung der Bevölkerung hat sich, abgesehen von der technischen Entwicklung und der Produktivitätssteigerung in der Konfektionsindustrie, nur verwirklichen lassen mit Hilfe eines fortwährend verfeinerten Größensystems, das den Schwankungen im menschlichen Körperbau angemessen Rechnung trug. Durch ein ausgeklügeltes Raster von körperteilig aufeinander abgestimmten Normalgrößen, Über-, Unter- und Zwischengrößen gelang es, das Angebot so auszufächern, daß für praktisch jeden Menschen sich eine Kombination von Kleidungsstücken zusammenstellen läßt, die in sich so integral ist, wie seine Gestalt dies verlangt, und die zu jenem erfreulichen Erlebnis verhilft, das wir in die Worte: »es paßt«, »es sitzt« kleiden. Die Kategorie des *Integralen* bezeichnet mithin den sich in vielmaschigen Korrespon-

denzen zwischen dem menschlichen Leib und der Außenwelt artikulierenden *Kulturbezug* von Symbolsprachen.

3. muß die symbolische Matrix der Kultur in jeder ihrer Organisationseinheiten nach außen hin wie binnenstrukturell *translativ* sein. Ihr müssen spezifische Grade von Verstehbarkeit eignen, die sich an zugangswillige Außenseiter ebenso richten wie an nutzende Insider. Ihre Ausdrucksmuster müssen Orientierungswerte aufweisen, sie müssen, in Entsprechung zu ihrer Relevanz für Verrichtungen des Alltagslebens, in die alltäglichen Deutungsmuster der Menschen übersetzbar sein. Dazu ist es erforderlich, daß sie einerseits sich dem wissensmäßigen Auseinandersetzungswillen der Menschen gegenüber in relativer Offenheit und Erreichbarkeit verhalten, daß sie also *soziolektisch* ausgerichtet sind, und daß sie andererseits an ein Netz von Transformationsregeln angebunden sind, mithilfe deren sie notwendigenfalls erlernt werden können. Die Kategorie der *Translativität* markiert dementsprechend den variierenden *Sozialbezug* von Symbolsprachen.

Diese Strukturmerkmale gelten auf allen Ebenen und in allen Nischen des sozialkulturellen Geschehens. Nur nach Maßgabe der Chancen, welche die anthropometrische, integrale und translative Qualität der symbolischen Matrix eröffnet, können die Denk-, Fühl- und Handlungsenergien der individuellen und kollektiven Subjekte zu einer Form des Zusammenwirkens finden, in der sich die Sicht auf ein konsensuelles, d. h. kommunikativ mit Sinn und Bedeutung versehenes Kulturleben auftut.

Daß in einer kontroversen Lebenswirklichkeit sich der Austarierung dieses Gefüges mancherlei ökonomische, soziale und kulturelle Hindernisse in den Weg stellen, scheint einer besonderen Hervorhebung bedürftig

zu sein. Doch darf nicht verkannt werden, daß zunehmend auch die *natürlichen* Grundlagen menschlichen Lebens und Selbstverständnisses dahinschwinden.[4] Zum einen ist die nichtmenschliche Natur durch den sogenannten zivilisatorischen Fortschritt in eine ökologische Krise getrieben worden, die durch eine Häufung von Katastrophen allmählich unübersehbar wird; erinnert sei nur an Luftverschmutzung, Wärmeabstrahlung, Ölpest, Tiersterben, Vernichtung des Baumbestandes und anderes mehr. Zum anderen sind aber auch die biologischen Grundlagen der menschlichen Eigennatur ins Wanken geraten durch die wissenschaftlich sich bietenden Möglichkeiten zu Modifikationen zuvor ungekannten Ausmaßes, etwa durch Gen-Manipulation, Organ-Transplantationen und die chemokulturelle Steuerung von Individuum und Gesellschaft. Angesichts derartiger Entwicklungen stellt sich auch die Frage nach der Naturverwurzelung der menschlichen Grundbedürfnisse und ihrer Fundierungsleistung für das Kulturgefüge unter neuen Vorzeichen. Zur Beantwortung dieses Fragenkomplexes werden alle Humanwissenschaften das Ihre beizutragen haben, nicht zuletzt Medizin und Ethologie. Der *Kultur*wissenschaft obliegt es, in Zusammenarbeit mit diesen Disziplinen die gewandelten *kulturellen Modalitäten* und *sozialen Figurationen* aufzudecken, unter denen sich die Gestaltung des Alltagslebens heute vollzieht.[5] In den weiteren Untersuchungsbereich einer dermaßen akzentuierten Kulturwissenschaft gehört zudem eine Vielzahl ihrer Herkunft nach nicht-natürlicher Handlungsformen, denen allerdings der Gang der technischen Durchsetzung des Lebens inzwischen den Charakter von Quasi-Natürlichkeit beigelegt hat: Autofahren ebenso wie Fernsehen, Telefonieren, elektrifiziertes Kochen, maschinelles Schreiben, Fotografieren, Filmen und andere mehr.

259

3. Grundgegebenheiten von Kultur und Gestaltung heute

Der Zerfall der natürlichen Grundlagen von Gestaltrezeption und Gestaltproduktion geht allerdings noch nicht so weit, daß jegliche Organbindung von Gestaltungsprozessen aufgehoben wäre. Die Sinne des Menschen sind noch immer die Filter, durch die hindurch jegliches Wahrnehmen und Hervorbringen von Gestaltqualitäten vonstattengeht. Jedoch führt die zunehmende Gefährdung von Sinneskonstanten, etwa durch die angesprochenen Organmodifikationen oder infolge von vielerlei inneren und äußerlichen Täuschungsmanövern, dazu, daß die Stabilität der gebenden und nehmenden Korrespondenzen zwischen Mensch und Lebenswelt in zunehmendem Maße von Kultur und Sozialwelt garantiert werden muß. Es kann in einer Zeit rapiden Wandels in allen Lebensbereichen kaum Wunder nehmen, daß beide Dimensionen sich diese ihnen zufallende kompensatorische Aufgabe dadurch zu erleichtern suchen, daß sie die in ihre Zuständigkeitsbereiche fallenden Gestaltungsvorgänge weitestmöglich festschreiben und dadurch möglichst wenig wandlungsanfällig halten. In der Sozialwelt geschieht das vermittels sehr stringenter Internalisierungen, die als individuelles Stützwerk intersubjektiver Ritualisierungen dienen und sozialen Austausch auch dort noch ermöglichen und regeln, wo etwa der Abbau früherer Erfahrungswerte den uns noch verbleibenden Rest an Natur undefiniert zurückläßt. So konnte die Freigabe der natürlichen Erscheinung des weiblichen Körpers, wie sie in den letzten Jahren aus merkantilen Motiven in der Illustriertenpresse mit einer optischen Radikalität ohnegleichen erfolgte, im Verhältnis zwischen Männern und Frauen nur deswegen nicht zu übermäßigen Konflikten führen, weil die visuell abgebauten Schamschranken gewissermaßen in der Psychostruktur der Männer wieder aufgebaut wur-

den und die erforderlichen Trieb- und Handlungshemmungen zeitigten. Das Beispiel zeigt, daß Veränderungen in der Gestaltung der personalen Umwelt nicht ohne korrespondierende Umdefinitionen in der Innenwelt der betroffenen Menschen erfolgen bzw. erfolgen dürfen, wenn nicht das labile Gleichgewicht der Interaktion fundamental gestört werden soll.

Ähnliche Konsequenzen sind an der sächlichen Dimension der Kulturwelt abzulesen, die immer zahlreichere ehedem naturabgeleitete Regelungsfunktionen übernehmen muß. Ganz konkret läßt sich das ermessen an der quantitativen Zunahme von Bedeutungsträgern, deren Zeichen und Symbole eine vielfach gar nicht mehr subjektiv kontrollierbare und daher umso effektivere Steuerungswirkung auf unser Denken, Fühlen und Handeln ausüben. Das gilt für das Schildermeer auf den Straßen ebenso wie für stimulierende Werbemittel jeglicher Provenienz oder auch für die technischen Kommunikationsmedien wie Telefon, Radio und Fernsehen, die selbst noch im Privatbereich der Wohnung unser Verhalten und Handeln optisch, haptisch und akustisch, ja auch kinetisch und synästhetisch beeinflussen, und das heißt eben: sozialkulturell steuern. Die Fixierungen, die der Mensch durch dergleichen Kulturinstrumente erfährt, sind umso wirkungsvoller und umso irreversibler, je weitgehender er sie als selbstverständlich und quasi-natürlich akzeptiert hat und sie infolgedessen zu unverzichtbaren Bestandteilen seiner persönlichen Lebensplanung erhebt. Auch in dieser Dimension ist mithin die Übernahme äußerer Gestaltungsansprüche in die innere Eigengestaltung seitens des betroffenen Menschen unabdingbar für die Erhaltung der Gestaltungsreziprozität von Mensch und Lebenswelt.

In beiden Dimensionen, der interpersonalen der Sozialwelt wie der residualen der Kulturwelt, zielt die Einflußnahme der Gestaltungsansprüche seitens der Außenrealität dahin, den Individuen Strukturmuster einer Eigengestaltung einzuverleiben, die ihnen die erforderlichen Kongruenzen zwischen Innenwelt und Außenwelt aufzubauen erlauben. Gestaltungsträger jeder Art, ob Mensch, Baum, Stuhl oder Haus, haben an der Aufrechterhaltung dieses notwendigen Interdependenzsystems insofern entscheidenden Anteil, als sie die Bedeutungsvermittler sind, ohne deren kontinuierliche Repräsentation der Mensch heutzutage gar nicht mehr auskommt. Als konventionserhaltende Sinnmanifestationen sind sie funktional unentbehrlich. Je nach ihrer Einbindung in das Wertgefüge, das Normensystem und die Faktizität der Lebenswelt üben sie auf den Menschen das aus, was ich einen »intentionalen Kanalisationseffekt« nennen möchte. Ihre Leistung ist diejenige einer, allerdings nicht immer unproblematischen, steuernden Vordefinition hinsichtlich des unumgänglichen Minimums sowie des erreichbaren Maximums an Verflechtung zwischen gestaltungsbedürftiger individueller oder kollektiver Mikroeinheit und immer schon vorgestalteter Makrowelt.

Die an diese Verlaufsform angebundenen Gestaltungsprozesse, seien es nun primär solche der individuellen Eigengestaltung, der zwischenmenschlichen Fremdgestaltung oder der außermenschlichen Objektgestaltung, werden zusätzlich durch eine Reihe von Faktoren geprägt und oftmals gehemmt, die sich aus den sich rapide verändernden sozialkulturellen Rahmenbedingungen der industriellen Zivilisation in den letzten hundert Jahren herleiten und die es daher gesondert zu betrachten gilt. Zunächst ist kaum zu übersehen, in wie hohem Maße die alle zeitgenössischen Lebensbereiche durchwaltende *Delegationsstrategie* auch alles, was mit Gestaltung zusammenhängt, vereinnahmt hat. Die Entwicklung der Zivilisation ist durch eine weitgehende Verlagerung von Kompetenzen aus dem sozialkulturellen Alltag heraus in sich ständig weiter ausfächernde Spezialberufe gekennzeichnet. Technifizierung und Industrialisierung der Lebenswelt erheben den Erwerb immer umfänglicherer Spezialwissenshaushalte zur Voraussetzung für die Lösung selbst relativ einfach erscheinender Lebensprobleme. Immer mehr Spezialisten stehen bereit, dem zum Laien absteigenden Alltagsmenschen mit ihren vorgefertigten Rezepten hilfreich unter die Arme zu greifen. Doch die Degradierung zum Laien ist nur die eine Seite dieses Prozesses; sie ist verschmolzen mit jener anderen, aus welcher der Anspruch an jeden von uns gerichtet ist, sich zu einer Art Hobby-Spezialist für wechselnde Fragen der Alltagsgestaltung fortzuentwickeln, dem freilich seine Insuffizienz gegenüber dem beruflich legitimierten Experten kaum verborgen bleiben kann und der ja auch gerade um dieser Diskrepanz willen vielerorts mitleidig belächelt wird. Dennoch wird keine Gestaltungswissenschaft darin versagen dürfen, die vielerlei Freizeitbeschäftigungen, die mit dem Begriff des 'Hobby' oder des 'Do it yourself' nur unzureichend erfaßt werden, ernst zu nehmen. Denn in derlei Gestaltungshandeln im Privatbereich spricht sich der Wille der Menschen aus, aller Spezialisierung im Beruf zum Trotz wenigstens hier eine aktive Universalkompetenz zu bewahren, die sich weder auseinanderdividieren lassen will noch sich mit der Fixierung auf bloß rezeptive Selektion von Fertigprodukten, auf den passiven Konsum vorgestanzter Sinnmuster zufriedengibt. Solcher Begrenzung des persönlichen Entscheidungs- und Handlungsbereichs, die von einer entmündigenden Mutation des anthropomorphen Gestaltungszwangs zum bloß reaktiv erfüllbaren Fremdzwang begleitet wird, suchen die Menschen sich zu entziehen durch das Aufsuchen neuer Partizipationsmöglichkeiten, eine Vielzahl von Fragen der Umweltgestaltung betreffend. Die Bürgerinitiativen der letzten Jahre sind ein beredtes Zeugnis solchen Bemühens. Sie entfachten verschärft den Disput darüber, wer heutzutage überhaupt noch über genügend allseitige und spezialwissenschaftlich abgesicherte Kompetenz zur Beantwortung von Elementarfragen der Lebensgestaltung verfügt: betroffene Bürger, berufliche Experten, Politiker, Technokraten oder nur alle gemeinsam?

Ein weiterer beachtenswerter Sachverhalt besteht darin, daß die konstatierte Begrenzung der persönlichen Gestaltungsräume unmittelbar einhergeht mit einer *Entgrenzung* der Verfügung über gegenständliche Gestaltungsträger. Nicht länger mehr läßt sich heute von einer durchgängigen Kongruenz kultureller Geltungsräume mit begrenzten Sozialwelten wie Schichten und Klassen sprechen, wie sie für vergangene Epochen charakteristisch war. Industrielle Produktion und der schrittweise Abbau sozioökonomischer Barrieren in bezug auf die Erreichbarkeit kultureller Güter vom Buch über die Lampe bis zu Radio und Zahnbürste haben dazu geführt, daß wir heute, vorsichtig ausgedrückt im Hinblick auf noch bestehende Gefälle, in einer zumindest der Tendenz nach egalitären Kultur leben, die mit dem Schlagwort von der »Massenkultur« allerdings nur unzureichend charakterisiert ist. Hervorstechendes Wesensmerkmal der industriellen Zivilisation ist insbesondere[6], daß sie in einer kontinuierlichen *Komplexitätssteigerung* begriffen ist, für die derzeit noch kein Ende abzusehen ist. Konkret äußert sich dies in dem ausufernden Angebot an Waren, die zur Befriedigung welcher Lebensbedürfnisse auch immer bereitstehen. Geltung hat diese Feststellung nicht nur in Bezug auf unsere Umwelt und Mitwelt, deren Gestaltungsreichtum sich an unseren Wohnungen etwa ablesen läßt. Sondern je weiter wir in der Geschichte vorrücken, desto mehr gestaltete Vorwelt bedarf der kontinuierlichen Aufarbeitung, und je mehr Techniken der wissenschaftlichen Planung uns verfügbar werden, desto weiter blicken wir in die Zukunft hinein, nehmen wir mit jedem Gegenwartsschritt auch die Optionen wahr, welche die zu gestaltende Nachwelt uns schon entgegenhält.

Die Zunahme an Komplexität in der Realitätsgestaltung konfrontiert den Menschen in der davon betroffenen Lebenswelt mit dem Phänomen der *Kontingenz*. Angesichts des Überangebots an Zeichen, Symbolen, Waren, Werten, Normen und Fakten steht der Mensch vielfach vor der Notwendigkeit, Auswahlen treffen zu müssen zwischen Gegenständen, deren jeder ihm annähernd gleich tauglich zu sein scheint für die anvisierte Bedürfnisbefriedigung, ohne daß er jedoch diese Tauglichkeit wirklich effektiv kontrollieren kann. Er steht unter Selektionszwang und zugleich in der ständig drohenden Gefahr, aufgrund etwa eines Mangels an differenzierenden Kenntnissen eine falsche Wahl zu treffen und hernach enttäuscht zu werden. Angesichts der funktionalen Äquivalenz der wählbaren Gestaltungsmittel bedarf der Mensch zusätzlicher Informationen, die ihm die Entscheidung darüber erleichtern, welcher Bestandteil des Angebots seinem persönlichen Bedarf am dienlichsten ist. Zu einer solchen 'richtigen' Wahl kann er aber nur dann gelangen, wenn etwa der zu findende Gegenstand vermöge der Aussagekraft seiner Gestaltungsqualität sich ihm gegenüber anthropometrisch, integral und translativ verhält, wenn er ihn in ganzheitlicher Konsonanz anspricht.

4. Aufgaben der Gestaltung

Gestaltung, soviel hoffe ich mit diesen Überlegungen verdeutlicht zu haben, wird in einer Gesellschaft wie der unsrigen immer wichtiger, nicht bedeutungsloser. Wo Differenzierungen aus der Sache heraus nicht mehr möglich sind oder sinnlos werden, weil die Unterschiede zunehmend eingeebnet und damit irrelevant werden, verlagert sich die Orientierungserwartung, von welcher der Mensch sich in keiner seiner Handlungen lossagen kann, in die Dimension der Gestaltung. Dieser kommt es zu, in einer Weise Sinn und Bedeutung zu stiften bzw. vermittelbar werden zu lassen, welche den Sinnen des Menschen insgesamt zuträglich ist. Als intentionaler Fixpunkt muß allem beruflichen Gestaltungshandeln die psychophysische Einheit und Unverbrüchlichkeit des Menschen gelten, sein Leib als der »Knotenpunkt lebendiger Bedeutungen«, wie Maurice Merleau-Ponty sich einmal ausdrückte.[7] Gestaltung muß eine Vielzahl lebensdienlicher Brücken herstellen zwischen den unendlich aufgeschichteten externen Ausdrucksmustern der Lebenswelt und den internen Deutungsbedürfnissen und Erwartungsmustern der Menschen. Erfüllt sie diese Aufgabe, so hilft sie, der Verwirklichung von Kultur als, wie Georg Lukács sie postulativ definierte, der »Idee des Menschseins des Menschen« näherzukommen.[8]

Solche unverzichtbare Zielvorstellung kann aber nicht darüber hinwegtäuschen, daß dem Menschen aufgrund seiner widersprüchlichen Wesensart immer nur Annäherungswerte an Idealzustände erreichbar sind. Auch Gestaltung als Grundprinzip menschlicher Lebensverwirklichung darf nicht idealistisch überfrachtet werden. Sie vermag nicht alles. In diesem Bewußtsein soll das vorbeschriebene Modell dazu dienen, Defizite aufzuspüren und aus der Kenntnis der natürlichen, sozialen und kulturellen Rahmenbedingungen heraus Wege zu ihrem Abbau zu erschließen. Solche Mängel und Neuralgien gibt es von der Mikrodimension eines Einzelgegenstandes bis zur Makrowelt von Architektur und Stadträumen nur allzuviele. Konkret: Wenn ein Castelli-Klappstuhl (Abb. 2) zwar funktional vielseitig konzipiert, leicht beweglich, transportabel usw. ist, auch optisch eingängig konturiert wurde, zugleich aber haptische Mängel aufweist, indem er materialbedingt kalt bleibt, aufgrund seiner Glätte den Sitzenden keinen Halt finden läßt, stattdessen einen Wär-

mestau am Gesäß verursacht, so bleibt er an einer entscheidenden Nahtstelle der beteiligten Gestaltungsdimensionen insuffizient. Die Verzahnung anthropometrischer, integraler und translativer Erfordernisse ist nicht soweit positiv vorangeschritten, daß dieser Gebrauchsgegenstand eine zufriedenstellende Kongruenz zwischen seiner integralunausgewogenen Qualität und den synästhetischen Bedürfnissen des Benutzers herzustellen erlaubt. Die Folge dieses partiellen Defizits: Der Castelli-Stuhl wird seinem eigentlichen Gebrauchszweck entzogen, er wird von seinen Besitzern zum Ziergegenstand umfunktioniert (was fast schon die Art seiner Präsentation in der Werbung nahezulegen scheint).

Vergleichbare Beispiele aus anderen Nutzungsbereichen ließen sich anfügen. Der Mangel an symbolischer Prägnanz, im Sinne der multilateralen Erfüllung aller Erfordernisse des skizzierten Modells, ist selbst schon zu einem gefährlichen Bestandteil unseres Alltagswissens geworden, zugleich aber auch zu dem verbreitetsten Symptom, an dem Gestaltungsexperten immer wieder ansetzen müssen. Dies ist umso schwieriger, als es sich, wie beschrieben, ja nicht um einen quantitativen Mangel, sondern um ein qualitatives Defizit handelt, um eine versteckte, oft nur schwer zu entziffernde Verarmung des synästhetischen Wertes von Gegenständen, die nach außen hin funktional äquivalent auftreten. Der quantitative Überschuß wirkt als Kompensation für diesen qualitativen Mangel in einer Zivilisation, die sich selbsttrügerisch als 'Wegwerfgesellschaft' apostrophiert und der nur in den Sinn kommt, die Rotation des Ersetzens von Vertrautem durch Neues immer mehr zu beschleunigen, egal ob es sich um Autos, Bücher, Geschirr, ja selbst Menschen handelt. Wo infolgedessen der Aufbau stabiler Beziehungen zur Objektwelt und durch sie symbolisch vermittelt zu Mitmenschen erschwert wird, drohen Asymbolie und Apraxie, den-

kende, fühlende und handelnde Ohnmacht der betroffenen Menschen. Derartige Formen unfreiwilliger Resignation und Gleichgültigkeit münden ein in einen Abbau kompositorischer Mitwirkung der Menschen an der Gestaltung ihrer Lebenswelt. Solcher Entvitalisierung und Entsozialisierung der Kultur Einhalt zu gebieten, wo immer es nottut, ist eine der wichtigsten Aufgaben der Gestaltungsexperten aller Art, die sich so aus ihrer spezialistischen Berufssituation wieder rückbinden können an die Gestaltungsprobleme des Alltagslebens, indem sie die entübten Menschen zum schöpferischen Umgang mit sich selbst, ihren persönlichen Fähigkeiten, ihren Mitmenschen und der Gegenstandswelt, die sie gemeinsam umgibt, anleiten. An der befriedigenden Wahrnehmung dieser Aufgabe mitzuwirken, ist die vornehmste Pflicht einer Gestaltungstheorie, wie ich sie hier in Umrissen vorzustellen versuchte.

Anmerkungen

1 Vgl. z. B. Karl Marx im 3. Band des 'Kapital', MEW Band 25, S. 828.

2 Vgl. Sigmund Freud, Das Unbehagen in der Kultur (1929/30), Studienausgabe Band 9, Frankfurt 1974, S. 208/209.

3 Zu den Kategorien des Integralen und der symbolischen Prägnanz vgl. Ernst Cassirer, Philosophie der symbolischen Formen, 5. Auflage Darmstadt 1972, Band 1, S. 40 und Band 3, S. 222 ff.

4 Vgl. Willi Oelmüller, Zur Rekonstruktion unserer historisch vorgegebenen Handlungsbedingungen, in: Willi Oelmüller (Hrsg.), Wozu noch Geschichte?, München 1977, S. 267—309.

5 Zum Begriff der sozialkulturellen Figuration vgl. Norbert Elias, Was ist Soziologie?, München 1970, S. 139 ff.

6 Zum Folgenden vgl. Niklas Luhmann, Sinn als Grundbegriff der Soziologie, in: Jürgen Habermas/Niklas Luhmann, Theorie der Gesellschaft oder Sozialtechnologie — Was leistet die Systemforschung?, Frankfurt 1971, S. 25—100. Gegenüber Luhmann legt das hier dargelegte Modell den Akzent darauf, daß Sinn sich erst in der dynamischen Verschmelzung von individueller Mikrowelt und umgebenden Makrodimensionen herstellt nach Maßgabe der Erfüllung der skizzierten natürlichen, kulturellen und sozialen Erfordernisse.

7 Maurice Merleau-Ponty, Phänomenologie der Wahrnehmung, Berlin 1966, S. 182.

8 Vgl. Georg Lukács, Alte Kultur und neue Kultur (1920), in: Frank Benseler (Hrsg.), Georg Lukács. Goethepreis 1970, Neuwied und Berlin 1970, S. 60.

Die Autoren

Bazon Brock, Prof., geb. 1936; Generalist, Literat, action teacher, Filmessayist und Theatermacher; Professor für Ästhetik an der Bergischen Universität Wuppertal. Zahlreiche Publikationen, u. a.: Ästhetik als Vermittlung — Arbeitsbiographie eines Generalisten, Köln 1977; Avantgarde und Tradition, Marburg 1980.

Lili Fischer, Dr., geb. 1947; Studium an der Hochschule für Bildende Künste Hamburg; Kunsterzieherin; Promotion über Animation 1978; 1978—80 Karl Schmidt-Rottluff-Stipendium; Lehraufträge und Gastprofessuren in Hamburg, Essen und Kassel. Zahlreiche Animationsprojekte und Ausstellungsbeteiligungen.

Hubert Hoffmann, Prof., geb. 1904; Studium am Bauhaus; freier Architekt, Werbe- und Ausstellungsgestalter, amtliche Tätigkeit als Stadt- und Landesplaner; 1945—48 Planungen für den Wiederaufbau des Bauhauses und der Stadt Dessau; Ordinarius für Städtebau, Entwerfen und Grundlagen der Gestaltung an der TU Graz. Emeritus. Zahlreiche Ausstellungen; Buch- und Zeitschriftenveröffentlichungen zu Architektur und Städtebau.

Anneliese Itten, geb. 1913; Studium bei Johannes Itten in Krefeld; nach Ittens Tod 1967 Neuherausgabe der Bücher ihres Mannes (Kunst der Farbe; Gestaltungs- und Formenlehre; Elemente der Bildenden Kunst); Organisation zahlreicher Ausstellungen zum künstlerischen und pädagogischen Werk Ittens im In- und Ausland, zuletzt »Johannes Itten — Künstler und Lehrer«, Bern, Krefeld, Stuttgart 1984/85.

Franz Rudolf Knubel, Prof., geb. 1938; Studium der Kunstgeschichte in Tübingen und der Kunsterziehung an der Hochschule für Bildende Künste Berlin; 1. und 2. Staatsexamen; 1969 Lehrer an der Werkkunstschule Münster; 1971 Lehrer an der Folkwangschule für Gestaltung Essen; 1973 Professor an der Universität Gesamthochschule Essen; 1976—77 Studienaufenthalt in der Deutschen Akademie Rom, Villa Massimo. Zahlreiche Ausstellungen in Galerien und Museen; Veröffentlichungen zusammen mit Bernd Damke und mit Ursula Schulz-Dornburg.

Kurt Kranz, Prof., geb. 1910; Studium am Bauhaus; Assistent bei Herbert Bayer; ab 1950 Lehre an der HfbK Hamburg (Grundlehre und freie Malerei); 1955 Professor; Gastprofessuren an zahlreichen Kunstschulen und Universitäten in Japan und den USA, u. a. an der Harvard University; 1972 Emeritus; Arbeit als freier Maler in Südfrankreich. Zahlreiche Ausstellungen. Abstrakte Filme. Bücher u. a.: Sehen, Verstehen, Lieben, München 1963.

Rolf Lederbogen, Prof., geb. 1928; Studium an der Hochschule für Bildende Künste Kassel; ab 1952 freiberuflich; seit 1960 Professor an der Universität Karlsruhe, Lehrstuhl für Grundlagen der Architektur. Ausstellungen und Publikationen zu den Grundlagen der Architektur.

Stefan Lengyel, Prof., geb. 1937; Studium des Industrial Design in Budapest; 1963 Assistent an der HfG Ulm; 1966 Dozent an der Folkwangschule Essen; 1973 Professor an der Universität Gesamthochschule Essen; 1981 Lehrstuhl für Industrial Design ebenda; Gastprofessuren in den USA und in Kanada. Aufsätze zur Theorie und Praxis des Industrial Design; Beteiligung an zahlreichen Industrie- und Designausstellungen seit 1961.

Ekkehard Mai, Dr., geb. 1946; Studium der Kunstgeschichte, Germanistik und Philosophie; Promotion 1974 in Kunstgeschichte; Museumstätigkeit in Berlin, Mitarbeiter am Institut für Kunstgeschichte der TH Darmstadt, Kunstkritiker; seit 1983 Stellvertretender Direktor des Wallraf-Richartz-Museums in Köln; Lehrauftrag an der Universität Köln. Zahlreiche kunstwissenschaftliche Publikationen, u. a. zu Problemen der Kunstschulreform.

Winfried Nerdinger, Dr., geb. 1944; Studium der Architektur (Dipl. Ing.) und Promotion in Kunstgeschichte; Akademischer Oberrat an der Architektursammlung der TU München; 1980—81 zwei Semester Lehrtätigkeit an der Harvard University; Arbeit an einer Habilitation über Walter Gropius und die moderne Architektur. Zahlreiche Publikationen zur Architekturtheorie und -geschichte insbes. des 19. und 20. Jh., über den Bildhauer Rudolf Belling und das Bauhaus.

Claude Schnaidt, Prof. Dr. h.c., geb. 1931; Studium in Genf und an der Hochschule für Gestaltung in Ulm; 1962—68 Dozent ebenda; 1968—71 Gründung und Leitung des Institut de l'Environnement Paris; ab 1971 Professor an der Unité Pédagogique d'Architecture No. 1 Paris. Zahlreiche Publikationen zu technischen, historischen, pädagogischen und kulturellen Fragen der Umweltgestaltung; Autor eines Buches über Hannes Meyer.

Hartmut Seeling, Dr., geb. 1940; Studium an der Staatlichen Kunstakademie Düsseldorf; 1. und 2. Staatsexamen als Kunsterzieher; Wissenschaftlicher Assistent an der PH Ruhr in Essen; seit 1975 freischaffender Künstler; Promotion mit einer Arbeit über die Geschichte der Hochschule für Gestaltung Ulm.

Fritz Seitz, Prof., geb. 1926; Studium der Malerei an den Akademien Nürnberg und Stuttgart (bei Willi Baumeister); seit 1963 Lehre an der HfbK Hamburg; Zahlreiche Veröffentlichungen zur Farbentheorie und zu Fragen der Gestalterausbildung.

Gert Selle, Prof., geb. 1933; Studium der Germanistik, Kunstgeschichte und Kunstpädagogik; Kunsterzieher; dann Fachhochschullehrer in Darmstadt; 1974 Professor für Bildende Kunst — Visuelle Kommunikation an der PH bzw. TU Braunschweig, heute an der Universität Oldenburg. Zahlreiche Publikationen zu kunstgeschichtlichen und kunst- und kulturpädagogischen Problemen, insbesondere zur Theorie und Geschichte des Design.

Hermann Sturm, Prof., geb. 1936; Studium an der Staatlichen Akademie der bildenden Künste Stuttgart; außerdem Kunstgeschichte und Germanistik; 1. und 2. Staatsexamen; Schuldienst; seit 1971 Professor für Kunst- und Designpädagogik an der PH Ruhr in Essen, heute Universität Gesamthochschule Essen. Publikationen zu ästhetischer Theorie und Erziehung; u. a.: Fabrikarchitektur — Villa — Arbeitersiedlung, München 1977.

Hans Peter Thurn, Prof. Dr., geb. 1943; Studium der Soziologie u. Germanistik; Habilitation für Soziologie in Paderborn 1977. Professor für Soziologie an der Staatlichen Kunstakademie Düsseldorf. Zahlreiche Buch- und Zeitschriftenveröffentlichungen insbesondere zur Kunst- und Kultursoziologie und zur Soziologie des Alltags.

Friedrich Christoph Wagner, Prof. Dr., geb. 1937; Studium der Malerei und der Architektur in Karlsruhe; Diplom bei Egon Eiermann; Musikstudium; Assistent am Lehrstuhl für Grundlagen der Gestaltung an der TH Karlsruhe; Dissertation 1972; seit 1974 Professor für Grundlagen der Gestaltung an der Fachhochschule Düsseldorf. Ausstellungen und Veröffentlichungen zur Gestaltungsgrundlehre, u. a. Grundlagen der Gestaltung, Stuttgart 1981, und über die Architektur der Kykladen.

Pan Walther, Prof., geb. 1921; Ausbildung als Fotograf; 1950 Dozent Werkkunstschule Münster; 1954 Staatliche Höhere Fachschule für Fotografie in Köln; 1963 Werkkunstschule Dortmund; 1973 Staatspreis NRW; Ernennung zum Professor. Zahlreiche Bildveröffentlichungen; Buchveröffentlichungen u. a.: Sehen, Empfinden, Gestalten, München 1981.

Rainer Wick, Prof. Dr., geb. 1944; Studium der Soziologie, Kunstgeschichte, Pädagogik und Kunsterziehung; 1. und 2. Staatsexamen; Promotion 1975; Schuldienst, zuletzt Fachleiter und Studiendirektor in Köln; seit 1979 Professor an der Universität Gesamthochschule Essen. Buch- und Zeitschriftenpublikationen zur Kunstsoziologie, zur Kunst des 20. Jh. (insbes. zum Bauhaus und zur intermedialen Kunst) und zur Kunstpädagogik (u. a. Bauhaus-Pädagogik, Köln 1982).

Verlag der Buchhandlung Walther König — Köln

Kurt Schwitters
Der Merzbau. Eine Werkmonographie. Von Dietmar Elger. Köln 1984. Format 13,5 x 20,5 cm. 186 S. mit 28 teils ganzseitigen Abbildungen, Bibliographie, Chronologie, brosch.   DM 29,80

Der in den Jahren 1923 bis 1927 entstandene hannoversche Merzbau verkörperte auf das Eindrucksvollste Kurt Schwitters' künstlerisches Werkprinzip der gestalterischen Kombination heterogener Materialien und Stile. Elger gibt mit seinen ausführlichen Analysen und dem Vergleich mit den Idealen expressionistischer Architektur den Schlüssel für das Verständnis des Merzbaus.

O.M. Ungers
Morphologien - City Metaphors. Köln 1982. Format 21 x 13,5 cm. 136 S. mit 114 ganzseitigen Abbildungen, brosch. - Text in dt. & engl.
                                                                    DM 24,80

Stadtpläne und Bilder aus verschiedenen Bereichen werden gegenübergestellt. Eine Gestaltanalogie, die die Figuren eines Planes mit anderen vergleicht, die ein ähnliches figürliches Phänomen beschreiben.
So, wie die Sprache durch Metaphern angereichert wird, um einen Gegenstand, ein Ereignis oder einen Zustand bildhaft darzustellen, so werden hier in Anlehnung an die Sprachgewohnheiten Metaphern zur Beschreibung und Erklärung architektonischer Pläne und Vorstellungen verwendet.

Hans Ost   Falsche Frauen
Zur Flora im Berliner und zur Klytia im Britischen Museum. Mit zwei Exkursen von Jürgen Freundlich und Klaus Barthelmess. Köln 1984. Format 14,2 x 20,5 cm. 180 S. mit 60 Abbildungen, brosch.   DM 29,80

Die Flora, eine Leonardo da Vinci oder zumindest seinem nächsten Umkreis zugeschriebene Wachsbüste, wurde 1909 in London für die Preussischen Museen gekauft. Noch im selben Jahr wurde die Büste von drei englischen Zeugen als das erst 1846 entstandene Werk eines Bildhauers Lucas bezeichnet. Allen Gegenbeweisen zum Trotz beharrten die Berliner Museen auf der "Echtheit" des Werks; als Farbtafel besonders hervorgehoben konnte die Büste 1970 in die Propyläen-Kunstgeschichte einrücken.
Hans Ost, Ordinarius für Kunstgeschichte an der Uni Köln, weist in diesem Buch nach, daß das Werk gar nicht von Leonardo stammen kann. Wie sich die Flora an der zentralen Stelle eins Weltmuseums halten konnte, ist ein symtomatischer Vorgang, der manche Auskunft geben kann: über die innere Mechanik der Kunstwissenschaft, ihre Bedingungen und Grenzen, über die Problematik des Qualitätsurteils und der Kennerschaft, über den Fetisch- und Warencharakter von Kunst, über die Agitationsziele der Tagespolitik im Kulturbereich und das Wunschdenken Einzelner.

Joseph Beuys

Beuys und die Romantik - individuelle Ikonographie, individuelle Mythologie? Von Theodora Vischer. Köln 1983. Format 14,4 x 21 cm. 128 S. mit 8 Abbildungen, brosch.
                                                                    DM 34,--

Verlag der Buchhandlung Walther König — Köln

BÜCHER ZUM bauhaus

Bauhaus Pädagogik

Von Rainer Wick. 336 Seiten mit 215 einfarbigen Abbildungen und Zeichnungen, ausführlichen Literaturhinweisen, Register, kartoniert, DM 34,– (DuMont Dokumente)

»Wick ist es in seinem Buch gelungen, die Arbeit der Bauhaus-Pädagogen in Konsens und Konflikt verständlich zu machen. Dabei spiegelt sich in der genauen Darstellung seines Buches, den vielen gut ausgewählten Fotos, der deutlichen Gliederung (einschließlich vieler hilfreicher Zusammenfassungen, Überleitungen, Wiederholungen, Akzentuierungen und Gegenüberstellungen) jene Klarheit, die aus den gelungensten Arbeiten des Bauhauses spricht.«

betrifft erziehung

»Rainer Wick hat mit seinem Buch eine Lücke in der Bauhaus-Literatur geschlossen. Das ist an sich schon ein Verdienst; zusätzlich muß lobend angemerkt werden, daß Wick die umfangreiche und zugleich schwierige Materie in einer gut gegliederten und sprachlich klaren Darstellung bewältigt hat.«

Bonner Generalanzeiger

Das Bauhaus

1919–1933   Weimar, Dessau, Berlin und die Nachfolge in Chicago seit 1937
Von Hans M. Wingler. 588 Seiten mit 10 Farbtafeln und 753 einfarbigen Abbildungen, Namenverzeichnis, Bibliographie, Index, Leinen mit Schutzumschlag, DM 180,–

Bauhaus und Bauhäusler

Erinnerungen und Bekenntnisse
Herausgegeben von Eckard Neumann. Etwa 300 Seiten mit etwa 60 einfarbigen Abbildungen, ausführlichen Biographien, Quellennachweisen, Register, kartoniert, ca. DM 16,80 (DuMont Taschenbücher, Band 167) Erscheint Juli 1985

In den letzten Jahren wurde das Bauhaus in seinem Einfluß auf Kunst, Mode, Design, Architektur und Gestaltung jeder Art immer wichtiger. Und doch kann man den Monographien über die großen Bauhaus-Meister oder den Repliken ihrer Möbel eines nicht entnehmen: die Sehnsüchte, Leidenschaften und Nöte, die das Bauhaus in seiner vierzehnjährigen Existenz begleiteten. So ist dieses Buch – entstanden in jahrelangem engen Dialog zwischen dem Herausgeber und den ›Bauhäuslern‹ – die einzige Publikation, die alle Bereiche der Bauhaus-Arbeit aus der Perspektive der Beteiligten beschreibt: Diese ›Geschichten aus dem Bauhaus‹ sind voller unerwarteter Lebendigkeit und Kraft.